旅游风险与旅游安全研究

蒋晨丽　著

吉林出版集团股份有限公司

图书在版编目（CIP）数据

旅游风险与旅游安全研究 / 蒋晨丽著. -- 长春：
吉林出版集团股份有限公司, 2022.9
ISBN 978-7-5731-2237-7

Ⅰ.①旅… Ⅱ.①蒋… Ⅲ.①旅游安全－安全管理－
研究 Ⅳ.①F590.6

中国版本图书馆CIP数据核字(2022)第173231号

旅游风险与旅游安全研究

LÜYOU FENGXIAN YU LÜYOU ANQUAN YANJIU

著　　者	蒋晨丽
出 版 人	吴　强
责任编辑	刘东禹
装帧设计	张少龙
开　　本	787 mm × 1092 mm　1/16
印　　张	15
字　　数	240千字
版　　次	2022年9月第1版
印　　次	2022年9月第1次印刷
出　　版	吉林出版集团股份有限公司
发　　行	吉林音像出版社有限责任公司
	（吉林省长春市南关区福祉大路5788号）
电　　话	0431－81629667
印　　刷	三河市崇川印刷有限公司

ISBN 978-7-5731-2237-7　　定　　价　58.00元

前　言

　　风险是指尚未发生而可能发生的危险。风险伴随着人类的社会活动而存在。风险的种类有很多，主要分为如下几类：第一，按照风险的对象可以分为人身风险、财产风险和责任风险；第二，按照风险的原因可分为自然风险、社会风险和经济风险。这些风险在旅游活动中时有发生。譬如，旅游者乘坐交通工具，在行驶途中可能因各种意外而遭遇不测；在住宿期间，可能因设施、保安或者自身原因而造成人身或者财产损失；在品尝美味佳肴时，可能因器皿消毒不良或者食物不洁引起不适或者食物中毒；在游览途中，可能因景点设施出现故障造成人身伤亡；等等。人们在旅游活动中还会受到自然灾害的威胁，如台风、地震、风暴、雨雪、滑坡等。此外，旅游者遭遇丢失钱物、被歹徒抢劫事件，甚至由于旅游者本身行为不慎而导致的坠落、溺水等事故也时有发生。在旅游活动中风险一旦发生，就会危及旅游者的人身和财产安全。

　　旅游安全是指旅游活动中各相关主体的一切安全现象的总称。它包括旅游活动各环节的安全现象，也包括旅游活动中涉及的人、设备、环境等相关主体的安全现象：既包括旅游活动中的安全观念、意识培育、思想建设与安全理论等"上层建筑"，也包括旅游活动中安全的防控、保障与管理等"物质基础"。没有安全，便没有旅游。旅游安全是旅游业的生命线，是旅游业发展的基础和保障。旅游业发展的事实证明，旅游安全事故，不仅影响旅游活动的顺利进行，而且可能带来巨额经济损失；旅游安全事故危及旅游者的生命和财产，直接影响社会的安定团结；旅游安全事故还会损害国家的旅游声誉，阻碍旅游业发展。因此，加强旅游安全管理具有重要意义。

　　本书从为读者提供实战化启发角度出发，用九章内容，系统化地为读者讲述旅游的基本概论、旅游产业要素的安全问题与管理、旅游危机管理、旅游安全概述、旅游安全应急预案、旅游安全应急演练、旅游安全事故调查处理、旅游目的地安全管理与发展影响、旅游业突发事件应对与旅游安全保障机制等知识。

本书适用于所有从事旅游工作的职场人士，也适用于高校旅游管理专业的学生，同时还适用于对旅游风险与旅游安全感兴趣的广大读者。

目　录

第一章 旅游的基本概论

第一节 旅游与旅游业

一、旅游与旅游业的发展历史

旅游作为人类的一种生活方式和一种社会文化现象有着悠久的历史。然而，在生产力水平低下、经济不发达、交通闭塞的漫长岁月里，旅游被看成一种奢侈的享乐活动，只有帝王将相、达官贵人、富贾巨商、文人学士等少数权贵和富有人士才有条件享受，旅游的天地也因此受到很大的局限。旅游活动发展成为社会的一种普遍现象，是从近代才开始的，之后迅速风靡全球。

现代的旅游实践以及对旅游历史的考察证明，自古至今的旅游活动都离不开社会的供给。到了近代，旅游需求的扩大和社会供给条件的发展，导致旅游业的产生，这标志着旅游供给专门化的形成。从旅游供给方来说，自英国人托马斯·库克于19世纪40年代开创旅游业迄今，也只有一百多年历史，但旅游业发展速度之快、规模之大、影响面之广，却居世界各行业前列。进入21世纪以来，发达国家和一些发展中国家的旅游业均发展到一定规模，国际、国内旅游总收入已超过老牌的石油、钢铁、汽车工业，一跃成为世界第一大产业。目前，旅游业已被认定为全球经济的推动力量，并对世界经济结构产生了重大影响。旅游业已同石油、汽车工业一起成为国际贸易的三大支柱。

从经济学角度看，旅游活动必须建立在"可随意支配的收入"之上；而从人类生活需求的层次看，旅游是人们在满足日常的衣、食、住、行等基

本生活需要后，追求更高层次的物质和精神享受的一种社会现象。因此，大众性的旅游活动必须有强大的社会经济基础做后盾。世界各国经济迅速发展，国民财富增加，带薪假期的推广，这为人们外出旅游创造了必要的经济条件和闲暇时间。交通运输业、通信业的飞速发展，先进的交通工具和通信设备的不断更新，使世界的空间距离相对缩小，从而大大地缩短了旅行和信息传递的时间，使跨国旅游和远渡重洋的洲际旅游活动成为可能，大规模的大众性旅游活动得以顺利开展。工业文明带来的至今持久不衰的旅游热，不但说明人类的旅游活动是社会、经济、文化发展到一定阶段的必然产物，同时也是对欧美发达国家现代国际旅游活动之所以能率先兴起并占有优势的最好注脚。

现代旅游以及与之相对应的旅游业的发展已成为不可抗拒的世界性潮流。然而，旅游与旅游业的快速发展，对人类来说，既有正面影响，也有负面影响。

旅游是人类各种活动形式中最具综合性的一种活动。通过旅游，人类可以观察社会、体验人生、扩大视野、增长知识、满足精神需求、获得积极休息、提高自身素质。发展旅游业，国家不但能够赚取外汇、开辟货币回笼新渠道、提供更多的就业机会、推动各行各业的发展，还能促进人类的相互了解、促进各国的合作，对推动世界和平具有积极意义。

然而，旅游和旅游业的负面影响也在蔓延和扩大，诸如环境污染、生态失衡、热点旅游城市（地区）人满为患、物价上涨，以及旅游对社会文化、伦理道德等方面可能带来不可估量的消极影响。

二、旅游学与旅游概论

（一）旅游学的概念

旅游学的产生极其曲折，其中包括旅游实践经验的积累、认识的深化、理性的升华。

相关学者通过对现代旅游的考察发现，世界各国的现代旅游活动以及为旅游活动提供服务的旅游业都存在着许多无国界的共通之处。表现在：第一，旅游是一种综合性的社会活动，与之相对应的旅游业必然是一项综合性的产业。由于旅游活动和旅游业的发展必须与自然、社会的方方面面发生联系，因而必然涉及社会科学、自然科学和思维科学的领域，具有跨行业、跨地区、跨国界、跨学科的特点。第二，尽管世界各国的社会制度、经济基础、历史条件、地理环境、民俗风情等诸多方面存在着较大的差异，但在旅游的需求、运行的条件和手段、旅游业发展模式上都有许多相通之处，因而可以相互借鉴。第三，异质文化（如东西方文化）以及同一种文化（如中国文化）属下的各具特色的区域性亚文化（诸如城市文化、乡村文化、特区文化、少数民族文化等）是最具吸引力的旅游资源，是各国（地区）发展国际、国内旅游业具有较高品位和恒稳价值的资源基础。

随着旅游的普遍开展和相关学者对旅游研究的逐步深化，人们对旅游的认识也在不断深化，越来越清楚地认识到不但旅游现象复杂多变，而且由旅游活动的综合性所决定的旅游业运营模式也具有高度的开放性和交叉性的特征。整个旅游活动系统不但涉及经济和文化，而且渗透到哲学、宗教、科学技术乃至政治、法律、伦理等方面。因此，单从某一个方面来观察旅游现象或研究旅游问题，都具有一定的局限性或片面性，都不能圆满地回答诸如"旅游指什么"以及"是什么力量驱使人们不惜费时费钱费力去旅游"等有关问题。另外，从不同的角度和不同的研究方法对同一个旅游现象问题的研究都可能得出不同的结论，所以，观察和研究旅游问题必须从宏观上着眼，从整体化、系统化分析入手，将旅游作为一种社会综合现象来考察和研究，并借鉴与旅游相关学科的成熟理论和研究方法，只有这样，才能更有效、更科学地诠释旅游现象中的种种问题，构建社会科学、自然科学技术乃至哲学、宗教等各类学科相互渗透而自成一格的旅游学科理论体系。

虽然旅游科学植根于众多学科之中，但旅游科学作为一个独特的科学体系，有它自己独立的研究对象、内容和方法。

纵观旅游从萌芽、产生到不断变化和发展的历程，可以看出旅游是人类在文化意识作用和经济条件成熟下而选择的一种生活方式。对异域的自然和文化的探索精神以及对异地情调的向往和获得身心愉悦感受、体验的欲望，是驱使人们外出旅游的主要动力。旅游活动可以促使人类超越血缘、地缘、种族和不同意识形态的界限而走在一起进行跨文化交流，促进不同价值观的沟通和了解。因此，旅游是一个世界性概念。

上述观点，正是认识旅游本质、旅游学的学科性质和界定旅游学的研究对象及内容，即构建旅游学理论体系框架的重要依据。

综上所述，旅游学是一门以全球为整体，研究人类旅游的产生、基础、结构、性质和运行手段及其发展变化规律的综合性基础理论学科。

旅游学定义中的"全球性"，标志着旅游是一个世界性的概念。尽管东西方文化存在着质的差异，各国各民族也有其独特的文化底蕴，但是揭开旅游表层的形式，透过种种不同的现象来看旅游的本质，不外乎是寻求人身的自由感、精神上的解放感、某些特定需要的满足感。旅游所具有的这些内在的特殊品质，正是全人类所追求的。

旅游学作为一门综合性学科，在对旅游现象中的种种问题进行诠释时，必须联系和借助与旅游相关学科的有关理论和方法，进行跨学科的研究。因此，旅游学的研究内容必然要融合相邻学科或其他有关学科的内容。

旅游学又是一门基础理论学科，其主要研究对象、内容是对旅游最本质问题和最具基础意义问题的研究，因而也是整个旅游学科理论体系中的核心部分。它对旅游学科体系中其他部分，诸如宏观理论研究和微观应用理论研究都具有规范性的指导意义。

（二）旅游概论的主要研究对象与内容

1. 旅游概论的主要研究对象

旅游概论是旅游学的概括论述。它的理论体系和旅游学是一脉相承的。从世界范围看，旅游学研究开始于现代社会，相对于其他比较成熟的学科，属于十分年轻的学科，因而学界对旅游学的研究对象、学科性质、学科体系、研究方法等基础理论问题还有很多争议。旅游学研究在不过一个世纪的发展中，取得了许多可喜的成果，不论是在研究内容的认定和研究方法的运用上，还是在研究内容的组合和理论与概念的构架上，都逐渐从单一发展到丰富、从浅薄发展到深刻。

旅游学的研究对象是旅游活动的内在矛盾，旅游学的任务就是要通过研究来认识这种矛盾的性质及其发生原因、形态结构、运动规律和它所产生的各种外部影响。

2. 旅游概论的主要研究内容

加拿大学者斯蒂芬·史密斯在其著作《旅游分析手册》一书中对现代旅游的研究内容做了精彩的描述。

（1）旅游作为一种人的经历

旅游是人们所进行的同时从中体验到某种乐趣的一种活动。旅游者会产生不同的心理，会有不同的身心感受，会获得不同的满足感。要深入了解旅游现象，就要研究人的行为：其一，人为什么要旅游？为什么一些人旅游而另一些人不旅游？旅游需要是怎样形成的？动机是什么？怎样解释这种行为？其二，从旅游中考察存在于人类常规经历之外的人类内在的心理和行为，预测旅游决策，心理学家、行为学家将有用武之地。这些理论会使得人类对未来行为方向的预测成为可能。其三，旅游者的旅游期望是什么？如何实现？旅游将给旅游者带来什么？由于人们的行为和方式不同，旅行的原因也不同，就有必要运用心理学的方法解释和预测旅游行为。

（2）旅游作为一种社会行为

毫无疑问，旅游作为一种社会行为，会带来积极影响，也会带来消极影响。旅游带来的积极影响是多方面的：产生所需外汇供应；增加收入，增加国民总收入；加强对遗产与传统文化的保护；打破语言障碍，促进国际交流与和平，促进全球一体化。消极影响：形成对资源的过度需求；自然物理环境恶化；传统文化的异化和消失；经济和政治的脆弱性增强；文化、宗教、艺术的商业化。社会学将用人文方法研究社会、社会机构和社会关系，研究旅行将怎样深深影响个人和家庭及社会的关系。

（3）旅游作为一种地理现象

从客源地到旅游目的地的旅行是旅游的一个固有的特征。地理学研究有助于确认和分析旅游功能区域的存在，也可将其作为划分或评价某个旅游协作组织的地理覆盖范围的基础。预测客源地和旅游目的地之间的旅游流量是地理研究的另一个重要领域。此外对旅游区域、度假区和旅游走廊进行形态学分析，对于旅游规划也很重要。

（4）旅游的经济学研究

许多地区对于本地旅游企业的发展很感兴趣，因为这个行业具有从其他地区吸引货币收入的潜力。旅游业也可成为保护当地重要遗址、节庆活

动和文化活动的积极力量。不幸的是，旅游业成功地吸引旅游者来欣赏和维持当地重要特色的同时，也带来了破坏这种特色的因素。成千上万的游客来到永久居住人口只有几千人的地区，可能会很快将原先吸引旅游者的那些真正特性淹没掉。

（5）旅游作为一种商业活动

相关学者在这方面的研究主要包括企业结构和管理效率的提高以及应付该行业固有的风险和不稳定性的各种策略。旅游业对于外部力量来说是特别脆弱的。若国家政局不稳定，那么会阻碍旅游者到该国的旅行，也会为可替代该国的旅游目的国带来意想不到的收益。流行病、自然灾害、气候问题、货币汇率变化、新的税收立法规定或出入境手续的变化，都可能很快使互相竞争的各个旅游目的国的相对吸引力发生戏剧性变化。旅游经营者通常依赖个人的经验和与其他经营商的联系来了解、预计和应付这些问题。只有当他们具有获得专业文献、参加专题讨论会或接触有关咨询人（不论民间的还是政府的）的途径时，才有可能使其应付问题的机制得以改善。旅游经营商所面临的问题是，既需要进行实用性旅游研究，也需要进一步开展基础性学术研究。

（6）旅游作为一种行业

旅游业并不是许许多多各不相干的企业，而是一个政策性很强的行业。更确切地说，广义的旅游业是若干相关行业的集合体，包括交通、住宿、餐饮服务、各种旅游吸引物、活动项目以及零售经营活动等。旅游业的一个重要特点是具有劳动密集型。一定的收入水平在旅游业中所维持的就业机会要远比同样收入水平在其他行业中所维持的就业机会多得多。

旅游业也是地区间和国际间现金流动的重要来源。

（三）《旅游概论》的学习方法

旅游学是近几年来伴随着我国旅游业的发展而兴起的一门新学科，正处于不断形成和发展之中。即使是在旅游业发达的西方国家，旅游学作为一门独立的学科在学术领域中也尚未得到完全的确立，它的知识领域仍在不断扩大，学科体系也在变化中发展。因此，它不像其他成熟而古老的学科，有一套现成的学习方法可供借鉴。但是，正因为它的新，所以也就有更大的创造余地。我们学习《旅游概论》，目的是了解旅游理论和实践两方面的一些基本问题，并结合我国旅游业发展的实际，总结我国旅游业的经验，为发展我国的旅游业服务。

1. 认真读书，学好基础理论

旅游活动是综合的社会经济现象，它的产生和发展与社会经济发展有着极其密切的联系。我们必须运用马克思主义的历史唯物论观点，从社会的经济关系出发，考察旅游的发展过程，分析旅游学各范畴的内在矛盾，透过复杂的旅游现象把握其发展的规律。旅游学和其他科学一样，也有其特定的范畴、规律和原理，只有认真读书，深刻领会基本范畴和基本原理，才能把握旅游学的科学体系。《旅游概论》是高职高专院校旅游专业学生的基础理论教材，它所阐明的基本范畴、基本原理和观点，对青年学生端正专业思想、学习各门专业课程大有好处。

2. 努力实践，锻炼和培养从事旅游活动的实际能力

旅游学是一门应用性、实践性很强的科学，只懂得理论、没有从事旅游业实践活动的能力是不行的。一定要将学到的理论反复应用于实践，用实践积累经验、丰富和充实书本理论，才能深刻领会和记住理论。因此，开展旅游学研究必须利用一切机会，到旅游活动的实践中去，了解和认识旅游活动的实际情况，从中找出规律性的东西；到旅游业各部门去实习，掌握旅游管理和服务的技能与方法，成为一个真正懂得旅游的人。

3. 联系中国实际

旅游学是研究旅游活动的产生、发展和一般规律的学科，各个国家无论属于何种社会制度和社会经济形态，都有其共同性，这是旅游学研究的出发点。但是，由于各个国家的历史条件不同，其现实的社会状况、意识形态和风俗习惯也不尽相同，发展旅游业的道路和措施也不会完全一样。我们要研究和建立中国旅游学，就必须联系我国旅游业发展的具体情况，而不能照搬外国旅游学的理论，这是我国研究旅游学的立足点。

联系中国实际，开展旅游学的研究，必须坚持社会主义道路，必须走具有中国特色的发展旅游业的道路。

以马克思主义为指导，联系中国旅游业的实际来研究旅游学，吸收和借鉴外国旅游学研究的积极成果，学习外国发展旅游业的成功经验，对我国旅游学的研究和旅游业的发展是很有益处的。

第二节 旅游的产生及其科学概念

旅游产生于一定的需求，同时带动着一定的需求，通过跨地域的一些活动，旅游正在逐渐淡化一些地域差异。

一、旅游产生的基础和条件

（一）原始社会早期的人类迁移活动

我们常常会听到"旅游作为一种人类活动，自古便已有之"这种说法。其实这是一种容易使人产生误会的模糊说法。首先，"古代"一词因世界各地、各民族的历史不同，在使用上并无统一的年代界定。即使在中外的史学研究中，对于"古代"这一概念的使用，也有不同的时间含义。因此，如果说人类旅游活动可以追溯到古代，那么这种渊源究竟是何时，自然也就成了难以回答的问题。另外，如果说旅游活动自古有之，那么，无论是在我国古代的经典辞书中，还是在其他国家的古代词典上，都应该能找到"旅游"这一规范用词的字样，然而事实并不是这样。因此，无论如何，我们都不宜将事物的渊源与事物的本身混为一谈，不宜因为现今意义上的旅游活动的渊源可以追溯至古代，而说成是现今意义上的旅游活动在古代便已存在。

目前，人们已经形成一个基本共识：人类现今意义上的旅游活动是从早期的旅行活动发展和演进而来的。然而随之而来的问题是，既然如此，那么是不是会像有人所认为的那样，"自古有之"自然也就意味着自有人类之日起便有旅行活动在进行？要回答这些问题，我们既不可凭一些古代神话传说去做想当然的联想，更不可根据个人对某些观点的好恶去进行主观臆断，只能运用历史唯物主义的认识论去进行客观的探讨。否则，人们有可能会得出旅行活动从有人类之日起便无条件存在的主观结论。

为了客观地认识人类旅行活动产生和发展的背景与过程，我们首先有必要简单地回顾一下人类早期的生产和社会活动。

众所周知，在原始社会的前期，人类主要使用天然或打制的石块等简陋的生产工具，靠渔猎和采集为生。由于生产工具的落后和生产力水平的低下，人类经常处在饥饿和自然灾难侵袭的威胁之中。到了新石器时代，随着生产工具的改进，生产率有了很大的提高。这一时期，原始饲养业和原始农业开始出现，并最终导致人类历史上的第一次社会分工的出现。这是这一时期生产结构中具有革命性的变革。同时，这一时期，人类还发明了制陶术和弓箭。但是，这些生产工具和生产技术的进步都未能有效地改变当时人类社会生产落后的面貌。人们的劳动产品除了供自己食用之外，几乎没有什么剩余。人们的社会活动基本上也只限于在自己的氏族部落范围内进行。

上述社会经济背景情况说明，截至新石器时代中期，由于缺乏劳动剩余物，人类还不存在有意识地自愿外出旅行的需要。

这一时期，人类虽然也曾有从一个地方到另一个地方的迁移活动，但这些迁移活动都是因某些自然因素（如气候、天灾等对生存环境的破坏）或特定人为因素的威胁而被迫进行的，并且都是出于生存的需要。不难理解，出于这种需要而远走他乡的活动充其量只能是逃荒、移民或避难活动。

因此，我们可以认为，由于社会经济条件的限制，这一时期人类客观上既无开展旅行的物质基础，主观上亦无外出旅行的愿望。当时人类迁移活动所具有的被迫性和求生性，都说明它们根本不属于现今意义上的旅行或旅游活动。

（二）人类旅行需要的产生与发展

1. 人类旅行需要产生的背景

新石器时代晚期，金属工具开始问世。生产工具和生产技术的进步，使生产效率得以提高，劳动剩余物也因此增多。随着金属工具的推广和改良，农业和畜牧业有了较快的发展，手工业也逐渐开始发展起来。到了原始社会末期，手工纺织技术已发展到使用简单的织机。与此同时，冶金、建筑、运输和工具制造等行业也都开始出现。社会生产力的加速发展，促使手工业成为专门性的行业，并从家庭生产中分离出来，从而出现了人类历史上的第二次社会大分工，即手工业同农业和畜牧业的分离。社会分工的扩大促使劳动生产率进一步提高，并加速了私有制的形成。但更为值得注意的是，随着社会分工的扩大，产品交换也因此得到了快速的发展。

应当说，早在第一次社会大分工，即畜牧业和农业的分工之后，游牧部落与农业部落间的产品交换便已开始萌发，但由于当时生产力低下、劳动剩余物甚少，这种交换实际上并不普及，而且不多的交换也仅限于在相邻部落间进行。到了第二次社会大分工之后，由于社会分工范围的扩大，特别是生产技术的进步和生产率的提高，劳动剩余产品数量增多，从而使产品交换的范围和数量都得以扩大。很多产品，特别是手工业产品的生产目的就是交换。在这种情况下，交换本身也就演变成为一种重要的社会职能。

随着产品生产和交换的发展，到原始社会瓦解和奴隶社会形成时期，开始出现了专门从事易货贸易的商人。这便是人类社会发展史上的第三次社会大分工，即商业从农业、牧业、手工业中分离出来。这种易货贸易的发展使得不同产品交换的地域范围不断扩大。人们若想了解其他地区的生产和需求情况，就需要到其他地区去交换自己的产品，便产生了旅行经商或外出交换产品的需要。

所以，人类最初的旅行活动远远不是什么消遣或度假活动，而是出于现实目的（特别是出于经商贸易、扩大对其他地区的了解和接触的需要）产生的一种经济活动。正如世界旅游组织在其有关研究报告中所指出的那样："在最初的年代中，主要是商人开创了旅行的通路。"

2. 奴隶制社会的旅行发展

在人类社会发展的历史上，奴隶制社会是一个相当残酷的社会。不过，"在当时的条件下，采用奴隶制是一个巨大的进步"。因为它实现了社会生产各行业之间、体力劳动与脑力劳动之间更进一步的分工，从而使生产力的提高、交换的扩大、艺术和科学的创立等成为可能，使人类比在原始社会取得更大进步。

在西方奴隶制社会中，奴隶制国家的发展与繁荣，客观上为当时的旅行发展提供了便利的物质条件。这一点在古罗马帝国表现得最为典型。在罗马帝国强盛时期，其疆域空前广大。此时，其大规模的侵略扩张已经停止，帝国的社会秩序相对稳定，从而促进了社会经济在原有基础上的进一步发展。在生产技术方面，这一时期出现了带轮的犁和割谷机，水磨得到广泛使用。建筑上已开始应用复滑车起重装置。矿山已开始应用排水机，技术分工已比较细密。手工行业已生产和使用一些简单机械。航海技术也比较发达。埃及和北非一带改善了灌溉系统，扩大了耕地面积，粮食生产大为发展。欧洲的高卢（今之法国）和西班牙等地兴起了矿业、手工业和葡萄种植业。地中海变成了帝国的"内湖"，海上运输十分发达。

特别值得一提的是，罗马帝国政府在全国修筑了许多宽阔的大道。这种全国道路网络的兴建虽然是出于政治和军事上的目的，但客观上也为人们旅行提供了很大的方便。罗马帝国政府设置这些驿站的最初目的是供政府公务人员中途歇息，但后来也开始接待沿路往来的民间旅客。随着过往旅行者的人数不断增多，官方又在沿路开设官办旅店，更多的私人旅店也因此发展起来。这些旅行接待设施的发展，反过来也推动了旅行人数的增加。

当然，当时的旅行活动基本上都是在本国境内进行，特别是以较近距离的旅行为主。但是也有国际性的经商旅行，大多是贩运粮食、酒、油和陶器等基本商品，此外也贩运各地出产的奢侈品，如北欧的琥珀、非洲的象牙、东方的香料及宝石等。我国的丝绸经过著名的"丝绸之路"，也远销罗马帝国各地。我国史籍中也曾有罗马使节和商人多次从陆路和海路到达中国的记载。

但是到了公元5世纪，随着罗马帝国的衰亡和社会秩序的动荡，旅行发展的条件陆续消失。一是由于国内各地贸易数量缩小，商务旅行者数量急剧减少；二是由于道路无人管理，日渐毁坏；三是由于沿途路上盗匪横生，安全条件不复存在。正如诺沃尔在其所著《旅游业》一书中所指出的那样，在欧洲有可靠的证据表明，从罗马帝国衰落，直到20世纪中叶为止这段时期内，是没有多少人外出旅行的。

总之，历史表明，就整个世界而言，人类有意识地自愿外出旅行活动始于原始社会末期，并在奴隶制社会时期得到了迅速的发展。所有这些都与当时的社会经济背景有关。并且绝大部分旅行活动的最初产生不是出于消遣性目的，而是人们出于外出易货经商的需要而自发开展的一种经济活动，是生产力和社会经济的发展推动了产品交换，从而推动了人们对外出旅行的需要。

（三）奴隶主阶级的享乐旅行

如前所述，在奴隶制社会时期，促使人们外出旅行的主要原因是产品交换和易货经商，但这并不意味着当时没有以消遣为目的的外出旅行。在中国

的奴隶制社会中,这种以消遣为目的的旅行活动集中表现为奴隶主阶级的享乐旅行。因为在当时的社会中,生产力发展所带来的劳动剩余都被奴隶主占有。这些劳动剩余物除被用于奴隶主的祭祀活动外,其余则供奴隶主及其家庭生活享用,其中包括供其外出巡视和游历时挥霍的部分。但是,这种享乐旅行活动的参加者仅限于以"天子"为代表的少数奴隶主阶级。

同中国奴隶制社会时期享乐旅行活动的开展情况相比,西方奴隶制社会时期的情况略有不同。这种不同主要表现在,在西方奴隶制社会中,除了奴隶主的享乐旅行外,一些自由民也参加到消遣旅行的活动中来。例如,在罗马帝国时期,由于交通便利,人们经常在夏季沿大路旅行。当时,这种旅行一般是离开城市到沿海地区游览。一些富有者甚至远程旅行到埃及金字塔去刻他们的名字。但应该说明的是,这些能够参加消遣旅行活动的自由民绝非一般体力劳动者,他们在当时的人口中也只是为数很少的一部分。

二、旅游的产生源于人类意识的发展、精神需求的提高和经济条件的成熟

旅游既然脱胎于功利性的旅行,那就有一个孕育的过程,即从迁徙到旅行直至旅游的演变发展过程必然积淀着一定的历史文化内涵,其核心就是人类意识和精神需求的发展与经济条件的成熟。

人的生存意识、社会意识、精神文化意识等,是随着人类自身的进化和社会历史的发展而产生和发展的。由此可以了解,享乐旅行或旅游的发生是源于人类文化意识的发展,尤其是审美意识的发展和精神生活需求的提高,并非有了人类就有旅游。这是问题的一个方面。

问题的另一方面是,人类的任何活动和对生活方式的选择必须符合历史发展的条件,并在一定的历史条件下进行,不能单凭个人的意志而随心所欲。在这个历史条件下,经济条件起着决定作用。具体来说,人们只有在衣、食、住、行等基本生存条件得到保障的前提下,才会产生外出旅游的享乐念头。如果一日三餐尚且自顾不暇,哪敢奢求更高级的生活享受?正如德国哲学家费尔巴哈所说:"皇宫中的人所想的和茅屋中的人所想的是不同的。"由此可见,旅游是人类超出生存需要而具有享受性的一种生活方式或社会活动形式。

　　综上所述可以得出：旅游是在人类自身的进化和社会发展历程中产生的，其基础条件是人类意识的发展、精神需求的提高，以及社会、经济、文化等的发展和进步。就个体而论，旅游者的产生，是追求自身价值实现的文化意识和经济条件成熟的结果。所以，旅游是超出生存需要而具有享受性的一种新的生活方式和社会活动方式。

　　因此，从整个人类历史来考察，人类具有自觉意识的旅行萌芽于原始社会的末期，而具有现代意义的旅行和旅游活动则是文明社会的产物，即形成于人类社会经济、文化发展到一定历史阶段的阶级社会中，并首先在文明古国中出现。

三、旅游的概念及定义

（一）旅游概念的形成

　　人们普遍认为旅游是从早期旅行发展而来的，由于早期旅行主要是出于经商、贸易以及政治的需要，旅行的目的和内容较为单一，旅行的规模和范围有限，社会影响也较小，因此在相当长的时期内，"旅行"一词只是作为一个日常用语，并没有明确的科学概念和界定。随着时代的进步、经济的发展和人民生活水平的不断提高，"旅行"已逐步发展成为内涵更为丰富的"旅游"。旅游活动日渐成为人们日常生活的一个重要组成部分，"旅游"一词也因此成为一个十分常见与常用的普通名词。

　　"旅游"一词在我国出现比较晚，但在我国的古典文献中，就已经出现了与"旅游"词义相近的"观光"和"旅行"两个词语。"观光"一词最早出现于两千多年前的《易经》和《左传》。《易经》中有"观国之光，利用宾于王"，《左传》中有"观光上国"之语。在这里，观光可被理解为观看、考察一国的礼乐文物、风俗人情，即旅行游览的意思。"旅行"一词在文献中出现的时间大体与"观光"在同一时代。在《礼记·曾子问》中有："孔子曰：'三年之丧。练，不群立，不旅行。'"这里的"旅行"可理解为离开常住地，到外地办事或游览等，可结伴而行，也可独行。后来，随着社会的发展，经济和文化内容日益丰富，旅游的种类在中国历史上也多了起来，诸如帝王的巡游、官吏的宦游、僧道的云游、文人墨客的漫游以及群众性的踏青、游春等活动。但直到1931年编写的《辞源》，其中也没有收入"旅游"一词，只有对"旅行"一词的解释："今泛称外出做客。"这说明，虽然那时已存在旅游活动，但旅游作为一个普遍的概念还没有形成，更没有流行。直到1960年印行的《现代汉语词典》，关于"旅游"的解释也只是"旅行游览"。实际上，自1964年11月国务院召开了第一次旅游工作会议以后，"旅游"一词才开始在我国逐步使用。但直至1979年修订的《辞海》，1981年截稿的《辞海》增补本都没有"旅游"一词的条目，仍只有"旅行"一词。由此可见，"旅游"一词作为常用词汇，也只有短短几十年的时间。

就整个世界的发展情况而言，在19世纪初期，旅行在很多方面就已经开始具有了今天意义上的旅游的特点。到19世纪中叶，无论是国内旅游还是国际旅游都有了突破性的发展。到了20世纪初，随着旅游活动的广泛开展以及科学的不断发展，开始有学者就旅游活动及旅游业的发展进行研究，旅游学科逐步形成和发展起来。"旅游"作为旅游学研究的对象，相关学者对其概念进行明确界定，并认为它不仅是旅游研究的必要条件，而且是旅游学科赖以形成的根本。

（二）旅游的定义

随着旅游活动的广泛开展，人们对旅游的认识也更为全面和深入，因此需要给旅游下一个科学定义，该定义不只是纯粹的理论上的探讨，它对旅游的实践活动也具有重要的意义。

1. 几种定义的分析

基于不同的目的——理论研究的、统计的、立法和行政的、市场开拓的目的，人们对旅游所下的定义也不尽相同，归纳起来，主要有以下八种：

（1）经济性定义

"旅游是外国或外地人口进入非定居地并在其中逗留和移动所引起的经济活动的总和。"此类定义只强调旅游所引起的经济现象，没有涉及旅游的本质。

（2）交往定义

以罗特为代表的学派，在其出版的《国家科学词典》中给旅游下的定义是："狭义的理解是那些暂时离开自己的住地，为满足生活和文化的需求，或个人各种各样的愿望，而作为经济和文化商品的消费者逗留在异地的人的交往。"在德语中，旅游是由"陌生者"和"交往"两个词复合而成的。此定义中突出了旅游中文化的内容和"交往"的本质含义，故取名为"交往定义"。

（3）国际机构定义

瑞士学者汉泽尔和克拉普夫在他们合著的《普通旅游学纲要》一书中给旅游下的定义是："旅游是非定居者的旅行和暂时居留而引起的现象和关系的总和。这些人不会导致永久居留，而且不从事任何赚钱的活动。"这个定义的深刻之处在于，不是把旅游看作某种单纯的活动，而是指出旅游活动中必将产生的相关的经济关系和广泛的社会关系，即游客和旅游地、旅游企业之间存在着经济联系，游客与游客之间、游客与当地居民之间也发生了一定的社会关系。

（4）目的定义

奥地利的维也纳经济大学旅游研究所对旅游所下的定义是："旅游可以理解成是暂时在异地的人的空余时间活动，主要是出于修养；其次是出于受教育、扩大知识和交际的原因的旅行；再次是参加这样或那样的组织活动，以及改变有关的关系和作用。"

（5）流动定义

英国萨里大学的伯卡特和梅特利克认为："旅游发生于人们前往和逗留在各种旅游地的流动，是人们离开他平时居住和工作的地方，短期暂时前往一个旅游目的地运动和逗留在该地的各种活动。"这个定义指出旅游最重要的特征——流动，一切旅游都包含着流动，但并非一切流动都是旅游。

（6）时间定义

美国的马丁·普雷博士到中国讲学时说："旅游是为消遣而进行旅行，在某一国逗留的时间至少超过24小时。"这里将停留时间引入旅游定义中来，根据旅游这一特殊的社会经济活动与其他活动不同而做出时间的限制，这种做法既对旅游业的开发有利，又便于对旅游者进行统计分析和研究。

（7）文化定义

法国学者让·梅特森认为："旅游是一种休闲活动，它包括旅行或在离

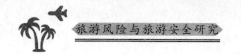

定居地点较远的地方逗留。其目的在于消遣、休息或为了丰富他的经历和文化教育。"该定义强调了旅游的休闲本质和文化特性。

（8）相关定义

美国密歇根大学罗伯特·麦金托什和夏希肯特·格波特两位教授在《旅游学——要素·实践·基本原理》一书中指出："旅游可定义为在吸引和接待旅游及其访问者的过程中，由于游客、旅游企业、东道政府及东道地区的居民的相互作用而产生的一切现象和关系的总和。"这个定义实际上是对国际机构定义的补充说明和发挥。作者认为，在给旅游下定义时，应该对旅游这个领域有全面的理解，必须考虑到参与并影响这一活动的各种因素。

2. 旅游定义的界定

参照世界上现有的较具代表性的各种旅游定义，依据现代旅游发展的客观实际，我们将旅游的定义归纳为：旅游是人们离开常住地到异国他乡的非定居性旅行和暂时停留所产生的审美、社交、求知等综合性休闲活动的总和。

这个定义的要点在于：

第一，旅游的根本目的在于参与审美、娱乐和社会交往活动，这是旅游的本质内容和核心所在。

第二，旅游的社会属性和发展特征，决定了它是人们体验异地政治、文化、经济生活的一种高级消费活动，并已成为人们社会生活中不可缺少的高级需要。

第三，旅游是通过旅行和停留的动与静的组合来进行的，故而体现出异地性、流动性和暂时性的特征。

第三节 旅游的本质、属性与特征

一、旅游的本质

在 19 世纪上半叶之前，旅游只是少数特权阶层和富有者的享乐活动。

在中国古代，旅游是王公贵族和文人墨客的风雅韵事；在西方，古代旅行只局限于外交、经商和宗教朝圣等。到了近代，旅游也只不过是有产阶级游山玩水的休闲活动。所以，有人把旅游看作单纯的吃喝玩乐、游山玩水，是有其社会历史根源的。

但是，到了现代社会，旅游活动的主体发生了变化，普通大众成为旅游活动的主要参与者，这导致旅游活动的本质和社会意义与过去相比有根本的不同。

从旅游活动的发展过程来看，旅游是一种复杂的社会现象，其审美和娱乐的核心本质构成了旅游者的追求目的。现代旅游者是以追求愉快和美好为目的而去参加旅游活动的。尽管受客观因素的影响，旅游者在旅游过程中，有时会表现出一些与其旅游目的相矛盾的行为，但这并不影响其目的的实现。换句话说，一个旅游者到异国他乡去旅游，是带着追求审美、享乐和休闲等目的出发的，当其到达旅游目的地后，或多或少地会遇到自然、社会、经济、文化等差异因素的影响，并给他旅游的目的带来强化或弱化的作用，但在旅游结束后，大多数旅游者往往会觉得，他们已经达到了审美和欢愉的目的。

从历史发展的眼光来看，旅游的本质是由旅游的目的决定的，这种目的在旅游过程中起着支配旅游活动的作用，并受不同旅游形式的影响而产生出不同的旅游行为。因此，旅游者的行为特征是由旅游的目的特征决定的，旅游的目的特征是产生并决定旅游其他特征的前提。

（一）旅游是一种综合性的审美实践

旅游在根本上是一种主要以追求愉快和美好为目的的审美过程，是人类社会发展到一定阶段时生活中不可缺少的活动。因此，就构成现代旅游主要部分的消遣旅游而言，它在综合实践的全过程中，可体现出一种以审美为突出特征的本质属性。人在物质需求之外，之所以要追求美，是因为审美活动是人类生活的基本内容之一，审美享受是人类生活中最有价值的财富。而在旅游的全过程中，则充满了为人们所津津乐道的自然美、艺术美、生活美等多种美的成分，人们可通过欣赏和享受美的东西，达到欢愉和自由的目的，提高生活的质量和自身的修养。

旅游审美活动的内容是丰富多彩的，除了秀丽的自然景观，还有文物古

迹、园林建筑、戏剧、音乐、舞蹈、绘画、雕塑、风俗习惯等人文景观。它集自然美、艺术美、生活美之大成，融优美、崇高、喜悦、悲壮、秀丽、雄奇于一体，可满足旅游者各种审美需求。所以旅游审美性的逻辑特征，决定了旅游本身是一项综合的、层次丰富的、具有活力的和具有发展潜力的综合性的审美活动。

旅游者的审美要求体现在旅游的吃、住、行、游、购、娱六大要素之间。有些人以品尝美味佳肴为乐，有些人追求舒适的美，还有些人乐于游山玩水。即使旅游者根本不以审美为初衷，但各种美的因素始终贯穿旅游的全过程，并影响着旅游者能否参加旅游的抉择。事实上，由于旅游社会化的实现，旅游者纯粹的生理审美要求已经与心理审美要求逐渐地融为一体。因为现代旅游活动是一种高度社会化的行为，在其实现过程中必然要受到种种社会审美意识的影响。人们对社会美的追求往往超过对物质所能带来的直接快感的追求，所以那些纯粹以追求生理快感为目的人，很难达到精神享受的高级层次，无法体验到旅游的真正乐趣。

人们在追求愉快和美的意识的支配下，产生了旅游的行为、形式和各种丰富多彩的活动。这些带有审美、娱乐、休闲目的的活动，是旅游主体在审美意识的支配下与旅游客体之间建立的一种关系，并以审美活动的形式表现出来。旅游的审美本质是独立存在的，但仍会受到旅游主、客体变化的影响，当社会生产力提高和人们的文化价值观念提升后，旅游主体的社会化和旅游客体的产业化会日益发展和完善，这时旅游便会成为火爆的旅游业中的最核心的成分，其审美的属性也就显得格外突出。此外，社会、经济、文化水平不断提高，认为旅游是社会活动、经济活动和文化活动的见解也在不断发展，但这些认识并没有弱化旅游的本质属性——审美性，而是以旅游社会属性的形式，进一步强化了人们对旅游审美性的追求，也就是说，文明程度越高，旅游主体和旅游客体的发展就越快，人们对旅游审美性的要求也就越高。从这一点上看，旅游的审美性，是决定旅游自身价值的最关键因素。

旅游所具有的审美、娱乐和休闲属性主要表现在旅游目的、时空调节和活动结构等方面。

旅游主要是为了实现审美、娱乐和休闲，不同于日常生活中的维持生存需要的生理活动和责任心很强的外出公差活动，与出于社交目的而进行的应景往来也有区别。在旅游中所体现的休闲，是自然的、随意的、新奇的和轻松愉快的，这和日常的生活和工作相比，多的是欢快，少的是责任和压力。

旅游的审美、娱乐和休闲性还体现在时间和空间的支配方面。人们在一般的工作和生活中总要受到时间和空间的限制，因而闲暇时间和空间的占有显得十分宝贵。旅游活动则可在时间和空间上给旅游者留下充分的余地，使其感受到时间上的闲暇和空间上的广阔。在自由时间的支配上，旅游是要求完美的，也就是说，旅游者既要有消费的能力，又要有较充裕的时间，这样才能摆脱生活和工作所带来的精神压力，到更广阔的空间中享受审美和娱乐的情趣。因此，文明程度较高的社会在不断减少工作时间的同时，也在尽力增加社会成员的带薪假期。这样，人们便可更频繁地参与到旅游中去，而更好地体验生活的美好。从空间的发展角度分析，由于人们总是在限定的区域内工作和生活，所以必然会产生一种封闭感和厌倦感，而旅游活动则可打破这种封闭和厌倦，给旅游者提供追求新奇、拓宽视野的机会。

从旅游的活动结构上看，旅游的休闲性主要表现在它是多功能娱乐的集中体现。在日常生活中，人们在工作之余，也会有休息的时间，参加诸如观光、游览、体育健身、看电影、听音乐、访友等活动。旅游活动的休闲则是把这些休闲活动的精华集中起来，再次展现在旅游者的面前，使其在较短的时间内充分体验到休闲的欢愉性。

（二）旅游是一种积极而健康的社交活动

交往是人类历史发展的必然现象，也是人类生活中一种最基本的社会活动，它体现了人所共有的心理需求。就社会而言，没有人的交往就不能称其为社会；就人而言，正是通过交往而结成人群，才具有了改造自然、改造社会的力量。两千多年前，古希腊哲学家亚里士多德曾说：任何一个人都不能与世隔绝而独立生存；中国先秦时代的思想家荀子也说过，"人生不能无群"，"人，力不若牛，走不若马，而牛马为用，何也？曰：人能群，彼不能群也"。

人类通过交往可以达到思想、观点和感情的相互交流，目的是达到沟通、协调和建立一定的人际关系。如果说，在自然经济的社会中，缺乏广泛交往的政治生活和经济生活还显示不出其缺陷的话，那么到了现代社会，生产力和科学技术的迅速发展，新的信息像潮水般涌现，人们迫切需要及时了

解和掌握它们，自然会越来越重视社会交往的作用。生活水平的提高，生产方式的变革，使人们要求有更多的闲暇时间从事社交活动，以陶冶性情、增长见识。

人的交往途径是多向性的、多渠道的。旅游具有中心化交往模式和全通道交往模式的优点，是一种积极而健康的交往形式。它可以自由选择交往对象，走向社会最大空间，不受地域、种族、性别和年龄的限制。在旅游中，自然界的美景和丰富的社会场景，开阔了人们的眼界，调动了人际交往的主动性；畅所欲言、轻松愉快的气氛，容易使人抛弃某些固有的偏见，沟通彼此的思想感情，产生别的交往形式所达不到的积极效果。

旅游所体现出来的交往，从形式和特点上看，是一种短暂的、平等的、在异地进行的，并以感情沟通和物质交易为主的行为，并在隔离、浅交、示意、互动、互助和竞争等行为中，反映出其强弱不同的发展程度。因此，旅游接待地的人们如何在与旅游者短暂的交往中发展彼此的友谊，是吸引游客、拓展旅游市场的关键。一般而言，旅游交往的理想形式是"旅游者—朋友模式"。要达到这种高级的交往境界，关键在于旅游者是否能够真正融于旅游地的文化之中，成为当地文化的受益者。这就要求旅游地的文化内容，在精神和物质方面具有较高的水平，能够真正产生美的效应；在接待旅游者时，尊重、理解和热爱他们。这样才能消除他们在交往中的心理障碍，加深旅游角色的参与程度，使其体验和模仿当地文化的精华，从而发挥出交往的积极效应。

（三）旅游是人类高层次的消费活动

旅游是一种高层次的需求活动，并正在发展成为人们生活中的一种重要需求。人在与客观环境的相互作用过程中，在积极的生产活动和社会活动中，会产生多种多样的需求。既有为延续和发展自己生命所必需的物质需求，也有发展智力、道德、审美等方面的精神需求。而且，随着社会生产力的日益发展，人们对物质需求和精神需求的层次也在不断提高。旅游需求是人的总体需求的一个组成部分。当人们在满足日常的衣、食、住、行等基本需求之后，便自然而然地追求更高层次的享受，此时便产生了旅游的需求。因为在旅游中，人们的社交、尊重和自我实现的需求都可以得到体现。这是人们生活需求层次提高的表现，是一种高级的消费活动。

　　旅游是一种消费水平较高的社会活动，这是由旅游主体参加旅游的目的性和旅游客体的价值性所决定的。旅游者为了达到审美和享乐的目的，需要占用非生产的时间，动用自己的劳动积累，去到异地旅游，购买当地的旅游产品，这种行为丝毫也不能为其创造可供消费的资料，而要在吃、住、行、游、购、娱的旅游全过程中，支出超过日常生活所需的钱财。当旅游客体的价值含量超出了旅游者的期望时，这种消费就会不断地增长。因此，旅游本身虽然是以追求精神享受为主的活动，但必须在旅游主、客体的物质条件达到一定水平后，才能真正成为具有规模的社会生活的必要成分。

　　旅游的高消费特征主要体现在消费水平和消费结构上，其消费结构又可分为旅游中的食、住、行、游、购等的实物结构和在游览、娱乐中所享有的无形效用的劳务性消费结构。实物结构固然重要，但精神消费的水平则更能说明人们在旅游中对社交、尊重和自我实现的需求程度，并突出体现了旅游是人们生活需求层次提高的必然现象，是一种高级的消费活动。

　　旅游的消费属性是由社会的经济状况、人们的生活水平和生活质量所决定的。近年来，我国参加假日旅游的人数急剧增加，这主要基于人们生活水平和消费水平的提高。

二、旅游的基本属性

（一）旅游的社会属性

　　旅游本身体现出审美、娱乐、交往和高级需求等特征，但脱离了必要的社会条件就显得没有意义。因此进一步了解旅游的社会属性，对于认识旅游的起因和发展是完全必要的。

　　1. 旅游是人类社会经济发展的产物

　　旅游的产生和发展是和社会生产力的发展水平相联系的，它是社会经济发展到一定阶段的产物。社会生产力的发展水平决定了各个时代旅游的规模、内容和方式。在原始社会，生产力十分低下，人们只为生存而到处奔波，虽然经常从一地迁移到另一地，但这并不是真正意义上的旅游。从私有制出现到19世纪前期，在几千年中，人类社会经历了几个不同的社会形态。每个时期的生产力都有不同程度的发展，但总的来说，生产力还不够

发达，只有少数拥有特权的统治者拥有财富，多数劳动者仍处于被压迫、被奴役的地位。因此在这一漫长的历史时期中，参加旅游的人数很少，主要集中在皇族、贵族、僧侣等特权阶层。旅游活动的主要形式是宗教朝圣、经商和探险考察。这一时期交通不发达，旅游依靠以自然力、人力、畜力为主的舟车。旅游的内容单一，旅游活动范围很小，洲际或国际等长距离旅游几乎很难实现。

19 世纪后半叶，工业革命使社会财富迅速增加，都市化的发展，极大地改变了人们的生活方式，使旅游活动发生了质的变化。参加旅游的人数增多了，除了少数富有者外，许多中产阶级也参与进来；火车和轮船也相当发达，使旅游规模和范围发生了巨大变化。经营旅游开始成为一项经济活动，出现了作为经济行业的旅游业。随着社会生产力的迅速发展，个人收入的提高，工作时间的缩短，闲暇时间的增多，旅游成为大众性的活动。现代交通工具的发展和完善，科学技术和信息系统的变革，使国际旅游的规模越来越大。现代化旅游设施的大量建设，为旅游者提供了物质基础，增添了旅游的魅力和色彩。所有这一切都说明了，旅游的产生和发展是社会经济发展的必然产物。

2. 旅游是社会政治、文化的产物

旅游不是纯粹的经济活动，而是包括政治活动、文化交流、人们往来、商业贸易、体育比赛、学术讨论等多方面的内容，是一项涉及政治、经济、文化各个方面的社会活动。旅游作为人们之间普遍性社会交往的一种活动，不仅有助于增进各国人民之间的相互了解和友谊，而且有助于加强国家之间的友好关系。

旅游在缓和国际关系和寻求世界和平方面，在促进各国人民之间的相互认识和了解中，是一个积极的现实因素。各国政府都十分重视旅游的社会作用。世界旅游组织每年也都提出一个以和平、自由、友谊、发展和促进等内容为主题的口号，来体现旅游的发展功能。

旅游要素与社会文化的关系表明，旅游是一种文化活动。首先，旅游者是依赖于一定社会文化背景而产生的。旅游者自身的文化素养、旅游地的社会文化环境都会对旅游者出游的动机和旅游活动产生巨大的影响。其次，旅游资源是一定社会文化的体现。不管是自然资源还是人文资源，都含有经济、历史、科学、艺术和民俗风情等社会文化的内容。正所谓"山不在高，有仙则名，水不在深，有龙则灵"，可见，旅游资源自身是凝聚着人类精神文化神韵的"神仙"，是旅游地社会文化环境的体现。最后，旅游业的发展是一定社会文化环境的具体表现形式。旅游业的硬件和软件发展均离不开属于社会文化范畴的科学与技术，离不开文化因素中历史的、艺术的、建筑的等各方面的影响。旅游业的从业人员所表现出来的管理和服务水平，也可体现出一种非物质的文化内涵。因此，旅游业既是一定社会文化环境创造出来的物质和非物质的旅游媒介，又是一定社会文化环境的自我表现形式。

3. 旅游是现代社会生活发展的必然产物

随着社会生产力的发展，劳动条件的改善，人们生活水平的提高，旅游越来越成为广大人民群众物质生活和精神生活的一个基本的组成部分。人们外出参加这种审美和自娱活动的次数越来越多，规模也越来越大。有些国家已经把旅游列为衣、食、住之后的一项日常生活的主要内容。

我国的出境旅游经历了一个从无到有、从"出境探亲游"到"公民自费出国游"的发展过程。

（二）旅游的文化属性

旅游活动是旅游主体、旅游客体和旅游中介体相互作用形成的社会综合现象。长期以来，人们却偏重旅游的经济属性，侧重于旅游的经济性研究，而忽视旅游的文化属性及对它的研究。殊不知，旅游文化是旅游业得以发展的灵魂。旅游活动中吃、住、行、游、购、娱六要素的实现，要求旅游主体、客体和旅游中介体三者之间紧密地、连贯地互相配合，在这一互相协作的过程中，体现旅游的本质属性——文化属性。

1. 旅游主体的文化属性

旅游主体，即通常所说的旅游者，是旅游资源的享用者，是旅游活动的实践者。人们为什么要旅游而不选择其他活动，究竟是什么原因使人们兴致勃勃地将旅游活动进行到底并准备再次出游，这涉及旅游主体的动机问题。

动机产生于需要。进行旅游活动的最基本原因是旅游需要。美国心理学家马斯洛提出人的所有需求可大体分为五个层次，即生理需求、安全需求、社会需求、尊重需求和自我实现需求。五个层次呈金字塔结构，只有在较低层次的需求得到满足后，人们才会向高一级层次的需求发展。人的旅游需求

是一种高层次的需求，更确切地说与金字塔顶端的两个需求有联系。它是人们在满足了基本的生存需求后，在安全需求和社会需求得到保障的前提下，对自身文化内涵的熏陶，对自我实现的期望。但在一次旅游活动中满足的又不仅仅是高层次需求，它既满足了人们生理方面的需求，如休息、游览、娱乐等，又满足了人们社交、尊重和自我实现的需求。并且在旅游中，生理需求方面的满足也具有文化性，它并不等同于日常生活中理解的吃、行、住，它代表的是一种更高层次的精神需求，强调生活的质量。

在现代社会，经济效能的改善，生活水平的提高，人们在满足生存需要的基础上，产生了享受的需要，包括物质享受和精神享受。信息技术的发达、信息量传递的巨大和快速，让人们不再满足于自身所处的相对狭小的群体范围，而向往了解世界、了解其他文化，这属于更高层次的需要。旅游是实现这一期望的最理想的手段，它可以满足人们求知、求美的心理，使人们增长见识、获得身心的满足。

旅游者的旅游需求会受到年龄、性别和受教育程度等因素的影响，尤其是受教育的程度。在西方国家，受教育程度高的人多愿意旅游，平均每年的出游次数较多，因为旅游能满足他们高层次的精神需求。同时，旅游者还受到目的地环境的影响。文化的交流是双向的，旅游者在把隶属于本民族或居住地的文化带到旅游目的地的同时，也在感受、体会目的地的文化氛围。目的地的文化氛围比较浓厚，其旅游资源以人文旅游资源为主时，旅游者所受的影响会更深刻、更深远。由此可以看出，不论旅游者出于何种旅行动机，文化属性都必然是旅游主体的本质属性。

2. 旅游客体的文化属性

旅游客体，即旅游资源，是指旅游的吸引物和吸引力因素。旅游资源就是对旅游者产生吸引力的事物和现象，它存在于自然环境和社会生活中。旅游资源按照基本成因和属性，可以分为自然旅游资源和人文旅游资源两大类。自然旅游资源包含名山胜水、森林草原、海洋湖泊、沙漠温泉、珍奇动物和奇卉异木，等等。虽然自然旅游资源在人类出现之前就已经存在，但是并不意味着它缺乏文化的内涵。自然景观之所以能成为旅游资源，主要原因在于人类对自然美的鉴赏、反映和传播，以及在欣赏的条件下对自然景观的开发。自然景观由于人类的参与，就成为"人化的自然界"。自然界一经

"人化"，便有了"文化"属性，这是不言而喻的。即便是纯自然的景观，如天气现象、地质现象和生态保护区的景观，其形成原因、演变过程、发展趋势等，都包含已知的科学知识和规律，因此只要你去观赏它、解读它，你就是在欣赏它的文化属性，尽管是间接附加的文化属性。

人文旅游资源包括历史遗迹、帝王陵寝、名城古都和民俗风情等。一个国家或地区旅游吸引力的大小，主要取决于这个国家或者地区旅游资源的特色，而这种特色又在很大程度上取决于人文旅游资源的独特性。只有特色鲜明的旅游资源才能不断吸引游客，旅游资源越是有差异越是有魅力。比如国外旅游者到北京旅游，吸引他们的不仅是故宫、颐和园和八达岭长城等静态的自然或人文景观，还包含由旅游景点、城市风貌、典雅亲切的东方礼仪和精美绝伦的中式菜肴等因素共同构成的一种具有浓郁中国文化情调的特殊环境。我国以古老的东方文明著称于世，厚重的历史文化塑造了中国人民的民族性格，也造就了丰富多彩的人文旅游资源，这一特点决定我国的旅游发展必然带有较多的文化色彩。

对于具体的旅游地来说，政府在进行旅游资源开发时，首先需要考虑的就是有什么文化因素可以用来开发、创造价值、吸引游客。其次对旅游资源进行开发，一定要做到深度挖掘，绝不可停留在对传统文化的简单重复甚至生搬硬套、断章取义的水平上，而是要创造各种文化氛围来满足不同层次、不同国别旅游者的不同需求。

3. 旅游中介体的文化属性

旅游中介体，又称为旅游媒体，是指帮助旅游主体顺利完成旅游活动的中介组织，即向旅游主体提供各种服务的旅游部门和企业。旅游中介体能够为旅游主体组合不同类型的旅游客体，形成食、住、行、游、购、娱一条龙游览线路，使旅游景观的内在文化价值得到充分展示和宣扬，使旅游景观为社会所认识，通过多种角度、多种方式给旅游主体以文化的熏陶和启迪。同时，旅游中介体本身也具有鲜明的文化属性。旅游中介体，不论是旅游服务者的服务资质、服务个性，还是旅游行政管理者的管理理念、管理措施，无不渗透着文化内涵，这些内涵同样会让旅游主体感受到。一些旅游业发达的国家和地区，非常重视每个相关文化载体的作用，它们不让任何一个文化氛围薄弱的旅游中介体环节影响整体旅游文化氛围的做法，值得我们学习。

（三）旅游的经济属性

旅游虽然是一项古老的社会活动，但不可能出现在人类的蒙昧时期。在原始社会，由于社会生产力水平低下，人们为了生存不得不被束缚在为谋取生活资料的生产劳动中，没有闲暇时间去游乐。尽管游览起源于人类早期的生产劳动和社会活动中，但在原始生产力和社会状况下，人们的实践更多出于功利和实用目的。原始社会人们四处狩猎，为生存而游荡迁徙，是一种被动的活动，并没有成为一种享受、一种娱乐，严格来说称不上旅游活动。

到了阶级社会，人类历史进入一个新的发展阶段。由于生产工具的更新、生产力的进步，产生了阶级，有了贫富差距，出现了剩余劳动产品的交换。于是人们才有了为娱乐享受或经商以及宗教活动而进行的旅行和游览活动。但早期意义的旅行和游乐活动，也仅局限在少数人和一定范围内。纵使一些上层人物要远游，也受到地理条件的限制和路途风险的阻隔。

到了近代，由于工业革命，社会经济迅速发展，生产力水平不断提高，科学技术日益进步，国民收入不断增加、劳动时间缩短、闲暇时间延长，一些人才有外出旅游的金钱和时间。1945年以后，世界各国的经济得到进一步迅速发展，先进交通工具和通信设备不断更新，使长距离的跨国旅游和洲际旅游成为可能。同时，社会为广大旅游者提供了丰富而独特的旅游资源、安全便利的交通条件、舒适完备的食宿设施，以及由于生产率成倍增长，而有条件从物质生产部门腾出更多的劳力来接待各地的旅游大军，为广大旅游者提供包括翻译导游在内的一系列的服务。在这个前提下，大众性、国际性的旅游活动得以顺利开展。这是从社会经济角度来论证旅游的经济属性，是问题的一个方面。

问题的另一个方面是从个人的旅游动机的确立来认识旅游的经济属性。大凡生活在同一个阶级社会中的人们，由于经济地位不同，其思想观念、价值取向，乃至对事物的态度等都存在差别。金钱不仅是个人作为支付旅游费用的外部条件存在于旅游消费过程中，而且首先在于它是刺激旅游需要、强化旅游需要而产生外出旅游欲望、确立旅游动机的内在因素（条件）。事实证明，人们往往是因为有了节余的收入和闲暇时间，并在外界各种有关信息的刺激下，促使旅游需要的强化，而产生外出旅游的强烈愿望的。

需要指出的是，从旅游历史发展的角度来考察，经济因素（条件）对旅游者的产生和各国旅游活动的发展一直起着决定性的作用。然而，随着人类社会经济的快速发展、国力的提升和广大人民越来越富裕，经济因素对旅游的制约作用将从主导地位降为从属或次要地位。

（四）旅游的消费属性

在现代旅游活动中，旅游者要实现各项旅游活动、享受旅游产品和服务，必须向旅游企业支付一定的货币，即旅游者与旅游企业之间是一种经济交换关系。旅游活动，在其全过程中不向社会也不为旅游者个人创造任何外在的可供消费的资料，相反却"吞噬"着旅游者以往的积蓄和他人的劳动成果，即使在比较极端的情况下，如一个人流连山水，陶醉于大自然（而非人化）的美的恩赐，或不花钱旅游（奖励旅游等），他也是在利用本可以用于创造财富的生产时间。所以，旅游无疑是消费活动，而不是生产活动。

三、旅游的特征及类型

（一）旅游的特征

旅游的两个突出特征是异地性和暂时性。

异地性是指旅游活动的发生要以行为主体的空间移动为前提，旅游者要向旅游目的地移动。暂时性是指旅游仅发生在旅游者人生的某一时段。

（二）旅游活动的类型

人们一般把旅游活动看成是"食、住、行、游、购、娱"六大活动的组合体，这就是通常所说的旅游活动的六要素。但是，随着旅游的发展，人们进行旅游的目的和观念在不断地改变。"食、住、行、游、购、娱"旅游活动六大要素的传统分类法已跟不上现代旅游的发展要求，健康、休闲、疗养等也应成为旅游的要素。例如，静养场、森林浴场、康健步道、空气负离子呼吸区等都是旅游能提供给旅游消费者的特殊消费项目。

随着旅游活动的普及，旅游形式日益繁多，根据不同的标准，有不同的类型划分方式。

1. 按地理范围划分的旅游活动类型

旅游活动按旅行游览的地理范围划分，可分为国内旅游和国际旅游两个

基本类型。国内旅游和国际旅游在旅游统计中有重要意义。旅游活动通常是由近及远、先国内而后国外进行的，国内旅游是一个国家或地区发展旅游业的基础。

（1）国内旅游

国内旅游是常住国内的人们，为了休闲、商务和其他目的，离开他们的惯常环境，到国内某些地方去并且停留不超过一年的活动。

根据旅游者游览距离的远近可分为地方性旅游、区域性旅游、全国性旅游。

第一，地方性旅游一般是指当地居民在本区、本县、本市范围的旅游，这种旅游短时间、近距离、活动项目较少，常是亲戚朋友或家庭、小集体自发组织的旅游方式。

第二，区域性旅游是人们离开居住地到邻省、邻市、邻县的风景名胜点的旅游活动。如长沙居民去张家界三日游、厦门组织的武夷山七日游等就属于区域性旅游。

第三，全国性旅游是指跨越多个省份的旅游活动。

（2）国际旅游

国际旅游是人们为了休闲、商务或其他目的，离开他们的常住国到其他国家或地区，停留时间不超过一年的活动。国际旅游可分为跨国旅游、洲际旅游和环球旅游等具体形式。

第一，跨国旅游以不跨越洲界为界限。西欧各国在欧洲内的跨国旅游就属于这一类型。

第二，洲际旅游指跨越洲际界限的旅游活动。欧洲人到深圳来参加高新技术交流会，美国人到北京登长城都属于洲际旅游。

第三，环球旅游是指以世界各洲的主要国家（地区）的港口风景城市为游览目的地的旅游活动。这种旅游需要充裕的时间和金钱，多数属于富裕阶层的度假性观光旅游。

世界旅游的发展历史证明，旅游活动总是呈现出由近及远、渐进发展、国内旅游先于国际旅游的普遍规律。正是由于国内旅游消费比国际旅游低、所需的时间较少，同时也不需要办理繁杂的手续，因此国内旅游需求的发展一般先于国际旅游需求。而国内旅游需求一般层次较低，也使得国内旅游业比较容易发展。据世界旅游组织估计，在每年全世界旅游总数中，国内旅游约占90%以上。但是，这并不意味着一个国家或地区国内旅游业的发展总是先于国际旅游业的发展，两者之间的优先性选择最终取决于有关需求市场的发展程度。在发展中国家一般先是入境旅游，再是国内旅游，最后是出境旅游。如在我国，改革开放后国际旅游发展比较迅猛，来我国旅游的国际旅游者逐年递增，国内旅游也是在此基础上发展起来的。

但是，旅游业毕竟是一个市场导向的产业，尽管国内旅游不像国际旅游那样能创造外汇收入而受到国家政府的重视，但国内市场需求的庞大规模仍然推动着国内旅游业的发展。可以说，国内旅游是旅游发展的基础，国际旅游是国内旅游的延伸和发展。

2. 按活动内容划分的旅游活动类型

（1）观光旅游

观光旅游主要指旅游者到异国、异地游览名山大川、鉴赏人文古迹、领略风土人情的游览活动，从中获得美的享受，满足愉悦身心和增长知识的需要。它是最古老、最普遍的旅游活动方式，也是目前我国旅游接待中最基本的类型。观光旅游的特点是：

①观光范围广

观光的内容不仅有自然风光、动植物等，而且包括文化古迹、历史名胜、民族风情、人民生活、建设成就等。

②适应性强

无论老幼妇孺，无论何种职业、何种身份的人，都适宜进行观光旅游。

③接待方便

参加观光旅游的人一般没有什么特殊要求，便于安排。

（2）度假旅游

度假旅游一般是为了追求闲适，寻求幽雅清净的生活环境，以欢度假期、避暑防寒、治疗疾病和参加一些有特色的消遣娱乐活动为主要目的的旅游活动类型。旅游者去的地方或是温泉，或是森林，或是海滩，或是乡村。度假旅游由于可以消遣娱乐、消除疲劳、增进身心健康，越来越受到旅游者的关注和喜爱。在号称"旅游王国"的西班牙，每年接待几千万的国际旅

游者，大多数旅游者进行的是游海滩、寻阳光和海水浴等度假休闲与保健相结合的活动。

（3）文化旅游

文化旅游是人们为了满足文化知识的需要，通过旅游来观察社会、体验民风民俗、了解异地文化，以丰富自己的文化知识为主要目的的旅游活动。当今社会科学迅速发展，教育日益普及，人们的文化素质也越来越高，求知的愿望也越来越强烈。人们逐渐将旅游活动中所含的文化知识的程度，作为衡量旅游活动层次的重要指标。人们通过此种形式的旅游活动，加深了对旅游地历史、地理、艺术、教育、科学技术和文物古迹的了解，可以在深层次上充实精神生活、增长知识。

文化旅游具体包括历史文化旅游、民俗文化旅游、区域文化旅游和宗教文化旅游，等等。

（4）商务旅游

商务旅游是指以经商为主要目的，把商业经营活动与旅游活动结合起来的旅游方式，它是旅游活动发展史上较早的形式之一。在现代社会中由于经济活动的日益频繁，商务旅游者已成为旅游市场中的主要客源。商务旅游的特点是：

①旅游频率高

由于寻求商务发展，加上市场行情不断变化，这类人员常常需要外出。目前世界商务旅游的人数至少占旅游者总数的1/3。

②消费水平高

商务旅游者的旅行经费由公司开支，他们的旅游消费标准要比其他类型高。

③对旅游设施和服务质量要求高

由于业务需要，商务旅游者往往要求入住的饭店具有较好的条件，如具有完善的现代通信设施和便利的运输工具。

（5）购物旅游

购物旅游是一种以到异地购物为主要目的、结合都市观光的旅游方式。它是随着社会发展、交通发达、人们的生活水平日益提高而兴起的。当前世界购物旅游主要有两种形式：一种是广泛存在于一些国家边境地区的短期购物旅游，主要采用两国间的物产、价格、税收上的差异来吸引邻国旅游者；另一种是跨国、跨洲专线购物旅游。

（6）生态旅游

生态旅游是旅游者以旅游区的自然景观以及人文景观为主要游览对象，以理解、欣赏并提高自身修养及生态保护为目的，并对保护旅游地的自然生态环境及改善社会经济环境作出积极贡献的旅游活动。生态旅游作为一种独特的旅游类型，具有以下几个基本特点：

①活动以大自然为舞台

通过到自然界观赏、旅行、考察、探险等，认识自然奥秘，提高保护环境意识，促进生态平衡。

②孕育着科学文化内涵

生态旅游是旅游发展高级化的产物，具有丰富的文化和科学内涵，虽然活动形式一般，但品味高雅。

③以生态学思想作为设计依据

生态旅游以不改变生态系统的完整为原则，具有科学性和专业性。

④强调利益共享和公平性

生态旅游重视地方居民利益，通过保持当地自然生态系统和文化的完整来实现利益共享，从而达到旅游的可持续发展。

由于生态旅游具有尊重自然与文化的异质性，强调保护生态环境与为当地社区居民谋福利，提倡人们认识自然、享受自然、保护自然，因此被认为是旅游业可持续发展的最佳模式之一，成为旅游市场中增长很快的一个分支。

（7）专项旅游

专项旅游有时也称特殊兴趣旅游，它是针对各种特殊的旅游需求，根据各接待国或地区旅游资源的特点，精心设计和制作旅游活动项目，形成以某一活动内容为主的专项旅游活动。

综上所述，依据不同的划分标准，从旅游这一综合性活动的经济、社会、文化等不同的侧面出发，可以对旅游进行不同的分类。同时，任何一种标准划分出来的任何一种旅游类型都会与使用其他标准划分出来的类型发

生交叉或联系。所以，划分类型本身只是一种手段而不是目的。随着现代旅游的发展，还有产生新型旅游的可能性。

（三）新型旅游

新型旅游是相对于传统旅游而言的。它既有对传统旅游形式的深化、延伸和细分，又有自身新开发的旅游项目。其特点是更能适应和满足新时代旅游者对旅游活动内容和形式上更具个性化和主动参与性的旅游需求。

1. 农业旅游

农业旅游作为一种新兴的旅游形式，亦称农业观光或观光农业旅游。它是指以农业（包括乡村文化）资源为对象的旅游活动。尽管传统的观光旅游早已涉足乡野田园，现代的城市居民到城郊远足或借到农村探亲会友之机进行游览田园风光的休闲活动也不乏其例，但是，这与现代农业旅游却有本质上的区别。前者仅是以现成的乡村田园风貌为对象的一种自发式、自助式的休闲活动；而后者的消费对象却是旅游经营者以农业经济和乡村文化为背景，经过精心策划开发出来的更具有明确主题并提供全程服务的农业旅游产品。这就是所谓的"旅游农业"或称"观光农业"。可见，从概念上说，农业观光与观光农业是不能混为一谈的。前者指以观光农业产品为消费对象的旅游活动（过程）；而后者是相对于农业观光旅游者的需求而开发的旅游产品（形式）本身，它是传统农业经济在现代化进程中新出现的一种独立的经济形式。

2. 工业旅游

工业旅游从旅游业角度说，是在充分利用现有的名牌工业企业设施设备和工业企业文化资源的基础上，以旅游内涵为主题而开发出来的一种让旅游者乐于购买的新型旅游产品（项目）；从旅游者角度说，它是以了解名牌工业产品的工艺流程、发展史和未来科技与工业的发展前景等为主要目的，具有较高的科技知识含量的一种高品位的旅游形式。可见，工业旅游与传统的观光旅游过程中对某些工业企业的参观游览活动是有本质区别的。

工业旅游起始于20世纪50年代的法国，后被世界各国仿效。我国的工业旅游发展较晚，还正处在研讨、规划、开发和试用过程中。例如，地处福建省福州市的马尾造船厂，利用厂内遗留的船政建筑群的轮机车间、法式钟楼、政绘事院，以及毗邻的中法马江海战纪念馆、中国近代海军博物馆、青州船坞等全国重点文物单位和景观，构成一条以爱国主义和现代工业文明为内涵的旅游线路，形成独具特色的工业旅游产品。工业旅游的兴起，预示着随着知识经济时代的到来，具有较高知识含量和品位的旅游产品或旅游形式，将越来越受到广大旅游者的青睐。

旅游活动类型其他划分标准：

（1）按旅行距离划分

旅游活动按旅游距离划分，有远程旅游、近程旅游。

远程旅游指旅行路程比较遥远的旅游，在国际旅游中一般是指洲际或环球旅游。这种旅游的特点是时间较长、花费较大。近程旅游，即近距离旅游。在国际旅游中，一般指邻国旅游，此种旅游相对耗时较短、支出较小。在多数情况下，人们出游的距离总是由近及远，这是因为社会经济的发展和人们收入的增加是循序渐进的。

（2）按旅行方式划分

旅游活动按旅行方式划分，主要有以下五种形式：

①汽车旅游

以汽车为主要交通工具的旅游方式。其中又分为两种，一种是旅游者在整个旅游过程中基本以乘坐或自己驾驶汽车进行的旅游活动。目前，我国城市居民私家车拥有量大幅提升，自驾车出游成为有车族首选的出游方式。自驾车旅游多为亲朋好友结伴同行的休闲型家庭旅游，目的地主要是居住城市周边的景区（点）。另一种是在一定的旅游区域范围内，利用汽车作为交通工具而开展的旅游活动。

②自行车旅游

以自行车为主要交通工具，依靠人的体力和机械的功能进行的旅游活动。此项旅游活动有强身健体、磨炼意志、节约能源、无污染等多种优点，有些自行车爱好者甚至骑车环游世界。

③飞机旅游

以飞机为主要交通工具的旅游活动。飞机旅游是各种类型旅游活动中速度最快的。乘飞机可以居高临下，旅游者可以观赏大自然风光，同时飞机还是一部分旅游者娱乐享受的工具，因此飞机旅游是集观赏和娱乐于一体的旅游活动。

④铁路旅游

以火车这一旅行方式外出旅游的活动。真正的铁路旅游是以乘火车为手段而开展的旅游项目。

⑤徒步旅游

徒步旅游指离开定居地,不使用任何交通工具,仅靠步行而进行较长距离的旅行游览活动。

(3)按组织形式划分

①团体旅游

团体旅游指一定数量的有着共同或相似目的的人们组织起来,以集体方式进行的旅游活动。团体旅游的特点是组织方式灵活,旅游者同时参加同一种项目和内容,一次参与活动的人数一般在15人以上,旅游者的基本活动项目的费用按一次计算,先购买后消费,一次购买逐步消费。典型的团体旅游是旅行社组织的团体包价旅游,其中又可分为全包价团体旅游和小包价团体旅游。

②散客旅游

散客旅游是相对于团体旅游而言的,主要是指个人、家庭或结伴(一般不超过15人)不经过旅行社或只办理委托手续,并按零星价格承办,以非团体方式进行的旅游活动,旅游者一般自己选定或安排旅游行程和旅游活动。散客旅游的特点是参与的人数少,具有明显的分散性和随意性;活动自由灵活,自主性和选择性强,旅游者能根据个人意愿安排旅游行程、路线,选择节目和内容。近年来,世界上的散客旅游正朝向日渐流行的趋势发展。

(4)按享受程度划分

旅游活动按享受程度划分,可分为豪华旅游、标准旅游、经济旅游三个主要档次。

现代国际旅游市场有两点值得重视:豪华旅游的旅游者,其消费额平均比中低档要高出好几倍;经济旅游的旅游者,吃住行的费用一般偏向大众化,总是想方设法节省开支。

这种划分方式反映着有关旅游产品的价格和旅游者所能得到的享受程度。

（5）按费用来源划分

旅游活动按费用来源划分，可以分为自费旅游、奖励旅游、社会旅游等。

其中，社会旅游是一种由社会给予福利性补贴的旅游。这种情况多见于欧洲，指由有关政府、工作单位或工会提供资助或补贴，帮助一些收入过低的贫困家庭实现外出旅游。

奖励旅游指企事业单位为了激励员工的工作积极性，增加凝聚力，将旅游活动作为一种奖励方式，组织员工进行不同程度的免费的旅游活动，这种方式所产生的激励作用比传统的金钱和物质奖品的效果好得多。因此，奖励旅游作为一种旅游手段今后将愈加为各级组织所效仿。近年来，奖励旅游已成为世界旅游业所瞩目的重要市场。

第二章 旅游产业要素的安全问题与管理

第一节 旅游饮食安全问题及管理

旅游是集食、住、行、游、购、娱为一体的综合性活动，食在旅游活动中有极为重要的作用，是完成旅游活动的必要基础。旅游活动中的饮食直接影响着旅游者的健康状况，进而影响着旅游活动能否顺利完成。因此，如何保障旅游者的饮食安全对于旅游者、旅游企业乃至整个旅游行业均有特殊意义。饮食安全管理由此也成为旅游安全管理的重要一环。

一、旅游饮食安全

（一）旅游活动中的饮食场所与旅游饮食安全

旅游饮食安全问题一般都发生在旅游活动中的饮食场所。饮食安全管理也就是对这些场所的管理、监督和控制。旅游活动中的饮食场所包括：

1. 饭店餐饮场所

在旅游饭店中，由饭店的餐饮部提供专业化的餐饮服务，这是目前最规范、等级最高、服务最为完善的旅游饮食场所。饭店餐饮的等级与旅游饭店的等级相一致。相对来说，饭店餐饮安全管理相对规范，也比较容易开展。

2. 社会餐饮场所

这是目前提供餐饮服务的另一大阵地。其服务水平参差不齐，可能有等级与规格均很高的餐饮服务，也可能有大排档，不能一概而论。这类餐饮管理往往归在第三产业的服务业或零售业，卫生安全漏洞相对较多，饮食安全管理相对混乱。

3. 户外餐饮场所

这是指区别于前两种，在旅游景区或交通不便的旅游必经之地提供餐饮的场所，或者旅游者自己在没有餐饮服务的野外的进餐。这里的餐饮提供者大多数是不经饮食卫生部门、工商管理部门许可的私人业主。这种类型的餐饮最容易发生饮食卫生、欺诈、饮食事故等饮食安全问题，也是旅游饮食安全管理中最为困难的一环。

考虑到饮食安全管理的规范性、可操作性，我们主要探讨饭店餐饮安全管理，兼顾其他两种类型的饮食安全管理。

（二）发生饮食安全问题的原因

旅游活动中出现饮食安全问题的原因大致有以下几种：①餐饮企业操作不当和违规经营，造成饮食卫生问题。②餐饮企业不遵守职业道德，贪图个人私利，欺诈旅游者。③旅游者因各种原因，没有注意个人饮食卫生，"病从口入"。④旅游者放松警惕，导致饮食过程中物品丢失。⑤旅游者因水土不服，导致身体发生疾病。⑥旅游者因旅途劳累，缺乏必要的营养而发生疾病。⑦因饮食习惯差异导致旅游者与旅游者、旅游者与餐饮经营者或当地人之间的冲突。⑧其他意外原因，如餐厅地滑摔伤、餐器爆炸受伤、烫伤等。

二、旅游饮食安全的表现形态

旅游饮食中的安全问题主要表现为：食物中毒、疾病、营养不良引发的疲劳症、盗窃、欺诈、火灾及其他意外事故等。

（一）食物中毒

这是由于饮食卫生引发的较为严重的饮食安全问题。其主要原因是饮食提供者提供的食品、饮品过期、变质或不洁净等。食物中毒对旅游者的伤害较大，严重者将危及旅游者的生命安全。

（二）疾病

旅游饮食中引发疾病的原因有多方面：①由于旅游饮食业主违章或违规操作提供变质饮品、食品而引发疾病，食物中毒就是一种常见的安全问题。②旅游者饥不择食，没有注意饮食卫生。③由于旅游途中条件所限，

只能将就饮食。④水土不服。⑤旅途劳累加之营养的摄入量不足，即旅途中的营养不良。

旅游饮食引发的疾病类型较多，如肠道感染、胃肠功能紊乱、胃炎、胃溃疡、恶心、呕吐、腹泻等。

（三）营养不良引发的疲劳症

这里专指旅游活动中因地域变迁、体力付出而营养素摄入不足引起的种种疲劳症状，其最终表现为旅游活动中的疾病。考虑到多数旅游者往往缺乏对旅游活动中科学饮食的正确认识，故专门列出。

研究表明，多数旅游活动所需的能量属于中等体力活动以上的能量消耗，旅途中能量不足是造成旅游疲劳的最主要因素。因此，旅途饮食中需注意热源质食物的摄取，以保证有足够的能量供给至关重要。旅游活动中游客活动频繁，因而在旅途中经常感到四肢乏力、肌肉酸痛。游客注意饮食搭配和营养素的摄取、提高矿物质的摄入量可以避免这种现象的发生。

"上火""大便秘结"也是旅途中旅游者常出现的典型症状。"上火"和便秘是人体处在应激状态下所反映出来的一种征兆。旅游者在旅游活动中常处于精神兴奋紧张、心理情绪比较不稳定、睡眠不足和作息时间不规律等应激状态；加之旅游活动量大，体内新陈代谢加剧、出汗多、饮水量少、体表水分蒸发散失多等，从而造成体液不平衡而出现尿液少而黄、食欲减退、舌苔黄糙等"上火"现象。旅游饮食不规律、精细食品多、粗纤维少、水分供给不足则是产生便秘的主要原因。因此，旅游者在旅途的饮食中应注意饮食卫生和营养，增加营养素的摄入量，避免体液失衡，防止出现便秘。

旅游过程中免不了要乘车、船，而车、船的颠簸和晃动也会使游客产生疲劳和胃肠的不适。此外，旅游活动中由于异地气候的变化、饮食结构改变、水质不同等也容易使游客产生"胀气""腹响"等消化不良、胃肠不适的现象。这些都与旅游中的饮食食品选择、营养结构合理与否有关。因此，加强旅游活动中的饮食营养概念，在旅游饮食中既强调饮食卫生又注意饮食营养，既不暴饮暴食也不胡乱应付，是旅游者在旅游活动中应重视的问题，也是旅游企业在饮食安全管理中应重视的问题。

（四）盗窃

这里的盗窃包括两层含义：对旅游者财产的盗窃；对饮食场所财物的盗窃。主要指发生在饮食场所的盗窃事件，被盗窃的物件主要是旅游者随手放在桌椅旁边的物品。旅游者的物品被盗在饮食场所时有发生，这是因为：一方面，旅游者在进餐时，精神相对松懈而放松警惕；另一方面，餐饮经营服务人员忙于为旅游者提供餐饮服务，因此给犯罪分子带来了可乘之机。

（五）欺诈

主要指餐饮经营业主对旅游者的欺诈行为，这种欺诈行为主要表现为诱骗、敲诈、强买强卖及宰客。相对于盗窃案件，经营业主的欺诈行为更为可恶，对旅游者造成的精神伤害更大。

（六）火灾

旅游饮食中的火灾主要发生在旅游饭店或高档社会餐饮的厨房中。旅游饭店和高档社会餐饮因规模较大、档次较高，具备了较为现代化的厨房，因此，厨房中的各种电器、电路、管道、烹饪设备等较多，火灾的隐患也相对较多。尤其是厨房中集中了大量燃料，又有不少可燃物，因此危险系数较高，一旦发生火灾，对旅游者的生命与财产损伤较大。

另外，随着火锅的兴起，旅游者对火锅的钟爱一直不减。现行餐厅中的火锅大多采用瓶装液化石油气做燃料，几十个瓶装液化气同时在餐厅中使用，其危险程度可想而知。

（七）其他意外事故

餐厅进餐中，一些意外事故有可能引发旅游安全问题。例如，旅游者因地板油腻湿滑而跌伤、餐具破损割伤、菜肴太热烧烫伤、电击伤等。甚至还可能出现旅游者与餐饮经营服务人员发生冲突而引发的安全问题。

三、旅游饮食安全管理的内容

（一）食品卫生管理

食品卫生管理是饮食安全管理的一个重要方面。食品的卫生直接影响到食用者的身体健康，严重的还将导致食用者食物中毒或诱发其他疾病。因此，食品卫生管理是保证菜品和饮品质量、防止食品污染、预防疾病的重要手段。食品卫生管理包括餐饮生产卫生管理、餐饮服务卫生管理、旅游者个人卫生管理三个环节。旅游者个人卫生属于旅游者私人问题，旅游业、旅游饮食供应方只起到提醒作用，很难将其纳入管理范畴。严格来讲餐饮服务也是餐饮生产的一个环节，餐饮服务卫生管理更多的是餐饮服务人员的卫生管理问题，如厨房工作人员的卫生管理问题。餐饮生产基本上在厨房进行，西餐中的法式餐车服务和现场表演也可看作厨房生产的延伸。因此，餐饮生产卫生管理的重心主要是厨房卫生管理。

所谓厨房卫生，就是保证食品和饮品在选择、生产和销售的全过程中，始终处于安全卫生的状态。为了保证食品和饮品的安全卫生，厨房食品和饮品从采购、验收、保藏到生产和服务过程中，都必须符合卫生要求。例如，原料必须是未受污染和不带致病菌的、原料必须在卫生许可条件下贮藏、生产过程必须符合卫生条件、生产人员必须身体健康、设施设备必须符合卫生标准等。厨房卫生管理主要包括厨房环境的卫生管理与控制、厨房各作业区的卫生管理与控制、厨房工作人员的卫生管理与控制三个方面。

（二）饮食场所消防安全管理

饮食场所消防安全管理是旅游饮食安全管理的重要内容之一。饮食场所的厨房中各种电器、电路、油气管道及烹饪设施设备较多，它们是旅游饮食场所火灾的主要隐患。因此，饮食场所的消防安全管理主要体现在厨房的防火上。造成厨房火灾的主要原因有：电器失火、烹调起火、抽烟失火、管道起火、加热设备起火、其他人为因素造成的火灾等。为了避免火灾的发生，需采用以下预防措施：一是厨房各种电气设备的使用和操作必须制定安全操作规程，并严格执行。二是厨房的各种电动设备的安装和使用必须符合防火安全要求，严禁野蛮操作。各种电器绝缘要好，接头要牢固，要有严格的保险装置。三是厨房内的煤气管道及各种灶具附近不准堆放可燃、易燃、易爆物品。煤气罐与燃烧器及其他火源的距离不得少于 1.5 米。四是各种灶具及煤气罐的维修与保养应指定专人负责。液化石油气罐即使气体用完，罐内的水也不能乱倒，否则极易引起火灾和环境污染。因此，在使用液化石油气时，要由专职人员负责开关阀门，负责换气。五是炉灶要保持清洁，排油烟机烟罩要定期擦洗、保养，保证设备正常运转。六是厨房在油炸、烘烤各种食物时，油锅及烤箱温度应控制得当，油锅内的油量不得超过最大限度容量。七是正在使用火源的工作人员，不得随意离开自己的岗位，不得粗心大意，以防发生意外。八是厨房工作在下班前，各岗位要有专人负责关闭能源阀门及开关，负责检查火种是否已全部熄灭。九是楼层厨房一般不得使用瓶装液化石油气。煤气管道也应从室外单独引入，不得穿过客房或其他房间。十是消防器材要在固定位置存放。

（三）旅游饮食场所防盗管理

为了杜绝或减少旅游饮食场所发生盗窃，相关人员应对旅游饮食场所加强治安管理。饮食场所的治安管理除了依靠所在地的公安、派出所等治安管理单位外，还应通过旅游地的景区管委会、旅游地社区的治安联防队伍以及社区民众、旅游饮食企业（如饭店、定点餐厅、景区餐馆）等单位进行管理。旅游饮食企业要有相应的防盗治安条例和措施，旅游饮食企业服务员在就餐人员较多、秩序较乱时不仅要提高警惕，防止不法分子趁乱盗窃客人的财物，还要提醒游客注意看管好自己的财物。若游客财物被盗，应及时向社区治安机构或景区治安联防队报案，并协助其破案。

（四）与饮食有关的其他安全管理

除了上述饮食安全管理外，与饮食有关的安全管理还包括：①加强对餐饮经营业主的职业道德的教育与管理。通过教育并出台相关的规章制度与措施，防范与控制餐饮经营业主对旅游者饮食的欺诈行为，杜绝在饮食场所出现敲诈、强买强卖、宰客等非法经营现象。②加强对餐饮场所的现场管理，以防止出现因地面油腻湿滑、餐具破损等人为原因造成游客跌伤、割伤等不安全事故；避免出现因为客人酗酒、斗殴而殃及其他游客的不安全事件。③加强对餐饮场所服务人员的教育与管理，防止出现因餐饮服务人员与旅游者发生冲突而引发的安全问题。

四、旅游活动中的科学饮食

旅游者在进行旅游活动的过程中，由于饮食结构、习惯改变，住宿条件变更，车船颠簸，旅游中活动量加剧，心理、情绪乃至地理环境和民俗风情发生变化等将产生某些生理反应或变化。如何结合旅游活动的特点，根据旅游者具体情况，考虑旅游地气候、环境、风俗、旅游季节等诸多因素，合理

地组织安排旅游活动中的饮食，保证旅游者在旅游活动中的营养需要，达到旅游目的，是旅游饮食安全管理的任务与内容之一。

（一）旅游饮食引发的生理反应

旅游是日常生活在异地的重现。因此，旅游活动中的饮食就存在着旅游者所在地饮食结构、饮食习惯与旅游地饮食结构、饮食习惯的异同问题。饮食结构、饮食习惯的改变容易造成旅游者在旅游中产生一些生理反应。归纳起来，由饮食所造成的生理反应有以下几个方面：

1. 口味改变造成的食欲不振

旅游者在旅途中的饭菜若不合口味，则会引起胃口不佳、食欲不振、饭量下降、厌食等症状。例如，以大米为主食的南方人到北方旅游，就不习惯吃面食和粗粮；习惯油重、偏咸的菜肴的北方人到南方旅游就不适应南方清淡、脆嫩、偏生、略带甜味的菜肴；等等。

2. 饮食习惯改变引起消化不良、腹泻、便秘等消化功能紊乱症状

旅游地饮食结构、习惯的改变极易引起旅游者出现消化功能紊乱等一系列生理反应。例如，沿海地区海产品丰富、蛋白质含量较高。烹饪上为保持海产品的鲜香味，采用的火候也偏轻。内陆的旅游者食后就会出现腹胀、不易消化等症状。沿海地区的旅游者到以牛肉、羊肉为主食的内蒙古、新疆等地，进食肉类较多，也容易出现消化不良、腹胀、反酸等，甚至会出现恶心、呕吐或腹泻等症状。再如，北方的中老年旅游者，特别是患有慢性病者，喜食软烂的食品，而到南方后，由于菜嫩偏生，食后不易消化，也会出现腹胀、腹痛、腹泻等症状。南方游客到处于蔬菜淡季的北方或牧区，由于饮食中蔬菜少、肉食多，也容易发生便秘并引起维生素缺乏症。此外，习惯吃细粮的旅游者，在旅游地食用粗粮后，也会出现反酸、胃痛等症状，甚至可诱发胃炎、溃疡病。到四川、湖南等地旅游，饮食中麻辣食品过多，也会使游客产生胃口不适、"上火"和便秘。有的旅游者，旅游时间紧，为了参观赶路，进餐马虎，饮食不规则；有的旅游者为了减少旅游开支节食而出现过饱或过饥等饮食不规律现象，这也容易导致产生胃功能紊乱等一系列生理反应。

3. 饮食不当造成的腹泻与肠道传染病

旅游者在旅途中出现的腹泻现象常见的有两种：一是由于旅途中情绪

紧张、心理压力大、忧虑恐惧等所引起的情绪性腹泻。情绪性腹泻是一种肠道生理性分泌和运动功能紊乱性疾病，通常与精神、饮食等因素有关。过度紧张、焦虑抑郁、饮食不当、食生冷或粗糙食品，过多食用酒类和辣椒等刺激性食物则容易发生肠道功能紊乱从而出现腹痛、腹胀、肠鸣、腹泻与便秘交替症状以及伴有失眠、焦虑、胸闷、手心出汗、食欲不振等症状。二是由于饮食不当和食品不卫生而引起的旅游者腹泻。比如，游客夏季旅游时，食用较多水果、冷饮，若不注意水果以及冰块等食品的卫生，就容易发生腹泻、痢疾等肠道传染病。在饮水困难的条件下，有的旅游者在旅游中饮用不卫生的自来水、泉水，有的在食用含糖量较高的水果（哈密瓜、葡萄）后立即饮用茶水等也容易导致腹泻。此外，体内缺乏乳糖酶的旅游者，到以奶类食品为主食的地区旅游时，饮用含有较多乳糖的牛奶或奶制品后，由于体内缺乏乳糖酶的作用，牛奶或奶制品中的乳糖不能被人体很好地消化吸收，从而产生腹胀、腹鸣，甚至腹泻、腹痛等乳糖吸收不良的生理反应。

4. 水土不服

水土不服是一种生理性的不适反应，是旅游者在旅游地由于气候、地理、水质、饮食等环境条件变化而产生的一种生理反应。旅游地水质的软、硬度以及饮食结构与习惯是旅游者水土不服产生与否的关键因素。长期饮用软水的旅游者若到硬水地区，则对水质中含有较多的钙、镁等金属离子不适应，对采用硬水烹调的饭菜和采用硬水泡制的茶水不习惯，加上菜肴的口味、饮食习惯等的不同，就容易出现水土不服。旅游者一产生水土不服就会出现胃肠功能紊乱、消化不良、食欲下降、腹胀、腹鸣、腹泻等不适反应。这些生理反应一般需经过 2～3 天的调节适应，才会逐渐减轻、消失并恢复正常。

（二）旅游活动中的科学饮食

旅游活动中科学饮食是为了给旅游者提供足够能量与营养素的食品、满足旅游者完成旅游活动的生理需求的同时，适当地满足旅游者品尝美食的心理需求和享受需求，达到旅游目的。旅游活动中的科学饮食一般包括营养素的供给、膳食的平衡以及适度的美食。

从营养学角度上看，旅游者以及旅游饭店的饮食制作者应根据旅游活动的特点，根据旅游者的生理需求和饮食习惯，提供能量适中、营养素齐全、

新鲜优质、口味良好的膳食，以满足旅游者的生理需求，保证他们旅途顺利，达到旅游目的。对于我国的旅游者而言，采用碳水化合物含量较高的食物（如面包、米饭、甜点）作为主食是旅途中既经济又比较符合饮食习惯，且容易被旅游者接受的一种膳食。但是，考虑到旅游者旅途中饮食不便以及旅游活动量大等特点，在旅游饮食中应适量增加脂肪的饮食比例，以减少胃容量和提高供热系数，增加饱腹感，保证旅途中能量的需求和各种营养素的提供。各种营养素中，蛋白质、矿物质和水能促使人体生长和恢复，而维生素、矿物质和水则能调节人体生理过程。因此，适当增加维生素、矿物质和水的摄入量，能够调节人体生理过程，克服旅途中人体出现的不良生理反应，使旅游活动变得轻松愉快。

（三）国外旅游中的科学饮食

出国旅游的旅游者，在饮食上经常遇到以下情况：肉食很多，而米面较少；鱼类、肉类中有些是半生或生的；生吃海产品；生吃蔬菜，品种众多；脂肪类食品多，煎、烤食品多，用油量大；甜食和需加糖的食物多；凉的、热的、生的、熟的、荤的、素的、甜的、咸的混杂而食；冷饮多。

上述几点与我国人民的饮食习惯有明显的不同。因此，为了顺利适应国外的饮食，保护胃肠健康，饮食时可采取以下办法：每餐不宜吃太饱；开始时尽量少吃不太熟的肉类，因为半生的肉类容易引起心理上的反感——厌食，其后由少到多，慢慢习惯；尽量少饮酒，以免影响消化功能；吃生牡蛎可引起腹泻（细菌或病毒感染）、急性病毒性胃肠炎等，应尽量少吃；为了预防消化不良，餐后可服消化酶，如多酶片、胰酶片等，为预防腹胀可服乳酶生；如果觉得食物有被污染的可能，尤其在热带地区食物被污染极为常见，可于餐后适当用药。如有腹痛、腹泻应立即用消炎药等治疗。在国外，冷饮是普遍的饮料。一般瓶装饮料都是清洁的，除了因不习惯而在饮后发生腹胀、胃肠蠕动加快、腹部不舒服外，不会引起感染性炎症。所以，在国外旅游时，应尽量喝瓶装饮料，尤其是矿泉水。

第二节 住宿安全问题及管理

住宿是旅游活动六大环节中重要的一环,也是旅游活动中不可或缺的部分。在整个旅游活动中,旅游者基本上都处在一种陌生的环境中,只有在住宿处,才拥有相对独立和安全的场所,并获得重新投入旅游活动前的身心放松和休息。旅游者往往认为,住宿场所是整个旅游活动中最可放心和最值得信赖的"庇护所"。然而,事实并非如此。旅游住宿实际上是旅游活动中容易发生旅游安全问题的环节之一。

一、旅游住宿安全与管理

(一)住宿场所与旅游住宿安全

目前,我国旅游住宿接待设施或旅游住宿场所大体分为四种类别。

1. 旅游饭店

这是由国家行业行政管理部门统一管理,有严格审查和检查的旅游住宿接待设施。只有符合特定的标准,才可以被认为是旅游饭店。这类住宿接待设施等级相对较高。

2. 招待所、旅社等住宿接待设施

这类住宿场所没有旅游饭店高级,且未获取相应的认可,但仍然受政府部门的检查管理,有工商部门颁发的营业执照。这类住宿场所是目前旅游接待设施的重要组成部分,较受青年背包旅游者的欢迎。

3. 临时家庭旅馆

临时家庭旅馆指未经工商部门核准、备案,临时供旅游者住宿的场所。临时家庭旅馆在卫生、安全等方面往往没有保障,对主人、当地社会经济文化、道德水平的依赖程度较高。

4. 野外宿营地

野外宿营地指任何可供露宿的野外场所,往往是背包旅游者和探险旅

游者的首选。这类住宿场所没有任何安全保障措施，国家目前也没有对此种住宿场地制定相关规定。严格地讲，这不属于住宿接待设施，只能属于住宿场所。

（二）住宿成为旅游安全问题高发环节的主要原因

①旅游住宿是一种很生活化的活动内容，私密性较强，因此相应的安全管理难度较大。②旅游住宿涉及生活中的诸多方面，潜在的安全隐患和环节也相应增加。③住宿的私密性同样为犯罪分子和不安全因子创造"私密"环境，使得不安全问题难以被发现。④住宿是旅游者在游览等活动后的一种放松状态，旅游者自以为有了安全庇护所，放松了警惕。

（三）住宿安全管理

住宿安全管理涉及三个层面：

1. 宏观行业安全管理

宏观行业安全管理指全国性、地区性的宏观行业安全管理。由国家或地区制定相应的法规，设置专门的机构和人员，对全国住宿接待设施加以规范、管理，检查住宿接待设施的安全状况、管理工作，从宏观上把握住宿业的行业安全。

2. 微观住宿企业安全管理

微观住宿企业安全管理主要指住宿接待企业根据国家的相应政策法规开展的企业内部安全管理。住宿接待企业内部的安全环节千头万绪，安全管理工作较为琐碎，难度也较大。

3. 旅游者管理

旅游者管理包括两方面内容：

（1）对旅游者的管理与引导

一方面，要对旅游者进行管理，防止旅游者借助其身份的掩护变成犯罪分子和旅游安全问题的故意肇事者；另一方面，要正确引导旅游者，使旅游者能够遵守相应的安全规章制度，安全操作，不致引发旅游安全问题。

（2）旅游者的自我安全管理

旅游安全问题的发生，有很大一部分是旅游者自身造成的。例如，旅游者因疏忽大意而在住宿场所丢失东西或物品被盗，旅游者吸烟引发火灾，等等。因此，旅游者一方面要提高警惕，充分认识到旅游住宿中潜在的安全隐患；另一方面应该尽量克制自己的不良行为，避免自己成为旅游安全问题的肇事者尤其是故意肇事者。

二、住宿安全的表现形态

旅游住宿中的安全问题主要表现为四种类型：以偷盗为主的犯罪行为、火灾、名誉损失、逃账等财产安全问题。名誉损失主要针对住宿旅游者而言；逃账等财产安全问题主要针对饭店及住宿接待设施而言；犯罪和火灾则可能对住宿中的旅游者和住宿接待设施造成很大影响。当然，住宿接待设施通过提供饮食服务、娱乐服务也可能造成相应的饮食安全、娱乐安全问题。

（一）火灾

火灾是因失火而造成的住宿场所人员伤亡和财产损失的灾害。由于住宿接待设施尤其是饭店建筑费用高、内部设施完善、装饰豪华、流动资金和各类高档消耗品储存较多，且多地处繁华地段，一旦发生火灾，其直接经济损失较高、危害较大。

综观各饭店发生的火灾，普遍具有以下几个特点：

1. 功能复杂，消防困难

饭店内部的功能一般较为复杂，设备繁多。存在着多种火源，不仅容易引起火灾，而且给防火和灭火工作带来一定的困难。

2. 人员密集，伤亡严重

饭店每天都聚集着大量的人员。发生火灾时，饭店要把饭店内所有的人员尽快地撤离到安全地方，难度较大。尤其是绝大多数的客人对他们所住的饭店内部结构不熟悉，在发生火灾时，往往不知所措，给饭店的救灾工作带来相当大的困难。

3. 可燃物多，毒气量大

饭店客房内的各种家具、地毯、棉织品等物品多以木材、棉毛和化纤为原料。这些物品很容易燃烧，燃烧时又会产生大量的烟雾和有毒气体。此外，饭店建筑物内还有聚氨酯、聚碳酸酯以及其他合成材料，在燃烧过程中

也会释放出各种有毒的副产物，混在火场烟雾之中。这不仅给饭店增加了火灾的威胁，而且一旦发生火灾很容易造成大量的人员伤亡。

近几年来，高层饭店在国内越来越多，几乎所有大、中城市都有一家或几家高层饭店。相对一般饭店而言，高层饭店火灾还具有以下特点：

（1）火势蔓延快

如果防火措施处理不好，在发生火灾时，高层饭店的电梯井、风道、排风道等竖向井道就像一座高耸的烟囱，火势蔓延迅速。楼层越高，外界的风速越大。高层饭店发生火灾时，强风能把大量的氧气带入，扩大燃烧面积，同时还能加剧对流，使火势蔓延速度大大加快。饭店内敞开式楼梯间、电梯井和楼层之间相通的空调系统，是烟雾蔓延扩散的主要渠道。由于各种服务性设施需要连接起来，在楼层之间开了许多孔洞，如果对这些凿穿的洞口堵塞不当，烟雾就会通过这些洞孔从一个楼层扩散到另一个楼层。

（2）扑救难度大

火灾发生在饭店10层以上或火势蔓延到10层以上，扑救难度就会增大。此外，火灾中，聚集在建筑物内的烟和燃烧生成的气体会影响火场的能见度，阻碍消防人员接近火源救险和灭火，而且还会打乱他们的灭火作战计划。聚集在建筑物内未燃烧的热分解物，如果突然有足够的氧气供给，便能起火爆炸。所有这些，均给灭火和救援工作带来很大的困难。

（3）疏散困难

饭店越高，层数越多，饭店的人员就越多。由于人员高度集中，在发生火灾进行疏散时，往往会发生拥挤、混乱等现象。饭店越高，垂直疏散的距离也就越长，疏散的时间便越长。在火灾的初期阶段，烟与燃烧生成的气体并不是一个严重的问题。但随着火灾燃烧面积的增大，烟雾扩散的部位就会充满浓烟，如果不及时采取通风措施，能见度就会逐渐下降，使人们陷入烟雾弥漫的建筑物内分不清方向。以上这些情况，都会延长疏散的时间，从而大大增加人员伤亡的可能性。国外有的饭店在发生火灾时往往会用直升机营救店内的人员。

（4）火灾发生率高

高层饭店楼层高、规模大，因而各种服务和生产都集中在大楼内。此外，高层饭店内不但有大量的可燃物质（如家具、床上用品、地毯、窗帘等），还存在多种火源（如厨房、锅炉房、人为吸烟等）。高层饭店内电器、机械器具品种较多，因而故障发生率比低层饭店高。这些原因，决定了高层饭店比低层饭店火灾发生率要高得多。

由于高层饭店人员多、疏散距离和时间长，内部走向复杂，加上发生火灾后大楼断电、自然采光少，极容易造成混乱和拥挤，使人员伤亡大大高于低层饭店。从世界上一些饭店火灾案例来看，越是高层饭店，伤亡人数越多。

（二）名誉安全

名誉安全指客人住店期间因饭店的行为或他人的行为而受到名誉或人格的损害。例如，由于饭店有不良行为的存在，导致入住该店的客人被误认为同流合污，客人名誉受损、人格受伤害。

（三）隐私安全

隐私安全指客人的一些个人生活习惯、爱好、嗜好甚至一些不良行为和生理缺陷的安全保障问题。客人住店期间，或在消费中，或在被服务过程中有时会无意间流露出难以启齿的个人生活中的一些嗜好、不良习惯与行为，甚至一些生理缺陷。这些隐私如果外泄，会影响到客人的人格甚至影响到其工作。因此，楼层服务员有责任为客人保守秘密和隐私，使客人能够放心地、无拘束地消费与生活。

（四）心理安全

心理安全是指客人在入住住宿场所（饭店）后对环境、设施和服务的信任感。有时虽然客人的人身和财产并未受到伤害和损失，但客人却感到有不安全的威胁，存在一种恐慌心理，比如设备安装不牢固，电器有漏电现象，楼层有闲杂人员，等等。从保障客人的合法权益来说，只要客人住进了住宿场所（饭店），住宿场所（饭店）的任何人员，在没有特殊情况下，都不得随便进入该客房。住宿场所（饭店）的员工有责任为客人保守秘密和隐私。有些客人不愿将自己的情况告诉别人，那么住宿场所（饭店）员工就要为他保密，不要轻易将他的房号等相关信息告诉外来人员，让客人在心理上获得安全感。

（五）逃账

饭店在经营管理中，常把冒用信用卡、盗用支票、假支票、假钞、逃单等现象统称为逃账现象。逃账的结果无疑会给饭店带来经济损失和人力的耗损。因此，逃账是危及饭店正当利益的财产安全问题。

三、住宿安全管理的内容与特点

（一）住宿安全管理的内容

住宿场所（饭店）安全管理的内容有以下三个方面：

1. 建立有效的安全组织与安全网络

住宿场所（饭店）安全管理工作通常是由专门成立的安全部（如饭店的安全部或保安部）负责，鉴于住宿场所（饭店）安全管理的复杂性，住宿场所（饭店）的安全管理工作除由安全部具体负责外，还应根据住宿场所（饭店）的特征，建立有效的安全组织与安全网络。住宿场所（饭店）的安全组织和安全网络由住宿场所的各级管理人员和一线服务员组成，与住宿场所的保安部一起共同完成安全管理。管理工作内容包括住宿场所的消防管理、治安管理以及日常的楼面安全管理。

2. 制订科学的安全管理计划、制度与安全管理措施

科学的安全管理计划、制度和安全管理措施能将不安全问题防患于未然，避免或减少住宿场所（饭店）发生不安全事件。住宿场所（饭店）安全管理计划、制度与安全管理措施包括：犯罪与防盗控制计划与管理措施、防火安全计划与消防管理措施、常见安全事故的防范计划与管理措施。安全制度包括：治安管理制度、消防管理制度等。

3. 紧急情况的应对与管理

紧急情况指发生在住宿场所（饭店）中的一些突发的、重大的不安全事件或事故。从安全角度看，住宿场所（饭店）中容易产生的紧急情况一般有：停电事故，客人违法事件，客人伤、病、亡事故，涉外案件以及楼层防爆等。因此，住宿场所（饭店）加强对紧急情况引发因素的控制与管理，做好应对紧急情况发生的准备工作，是安全管理的重要工作与任务。

（二）住宿安全管理的特点

与其他管理相比，住宿安全管理具有其特殊性。

1. 国际性

所有涉外饭店的安全管理均具有国际性的特点。随着全球经济一体化的发展，国际间的交往越来越频繁。住宿场所（饭店）客人来自世界各地，由于各国的法律、道德、准则和行商公约不同，甚至差别很大，因此住宿场所（饭店）中安全管理需要特别强调国际性，在安全防范政策与措施中，既要不违背我国的法律规定，又要注意内外有别，按国际惯例办事；既要考虑来自不同国家、地区客人的习惯与承受能力，又要遵循国际通例，以国际性的安全管理政策与条例来满足不同国家和地区消费者的共同需求。

2. 复杂性

住宿场所（饭店）不仅是一个公共场所，而且是一个消费场地，每天都有大量的人流、物流和信息流。人流中，有住客、有访客，也可能有寻机作案的犯罪分子，犯罪分子往往又不能从外表上辨识和确认；物流中既有客人与饭店、客人与客人、客人与外界的物流过程，也有服务过程所需要的物质（资）流；信息流既包括电波流、文件流、数据流，也包括商务过程的洽谈，会议期间的报告和产品演示的交流。大量的人流、物流与信息流的存在造成了住宿场所（饭店）安全管理的复杂性，这种复杂性表现在安全管理上既要防火、又要防盗；既要保护客人的生命、财产安全，又要考虑客人的娱乐安全、饮食安全；还要考虑防暴力、防突变、防黄赌毒、防突发事件；等等。

3. 广泛性

住宿场所（饭店）安全管理广泛性体现在：第一，安全管理内容的广泛性。住宿场所（饭店）安全管理内容涉及供给方的安全管理与客人方的安全管理两大方面。前者包括饭店员工的人身安全、服务用品安全以及设施设备运作安全；后者除了包括客人的生命、财产、隐私安全外，还包括客人的饮食安全、娱乐安全。第二，安全管理涉及范畴的广泛性。首先，住宿场所（饭店）安全管理的范围既涉及住宿场所（饭店）本身，也涉及饭店以外的区域范围；其次，住宿场所（饭店）安全管理涉及住宿场所（饭店）各个工作岗位和每位员工，涉及每位住店客人。住宿场所（饭店）安全管

理的广泛性需要安全管理各部门、各岗位的通力合作，需要依靠全体员工的努力和配合，需要把安全工作与各部门、各岗位的职责和任务结合起来，在住宿场所（饭店）中形成一个安全管理工作网络体系。

4. 全过程性

住宿接待设施每时每刻、一年四季都要不懈地进行安全管理。从住宿接待设施每一个服务产品的生产到客人的消费，从客人入住登记到客人离开的整个过程，都存在着安全管理的问题。

5. 突发性

发生在住宿接待设施内的各种事故，往往带有突发性。住宿接待设施的各类安全问题往往是在很短时间内发生的，如火灾、抢劫、凶杀、爆炸等。因此，在平时要有处理各种突发事件的准备，这样才能在发生突发性事件时临危不乱，进行控制与处理。

6. 强制性

住宿安全管理必须依据具有规范性和约束力的规章制度来实施安全管理办法与措施，违者则以行政、经济等手段进行处罚。只有健全、有力、高效的管理制度才能保证饭店经营的正常运行，才能保证饭店的经济效益与社会效益。

7. 全员性

住宿安全管理涉及住宿场所（饭店）各个部门、各个工作岗位和每位员工。住宿安全管理虽由安全部主要负责，但由于住宿接待设施的特点，还必须要有各部门的通力合作以及全体职工的共同努力。安全部要将安全工作与各部门及岗位的职责、任务结合起来，要在住宿场所（饭店）内形成一个安全工作的网络体系。只有各级领导和全体员工都增强安全管理意识，住宿安全才能保障。

8. 政策性

住宿安全管理的政策性是由住宿安全管理的性质和内容决定的。住宿安全管理既要维护客人的合法权益，又要对一些触犯法规的人员进行适当的处罚。在处理安全问题时要根据不同的对象、性质和问题，采用不同的法规和政策。

四、住宿场所（饭店）安全网络与安全组织

住宿场所（饭店）在旅游活动中具有特殊作用与地位，其安全类型的特殊性以及安全管理工作的特点，要求其除受所在地区行业管理部门的统一安全管理外，还应结合住宿场所（饭店）各自的性质与特点，建立自己有效的安全组织与安全网络。

（一）安全网络

住宿场所（饭店）安全管理网络是旅游安全管理网络系统中的一个子系统，应与旅游的安全管理工作协调一致，并与住宿场所（饭店）各工作部门、各工作岗位的职责和任务结合起来。由于住宿场所（饭店）安全管理工作始终贯穿于生产、服务过程中，并与其他部门相互依赖与关联，因此住宿场所（饭店）安全网络应包括：

1. 住宿场所（饭店）层网络

这是由住宿场所（饭店）高层领导、保安职能部门及其他部门经理组成的，负责整个住宿场所（饭店）的安全管理工作网络。它的任务是指导安全管理工作的开展，制订住宿场所（饭店）安全管理计划与安全管理制度，并督促其有效实施。它的工作机构是住宿场所（饭店）的保安部门，通过计划和制度的实施进行检查与考核，通过设在各部门、各岗位及各要害部门、公共区域中的安全监控系统进行监控。保安部设在住宿场所（饭店）电梯口、楼层通道、休息会议厅等场所的安全监控系统是住宿场所（饭店）安全管理工作的技术支持与保障。

2. 部门管理层网络

这是由住宿场所（饭店）房务部、各楼层管理人员、保安部分管各楼层安全的管理工作人员及相关部门如工程部人员组成的，负责住宿场所各楼层的安全管理。它的任务是指导房务部、各楼层安全管理工作的开展，制订房务部、各楼层安全管理计划和安全管理制度并督促其有效实施。

3. 楼面服务层网络

这是由住宿场所（饭店）楼面所有一线服务人员组成的安全工作网络，这个网络的人员遍及楼层每个部位，在全天候的楼面服务过程中实施楼层的安全管理工作。它的工作手段是把安全管理的内容、楼层安全管理计划和

安全管理制度融合到自己岗位上的服务操作中，在服务操作中，消除安全隐患，避免不安全事故发生。这个层面安全网络的效果取决于楼层服务员对楼层安全管理重要性的认识程度。因此，楼层管理人员应对楼层员工开展经常性的安全教育，进行安全管理工作程序及相关技术的培训，以达到全员注重安全、杜绝安全隐患的目的。

（二）安全组织与安全职责

安全组织是住宿场所（饭店）安全管理的组织，也是住宿场所（饭店）安全计划、制度及安全管理措施的执行机构，负责住宿场所（饭店）的安全与治安工作。住宿场所（饭店）安全组织除履行旅游安全管理委员会指定的安全职责外，还要根据住宿场所（饭店）的安全管理特征，履行住宿场所（饭店）特有的安全职责。住宿场所（饭店）的安全组织一般有：安全管理委员会、安全管理小组、治安协管小组和消防管理委员会。

1. 安全管理委员会

安全管理委员会由住宿场所（饭店）高层领导、保安职能部门及其他部门经理组成，是对整个住宿场所（饭店）安全管理工作负总责任的组织。它的任务是指导住宿场所安全管理工作的开展，制订住宿场所（饭店）安全管理计划、制度与安全管理措施，并督促其得到有效实施。

2. 安全管理小组

住宿场所（饭店）保安部是负责住宿场所（饭店）安全工作的职能部门。保安部一般设有多个专门小组负责住宿场所（饭店）各专项、各部门的安全管理工作。保安部内负责房务部安全管理工作的保安小组人员、楼层治安协管小组组长、消防管理小组组长及楼层相关管理人员构成了住宿场所（饭店）各楼层安全管理小组。楼层安全管理小组向饭店保安部和房务部经理负责，执行和监管住宿场所（饭店）的安全管理工作。

3. 治安协管小组

住宿场所（饭店）治安协管小组由住宿场所（饭店）各楼层员工组成，协助楼层安全管理小组实施楼层安全计划，做好安全管理工作。由于治安协管小组都非专职的安全保卫人员，而是在其工作岗位上兼任安全协管工作，因此，住宿场所（饭店）必须选用综合素质高、认真负责的员工做安全协管员，明确他们协管的区域及任务，为他们提供必要的安全管理知识与技能训练，树立他们在楼层安全协管工作中的权威地位。

4. 消防管理委员会

消防管理委员会负责管理和领导住宿场所（饭店）的消防管理工作。消防管理委员会由住宿场所（饭店）的房务部、保安部、工程部及相关部门的领导组成，住宿场所（饭店）总经理是消防委员会的主任。由于住宿场所（饭店）的消防工作涉及每个岗位、每个人员，因此，住宿场所（饭店）消防管理小组必须由楼层中各种不同工作岗位的员工代表参加，以便消防安全管理能触及楼层各个层次与区域。住宿场所（饭店）消防管理委员会主要职责有：一是认真贯彻上级和公安消防部门有关消防安全工作的指示和规定，把防火工作纳入本住宿场所（饭店）的日常管理工作，做到同计划、同布置、同检查、同评比；二是实行"预防为主，防消结合"的方针，制订灭火方案和疏散计划，定期研究、布置和检查住宿场所（饭店）的消防工作；三是充分发动与依靠每个员工，实施岗位防火责任制，保证住宿场所（饭店）消防工作计划和政策的实施与落实，定期进行防火安全检查，消除火灾隐患和不安全因素；四是组织检查住宿场所（饭店）消防器材的配备、维修、保养和管理，确保消防设施、设备及器材的完好，使其始终处于良好的使用状态；五是组织住宿场所（饭店）员工进行消防知识教育培训与消防演习，使每位职工认识消防工作的重要性，发现不安全因素立即排除并上报，让员工熟悉报警程序、疏散程序，熟悉紧急出口和通道，并能正确地使用灭火器材。

五、住宿安全管理的计划、制度与措施

由于住宿场所（饭店）各种安全问题存在的可能性和不安全事故发生的无序性，因此，住宿场所（饭店）采取的安全管理的计划、制度与措施绝不能是临时的、局部的、应付性的或事后弥补式的。住宿场所（饭店）管理者应根据住宿场所（饭店）的特点，制订出一个科学、有效的安全管理计划、制度与措施，并使这个计划、制度与措施与住宿场所（饭店）的经营管理工作紧密地结合起来。

住宿场所（饭店）安全管理计划应是完整的、能有效应对安全问题的

计划。计划应包括明确的规章制度及精心设计的程序、过程和活动，旨在防止犯罪，减少损失和降低住宿场所（饭店）中不安全问题的发生频率。

住宿场所（饭店）安全管理措施应适合旅游者普遍所需的安全要求，结合本饭店、本楼层的实际情况，要有各项服务工作的安全标准。这些标准不应是笼统的、空洞的，而应是具体的、详尽的。在对构成犯罪、事故及引起客人、饭店受损受害的各种不安全因素进行调查研究的基础上，在住宿场所（饭店）的安全管理计划指导下，结合住宿场所（饭店）的安全管理制度，提出解决问题和处理问题的措施与办法。

需要强调的是，住宿场所（饭店）安全管理计划、制度与措施的内容必须符合国家的有关法规，符合饭店所在地的有关地方性法规及社会治安条例，还必须为饭店的客人所接受。同时，安全管理的计划、制度与措施本身应根据情况的变化及客人安全需求的变化不断进行更新及发展。

住宿场所（饭店）对客人及员工生命、财产安全负有特殊的责任。住宿场所（饭店）常见的、危害客人及员工生命、财产安全的问题主要有犯罪、盗窃和火灾三种。因此，犯罪与盗窃的防范计划、控制与管理是住宿安全管理的重要内容。

住宿场所（饭店）犯罪与盗窃的防范计划、控制与管理主要有以下内容：

1. 客人生命、财产的安全控制与管理

（1）入口控制与管理

住宿场所（饭店）是一个公共场所，除衣冠不整者外，任何人都可自由出入。众多的人流中，难免有图谋不轨之人或犯罪分子混杂其间，因此，入口控制就显得非常重要。住宿场所（饭店）入口主要有：住宿场所（饭店）大门入口、楼层电梯入口、楼层走道。

①饭店大门入口控制与管理

住宿场所（饭店）不宜有多处入口，应把入口限制在有控制的大门。这种控制是指有安全门卫或闭路电视监视设备控制。在夜间，只应使用一个入口。

住宿场所（饭店）大门的门卫既是迎宾员，又是安全员。应对门卫进行安全方面的训练，使他们能识别可疑分子及可疑的活动。另外，在住宿场所（饭店）大门及门厅里应有保安部的专职保安人员进行巡视。他们与门卫密切配合，对进出的人流、门厅里的各种活动进行监视。如发现可疑人物或活动，应及时通过现代化的通信设备与保安部联络，以便采取进一步的监视行动，制止可能发生的犯罪或其他不良行为。

现代星级饭店一般都要求在大门入口处安装闭路电视监视器（摄像头），对入口处进行无障碍监视，由专门人员在安全监控室进行 24 小时不间断的监视。监视人员与门卫及在入口处巡视的保安人员织成一个无形、有效的监视网，对饭店大门入口进行安全控制，保证大门入口处的安全。

②电梯入口控制与管理

电梯是到达楼层的主要通道。许多住宿场所（饭店）设有专供客人使用的专用电梯。住宿场所（饭店）为了安全起见，必须对普通电梯及专用电梯入口加以控制。控制的方法为人员控制或闭路电视监控。监控的位置一般在大厅电梯口、楼层电梯口、电梯内。

人员控制。通过设置电梯服务岗位来达到人员控制。这个岗位并非固定的，而是根据需要设置的。饭店或住宿场所（饭店）一般在举行会议、展销等大型活动时，由于进出住宿场所（饭店）的人流较多，电梯瞬间人流大，采用闭路电视监控较难达到监控效果时而设置电梯服务岗位，由服务岗位的服务员招呼迎送上下客人并协助客人合理安排电梯上下，尽快疏散人流。这一岗位上的服务员同样应受过安全训练，学会发现、识别进入楼层的可疑人员，并能及时与楼层巡视的保安部人员联络，对进入楼层的可疑人员进行监督。

闭路电视监控。通过设置在大厅电梯口、各楼层的电梯口及电梯内的摄像头组成的闭路电视监控网达到监视作用。安全监控室的专职人员通过闭路电视监控网对上下电梯的人员进行监视，发现疑点，及时与在各层巡视的安保部人员联络，进行进一步监视或采取行动，制止不良或犯罪行为，必要时采取录像存档，以便以后作为佐证和对比材料使用。

③楼层走道安全控制与管理

保安部例行走道巡视控制。派遣保安部人员在楼层走道里巡视应是保安部的一项日常性的活动。在巡视中，应注意在楼层走道上徘徊的外来陌生人及不应该进入楼层的饭店职工；也应注意客房的门是否关上及锁好，如发现

某客房的门虚掩，保安人员可去最近处打电话给该客房。客人在房内，提醒他注意关好房门；客人不在房内，就直接进入客房检查是否有不正常的现象。即使情况正常，纯属客人疏忽，事后也应由保安部发出通知，提请客人注意离房时锁门。保安部对楼层走道巡视的路线、经过某一区域的时间应不时做出调整和变更，不能形成规律，以免不良分子有机可乘。但是，单靠保安部人员巡视来保证楼层走道的安全是远远不够的。因为巡视的保安人员为数少，巡视时间间隔长，有很大的局限性。

楼层全员岗位控制。楼层安全计划应明确要求凡进入楼层区域工作的工作人员，如客房服务员、客房主管及住宿场所（饭店）经理等都应在其岗位工作中起到安全控制与管理的作用，随时注意可疑人员及不正常的情况，并及时向保安部门报告。

闭路电视监控。通过装置在楼层走道中的闭路电视监视系统对每个楼层走道进行监视及控制。

此外，楼层走道安全控制还应注意走道的照明正常与否及地毯铺设是否平坦，以保证客人及职工安全地行走。

（2）客房安全控制与管理

客房是客人在住宿场所（饭店）最常停留的场所及其财物的存放处，所以客房的安全至关重要。客房安全控制与管理包括：

①客房门锁和钥匙控制与管理

为防止外来的侵扰，客房门上的安全装置非常重要，其中包括能上锁的锁装置、安全链及广角的窥视警眼（无遮挡视角不低于160度）。除正门之外，其他能进入客房的入口处都要上闩或上锁。

客房门锁是保护旅客人身及财产安全的关键。安全的门锁以及严格的钥匙控制是旅客安全的一个重要保障。现在多数饭店门锁均采用磁卡、IC卡电子门锁，其安全系数相对较高，但其输码与复制的控制程序对客户门锁安全仍非常重要。饭店管理机构应设计出一个结合本住宿场所（饭店）实际情况并切实可行的客房钥匙编码、发放及控制的程序，以保证客房的安全，保证客人人身及财物的安全。一般来说，这个程序包括以下内容：

对于电子门锁系统，总服务台是电子门锁卡编码、改码和发放客房门锁卡的地方。当客人完成登记入住手续后，就发给该房间的门锁卡。客人在居住期内由自己保管门锁卡，一般情况下，门锁卡不宜标有房间号码，以免客人丢失门锁卡又不能及时通知饭店时，被不良行为者利用。

客人丢失门卡时，可以到总服务台补领钥匙卡，补卡时应要求客人出示住宿卡表明自己的身份。在服务人员核对其身份后方能补发重新编码的门锁卡。对于长住客或在服务员能确认的情况下，可以直接补办，以免引起客人的反感。

工作人员，尤其是客房服务员所掌握的万能钥匙卡不能随意丢放在工作车上或插在正在打扫的客房门锁上或取电槽内。饭店应要求他们将客房钥匙卡随身携带。客房服务员在楼面工作时，如遇自称忘记带门锁卡的客人要求代为打开房门时，绝不能随意为其打开房门。

饭店须防止掌握客房钥匙卡的工作人员图谋不轨。采用普通门锁的楼层，客房通用钥匙通常由客房服务员掌管，每天上班时发给相应的客房服务员，完成工作后收回。客房部每日都要记录钥匙发放及使用情况，如领用人、发放人、发放及归还时间等，并由领用人签字。客房部还应要求服务员在工作记录表上记录进入与退出每个房间的具体时间。

②客房内设施设备安全控制与管理

电气设备安全控制与管理。客房内的各种电气设备都应保证安全。客房电气设备安全控制包括：客用电视机、小酒吧、各种灯具和开关插座的防爆、防漏电安全；电脑接口、调制解调器以及客用电脑设施设备的防病毒安全；火灾报警探头系统、蜂鸣器、自动灭火喷头以及空调水暖设施设备的安全等。

卫生间及饮水安全控制与管理。卫生间的地面及浴缸都应有防止客人滑倒的措施。客房内口杯及水杯、冰桶等都应及时、切实消毒。如卫生间内的自来水未达到直接饮用的标准，应在水龙头上标上"非饮用水"的标记。

家具设施安全。包括床、办公桌、办公椅、躺椅、行李台、茶几等家具的使用安全。应定期检查家具的牢固程度，尤其是床与椅子，使客人免受伤害。

其他方面的安全控制与管理。在客房桌上应展示有关安全问题的告示或须知，告诉客人如何安全使用客房内的设备与装置，专门用于安保的装置及作用，出现紧急情况时所用的联络电话号码及应采取的行动。告示或须知还

应提醒客人注意不要无所顾忌地将房号告诉其他客人和任何陌生人；应注意有不良分子假冒饭店职工进入楼层或客房。

楼层员工应遵循有关的程序协助保证客房的安全：客房清扫员在清扫客房时门必须是开着的，并注意不能将客房钥匙随意丢在清洁车上。在清扫工作中，还应检查客房里的各种安全装置如门锁、门链、警眼等，如有损坏，要及时报告保安部。引领客人进房的行李员要向客人介绍安全装置的使用方法，并提请客人阅读在桌上展示的有关安全的告示或须知。

③客人财物保管箱安全控制与管理

我国有关法律规定，住宿场所（饭店）必须设置旅客财物保管箱，并且建立登记、领取和交接制度。

现代饭店客人财物保管箱有两类：一类设在住宿场所（饭店）总台内，由总台统一控制。客人使用时，由总台服务员和客人各掌一把钥匙；取物时，应两把钥匙一起插入才能开启保险箱。另一类则为客房内个人使用的保险箱，客房内保险箱由客人自设密码，进行开启与关闭。住宿场所（饭店）应将保险箱的使用方法及客人须知明确地用书面形式告知客人，让客人方便使用。此外，住宿场所（饭店）须定期检查保险箱的密码系统，以保证客人使用安全。

（3）员工的安全控制与管理

对住宿场所（饭店）来说，它有法律上的义务及道义上的责任来保障在工作岗位上的员工的安全。因住宿场所（饭店）忽视员工安全，未采取各种保护手段及预防措施而引起或产生的员工安全事故，住宿场所（饭店）负有不可推卸的责任，甚至将受到法律的追究。另外，从员工的角度来看，员工如同客人一样，有人类共同渴望的安全感，希望得到保护，使自身及财物免遭伤害。因此，员工的安全也应是住宿场所（饭店）安全计划、控制与管理的组成部分。在员工安全管理中，应根据住宿场所（饭店）的运作过程，结合各个工作岗位的工作特点，制订员工安全标准及各种保护手段和预防措施。

①劳动保护措施

岗位工作的劳动保护与安全标准。住宿场所（饭店）的各个工作岗位要根据岗位工作的特点制订安全操作标准。虽然住宿场所（饭店）内服务工作基本上以手工操作为主，但不同岗位的安全操作标准却不尽相同。如住宿场所（饭店）接待员如何防袭击和防骚扰，客房清洁服务员如何保护腰部和四肢以及防清洁剂喷溅，餐厅服务员如何防烫伤、防玻璃器皿损伤等，都需要有相应的安全工作操作标准。随着各种工具、器械、设备应用的增多，住宿场所（饭店）应制订安全使用及操作这些工具、器械、设备的安全工作标准和操作标准。

岗位培训中的安全培训。在员工岗位技术培训中应包括安全工作、安全操作的培训与训练。住宿场所（饭店）组织员工培训时，应将安全工作及操作列入培训的内容，在员工学习及熟练掌握各工作岗位所需的技能、技巧的同时，使他们树立"安全第一"的观念，使他们养成良好的安全工作及安全操作习惯，并掌握必要的安全操作的知识及技能。此外，住宿场所（饭店）应强调并提倡员工之间的互相配合，即工种与工种之间、上下程序之间都应互相考虑到对方的安全，如设备维修人员在维修电器或检查线路时，要告知正在一起工作的房务员，以免造成不便或引起事故。

②员工个人财物安全保护

住宿场所（饭店）员工的个人财产安全保护包括员工宿舍内员工个人财产的安全保护和员工更衣室内个人衣物贮藏箱的安全保护。

员工宿舍内员工个人财产保护。员工宿舍内员工个人财产的保护包括防止员工内部偷盗及外来人员偷盗两方面内容。住宿场所（饭店）应为员工配备带锁的桌子或衣柜，以便员工存放贵重物品；还应告诫员工不要在宿舍存放太多的现金，不要让金钱外露，银行卡的密码应妥善保管，不能轻易外泄，出入宿舍要记得随手关门等；对实施偷盗行为的员工应立即开除，严重的交送当地的公安机关；应提醒员工注意发现宿舍楼内的陌生人，一旦发现可疑人员，应立即报告保安部。

员工更衣室内个人衣物贮藏箱的安全保护。原则上，住宿场所（饭店）不允许员工带物品进入饭店及工作岗位，为确保员工的衣服及随身的日常小用品的安全，要为上班的员工提供个人衣物贮藏箱，应告诫员工不要携带较多的钱财及贵重物品上班。贮藏箱一般设在更衣室内，贮藏箱要上锁，钥匙由员工个人及住宿场所（饭店）人事部共同控制。更衣室平时由保安部人员巡视，为防止员工将饭店物品存放于个人衣物贮藏箱，住宿场所（饭店）

有权检查员工个人衣物贮藏箱，但检查时必须有保安部、人事部派人参加，并要求在场人员至少 2 人方能开箱检查，以确保员工财产安全。

③员工免遭外来的侵袭控制

为方便客人，住宿场所（饭店）一般设有多个结账台，这是犯罪分子可能抢劫的目标，收款员也可能成为被袭击的对象。为保护收款员的安全，住宿场所（饭店）应在收款处装置报警器或闭路电视监视器。收款处应只保留最少限额的现金。收款员交接现金时，应有保安部人员陪同。住宿场所（饭店）还应告诫收款员，要熟练掌握遭到抢劫时的安全保护程序。

客房服务人员还可能碰上正在房内作案的窃贼而遭到袭击，或遇到行为不轨或蛮不讲理的客人的侵扰。一旦发生这种情况，在场的工作人员应及时上前协助受侵袭的服务员撤离现场，免遭进一步的攻击，并尽快通知保安部人员及楼层管理人员迅速赶到现场，据情处理。

另外，住宿场所（饭店）应给因上夜班而下班晚的员工安排交通工具回家；及时护送工伤及生病员工就医；防范员工上下班发生交通事故；加强员工食堂管理，保证员工饮食安全，防止员工食物中毒。

（4）住宿场所（饭店）财产的安全控制与管理

住宿场所（饭店）内拥有大量的设施设备和各种高档物品，这些财产设备和物品为住宿场所（饭店）正常运行、服务及客人享受提供了良好的物质基础。它们每天被员工或客人接触和使用，对这些财产和物品的偷盗及滥用都将影响到饭店及客人的利益。因此，财产安全控制与管理是住宿场所（饭店）安全控制与管理中的重要内容。住宿场所（饭店）财产的安全控制与管理须包括以下几方面：

①员工偷盗行为的防范与控制

在防范和控制员工偷盗行为时，饭店应考虑的一个基本问题是员工的素质与道德水准。这就要求饭店在录用员工时严格把好关，进店后进行经常性的教育并设置严格的奖惩措施。奖惩措施应在员工守则中载明并照章严格实施：对有诚实表现的员工进行各种形式的鼓励及奖励；反之，对有不诚实行为及偷盗行为的员工视情节轻重进行处理，甚至开除。思想教育和奖惩手段是相辅相成的，若能切实执行，还是十分有效的。

②客人偷盗行为的防范与控制

由于住宿场所（饭店）所配备的客用物品如浴巾、浴衣、办公用品、日用品等一般都由专门厂家生产，档次较高、质量较好，客房内的装饰物和摆设物（如工艺品、字画、古玩等）也比较昂贵和稀有，这些物品具有较高的使用、观赏价值和纪念意义而容易成为住店盗取的目标。为防止这些物品被盗，饭店可采取的防范控制措施有：在这些有可能成为偷盗目标的物品上印上饭店的标志或特殊的标记，这种方式能使人打消偷盗的念头；有些能引起客人兴趣，想留作纪念的物品，可供出售，这可在《旅客须知》中说明；客房服务员日常打扫房间时，对房内的物品加以检查；在客人离开房间后对房间的设备及物品进行检查，如发现有物品被偷盗或设备被损坏，应立即报告。

③外来人员偷盗行为的防范与控制

外来人员偷盗行为的防范与控制包括三方面人员的防范与控制：第一，政府对不法分子和外来窃贼的防范与控制。要加强入口控制、楼层走道控制及其他公众场所的控制，防止外来不良分子窜入作案。第二，外来公务人员的防范与控制。住宿场所（饭店）由于业务往来需要，总有一些外来公务人员进出住宿场所（饭店），这些人员包括外来公事人员、送货人员、修理人员、业务洽谈人员等。应规定外来人员只能使用员工出入口，并须经安全值班人员弄清楚情况后才能放行进入。这些人员在完成任务后，也必须经员工出入口离店。保安人员应注意他们携带出店的物品。楼层内的设备、用具、物品等须带出店外修理的，必须具有住宿场所（饭店）经理的签名，经安全值班人员登记后，才能放行。第三，访客的防范与控制。住宿场所（饭店）的客人因业务需要经常接待各类访客，而访客中也常混杂着不良分子，他们在进入客人房间后，趁客人不备往往会顺手牵羊，带走客人的贵重物品或客房内的高档装饰物及摆设物；他们也可能未经客人的同意，私自使用客房内的付费服务项目，如打长途电话、甚至国际长途等。此外，楼层应尽量避免将有价值的物品（如楼层电话等）放置在公共场所的显眼位置，住宿场所（饭店）应对安放在公共场所的各种设施设备和物品进行登记和有效管理。

2. 防火安全计划与消防管理

火灾始终是威胁住宿场所（饭店）的一个重大灾难。因此，制订科学合理的防火安全计划和进行有效的消防管理是住宿安全管理的重要内容。

（1）住宿场所（饭店）火灾原因分析

①客人吸烟

很多饭店的火灾是客人吸烟不注意所致，大多是卧床吸烟，特别是酒后卧床吸烟，睡着后引燃被褥酿成火灾。

②电器设备故障

住宿场所诸多功能集中在同一建筑内，各种电器种类繁多，这些设备用电负荷大，再加上有的电器电线安装不符合要求，成为引起饭店火灾的主要原因。

③大量易燃材料的使用

住宿场所（饭店）除了拥有各种木器家具、棉织品、地毯、窗帘等易燃材料外，还有大量的装饰材料，一旦发生火灾，这些易燃材料会加速火势的蔓延。

④火情发现不及时

住宿场所（饭店）的绝大多数火灾发生在夜间，此时客人已休息，工作人员又少，火灾苗头往往不易被发现，发现火情时，火灾已具一定的规模，给扑救工作造成很大困难。

⑤消防设施、设备配备不足

很多住宿场所（饭店）火灾的发生与蔓延，是由于没有配备足够的消防器材。按照消防法规的规定，一类建筑通道每15米必须安放手提式灭火器1部，二类建筑通道每20米必须安放手提式灭火器1部。然而，不少饭店都没有达到这个要求。

⑥未及时通知消防部门

由于住宿场所（饭店）的特殊性，一些住宿场所（饭店）的消防工作程序都写明，发生火灾时，首先向住宿场所（饭店）消防中心报警，由住宿场所（饭店）义务消防队扑灭初起火灾。只有当饭店火势发展到一定程度、饭店义务消防队很难把火扑灭时，才由饭店消防委员会做出决定，通知当地消防队。如果住宿场所（饭店）消防委员会判断有误，没有及时通知当地消防部门，失去了灭火的最佳时机，很可能使大火迅速蔓延，等消防部门得知火灾情况时，为时已晚。还有的住宿场所（饭店）发生火灾时，电话线路中断，无法及时通知消防部门。

⑦违反了消防法规，消防管理不善

近年来我国颁布了一系列的消防法规，如《中华人民共和国消防法》《中华人民共和国消防条例实施细则》《高层建筑消防管理规则》《高层民用建筑设计防火规范》及各省市出台的消防条例等。很多住宿场所（饭店）之所以会发生火灾，究其原因，都在不同程度上违反了国家的有关消防法规。

（2）住宿场所（饭店）火灾人员伤亡原因分析

①发生火灾时未及时通知客人

目前，国内有一些住宿场所（饭店）或者没有安装通知客人疏散的广播系统，或者安装不合理，不能唤醒熟睡的客人，致使火灾发生时造成大量人员伤亡。

②没有防火救灾的预案

有些住宿场所（饭店）平时不重视防火，没有一套发生火灾时的应急预案，因而在发生火灾时，往往不知如何救助客人。

③使用大量有毒的装饰材料

大量装饰材料的使用不但容易燃烧，而且燃烧时会产生大量有毒的烟雾。据统计，火灾中因烟雾中毒或窒息而死亡的人数占整个死亡人数的72%左右。

④火灾发生时人们的异常心理与行为

在发生火灾时，人们的行为受求生避难心理的影响，导致做出许多错误行动，造成不必要的伤亡。这些行为有以下几种：

向熟悉的出口逃生。绝大多数客人对住宿场所（饭店）的内部结构不熟悉，当火灾发生时客人一般习惯于从原出入口逃生，很少寻找其他出入口或疏散通道逃生。

盲目跟着他人逃生。在遇到火灾等危险情况时，人们因对群体行动怀有信任感而随大流，盲目跟随人流奔跑，结果因倾轧而造成伤亡。

判断错误。人天生对烟火有一种恐惧心理。发生火灾时，即使处于安全场所，也往往会做出错误的判断。

失去理智。在紧急情况下、心理紧张时，人往往会失去控制，做出异常的行动。在很多火灾中，都有不少人做出超乎寻常的举动，如从高楼跳下造成死亡。

（3）防火安全计划与消防管理

①消防安全告示

消防安全告示可以从客人一入店时进行。从法律上来说，客人从登记入住时，就是住宿场所（饭店）的客人了，住宿场所（饭店）对每位客人的安全都负有法律上的责任。所以，从客人一入店就应当告诉客人防火安全知识和火灾逃生的办法。有的饭店或楼层在客人登记时发给一张住宿卡，在住宿卡上除注明饭店的服务设施和项目外，还注明防火注意事项，印出饭店的简图，并标明发生火警时的紧急出口。

客房是客人休息和暂住的地方，客人在住宿期间时间最长的是在客房，住宿场所（饭店）应当利用客房告诉客人有关消防的问题。如在房门背后安装楼层的"火灾紧急疏散示意图"，在图上把本房间的位置及最近的疏散线路用醒目的颜色标示出来，使客人得以在紧急情况下安全撤离；在房间的写字台上应放置"安全告示"或放一本安全告示小册子，比较详细地介绍饭店及楼层的消防情况，以及在发生火灾时该怎么办。

②防火安全计划与制度

防火安全计划是指住宿场所（饭店）各岗位防火工作的工作程序、岗位职责、注意事项、规章制度以及防火检查等工作的总称。我国所有消防条例都规定：消防工作实行"预防为主，防消结合"的方针，把重点放在防火上，在制订防火安全计划时，要把住宿场所（饭店）内每个岗位容易发生火灾的因素找出来，然后逐一制定出防止发生火灾的措施与制度，并建立起防火安全检查制度。住宿场所（饭店）的消防工作涉及每个岗位的每一位员工。只有把消防工作落实到每个岗位，并使每位员工都明确自己对消防工作的职责，安全工作方能有保证。

（4）火灾紧急计划与控制、管理

火灾紧急计划与控制、管理是指住宿场所（饭店）一旦发生火灾，住宿场所（饭店）所有人员采取行动的计划与控制、管理方案。火灾计划要根据住宿场所（饭店）的布局及人员状况用文字的形式制订出来，并需要经常进行训练。

住宿场所（饭店）内一旦发生火灾，正确的做法是要立刻报警。有关人员在接到火灾报警后，应当立即抵达现场，组织扑救，并视火情通知饭店消防队。是否通知消防部门，应当由饭店主管消防的领导来决定。有些比较小的火情，饭店及楼层员工是能够在短时间内组织人员扑灭的。如果火情较严重，就一定要通知消防部门。住宿场所（饭店）应把报警分为两级：一级报警是指在住宿场所（饭店）发生火警时，只需向住宿场所（饭店）的消防中心报警，其他场所听不到铃声，这样不会造成住宿场所（饭店）的紧张气氛；二级报警是指在消防中心确认楼层已发生了火灾的情况下，向全饭店报警。

住宿场所（饭店）应按照楼层及饭店的布局和规模设计出一套方案，使每个部门和员工都知道万一发生火灾时该怎么做。

住宿场所（饭店）万一发生火灾或发出火灾警报时，所有员工应坚守岗位，保持冷静，切不可惊慌失措，到处乱窜，要按照平时规定的程序做出相应的反应。所有的人员无紧急情况不可使用电话，以保证电话线路的畅通，便于住宿场所（饭店）管理层下达命令。各部门及岗位该采取的行动如下：

①住宿场所（饭店）消防委员会

住宿场所（饭店）消防委员会在平时担负着防火的各项管理工作，一旦住宿场所（饭店）发生火灾，消防委员会就肩负着火灾领导小组的职责。

住宿场所（饭店）发生火灾或发出火灾警报时，消防委员会负责人应当立即赶到临时火灾指挥点。临时火灾指挥点要求设在便于指挥、便于疏散、便于联络的地点。

领导小组到达指挥点后，要迅速弄清火灾的发生点、火势的大小，并组织人员进行扑救，与此同时，领导小组还应视火情迅速决定是否通知消防队、是否通知客人疏散，了解是否有人受伤或未救出火场，并组织抢救。

②住宿场所（饭店）消防队

根据消防法规，住宿场所（饭店）应当建立义务消防队。住宿场所（饭

店）消防队是一支不脱产的义务消防队，它担负着防火的任务，经常组织消防人员训练，随时准备参加灭火战斗。住宿场所（饭店）消防队一般由消防中心人员、保安部人员和各部门的人员组成。

当住宿场所（饭店）消防队员听到火灾警报声时，应当立即穿好消防服，携带平时配备的器具（集中存放在饭店某地）赶赴现场。这时应有一名消防中心人员在集合地带领消防队去火场。

③保安部

听到火灾警报后，保安部经理应立即携带对讲机等必需物品赶赴现场指挥点。保安部的内勤应坚守岗位，不要离开电话机。

住宿场所（饭店）大门的警卫在听到火灾铃声后，应当立即清理住宿场所（饭店）周围的场地，为消防车的到来做好准备。阻止一切无关人员的进入，特别要注意防范有图谋不轨者趁火打劫。

巡逻人员在火灾发生时要注意安排专人保护住宿场所（饭店）的现金和一些其他贵重物品。此外，还要护送出纳员和会计把现金转移到安全的地方。

各岗位的安全人员在发生火灾时，都必须严守岗位，随时提防不法分子浑水摸鱼。

④前厅部人员

前厅部人员在火灾发生时要把所有的电梯落下，告诫客人不要乘坐电梯、不要返回房间取东西，并把大厅所有通向外面的出口打开，迅速组织人员疏散客人，协助维持好大厅的秩序。

⑤工程部

工程部在接到住宿场所（饭店）的火灾报告时，负责人应立即赶往火灾现场察看火情。应视火情决定是否全部或部分关闭住宿场所（饭店）内的空调通风设备、煤气阀门、各种电器、锅炉、制冷机等，防止事态进一步发展。负责消防水泵等设备的人员应迅速进入工作场地，并使这些设备处于工作状态。楼层内的危险物品应立即运到安全地带，以防发生连锁反应。其他人员应坚守岗位，不得擅离职守。

⑥医务人员

当住宿场所（饭店）发生火灾时，医务人员要迅速准备好急救药品和抢救器材，组织抢救受伤人员。如果住宿场所（饭店）没有医务室或医务人员较少，可由办公室、人事部等部门人员担任抢救工作。这一责任应在平时确定下来，并配备必要的器材。

⑦楼层服务员

当楼层客房服务员听到火警的铃声时，应当立即查看、检查所有的安全门和通道是否畅通，并立即组织疏散客人。

（5）火灾疏散计划与管理

火灾疏散计划与管理是指住宿场所（饭店）发生火灾后人员和财产紧急撤离出火灾现场到达安全地带的行动计划和措施。住宿场所（饭店）在制订该计划和措施时，要考虑到楼层布局、饭店周围场地等情况，以保证尽快地把楼层内的人员和重要财产及文件资料撤离到安全的地方。这是一项极其重要的工作，组织不当会造成更大的人员伤亡和财产损失。

紧急疏散的命令一般通过连续不断的警铃声发出或通过广播下达。

在进行紧急疏散时，客房服务员要注意通知房间的每一位客人。只有确定本楼层的客人已全部疏散出去，服务员才能撤离。

在疏散时，要通知客人走最近的安全通道，千万不能使用电梯。可以把事先准备好的"请勿乘电梯"的牌子放在电梯前。有的住宿场所（饭店）在电梯的上方用醒目的字体写着"火灾时请不要使用电梯"。

当所有人员撤离楼层或饭店后，应当立即到事先指定的安全地带集中，查点人数。如有下落不明的人或还未撤离的人员，应立即通知消防队。

（6）灭火战斗计划与管理

灭火战斗计划与管理的内容包括：

①住宿场所（饭店）总平面图

图中要注明楼层布局、给水管网上消防栓的位置、给水管尺寸、电梯间、防烟楼梯间位置等。

②住宿场所（饭店）内部消防设备布置图

如自动灭火设备安装地点、室内消防栓布置图、进水管线路、阀门位置等。

③根据住宿场所（饭店）的具体情况绘制的灭火行动平面图

为了解决抢救人员、物资及清理火场通路的问题，战斗计划应同时考虑

利用楼梯作为灭火进攻和抢救疏散人员、物资及清理火场的通路；如果楼梯烧毁或被火场残物堵塞，要有其他备用的行动方案；等等。

六、紧急情况的应对与管理

住宿场所（饭店）的安全管理也包括对一些紧急情况做出应对管理。主要包括：

（一）国内客人违法事件的处理

客人违法一般是指国内客人在住宿期间内犯有斗殴、盗窃、赌博等违反我国法律的行为。保安部值班人员在接到有关客人违法的报告后，应当立即问明事情发生的时间、地点和经过，记录当事人的姓名、性别、年龄、身份等，并立即向值班经理汇报。值班经理接到报告后，要立即派保安主管和警卫人员到现场了解情况，保护和维持现场秩序。对于较严重的事件，保安部经理需亲自到现场调查，同时要向值班总经理报告。

保安部人员在找客人了解情况之前，一定要慎重，要了解客人的身份。对于客人之间一般的吵骂等不良行为，保安部可出面进行调解。对于其违法行为，保安部要查明情况，在征得总经理同意后，向住宿场所（饭店）的上级主管部门和公安部门报告。

在向公安部门报告后，保安部的人员应对违法行为人进行监控，等待公安人员的到达，保安部人员不能对行为人进行关押，应等候公安人员前来处理。

事件处理完毕后，保安部要把事件的情况和处理结果记录留存。

（二）涉外案件的处理

随着国际贸易的发展，住宿场所（饭店）接待的国际客人日益增多。因此，涉外案件的处理应引起住宿场所（饭店）管理者的注意。

涉外案件是指在我国境内发生的涉及外国、外国人（自然人及法人）的刑事、民事、经济、行政、治安等事件。公安部门对于外国人违法案件的处理必须做到事实清楚、证据确凿、定性准确、处理恰当、程序合法；应在对等和互惠原则的基础上，严格履行我国所承担的国际条约义务；当国内法或者我国的内部规定同我国所承担的国际条约义务发生冲突时，应当采用国际条约的有关规定（我国声明保留的条款除外）；此外，要及时通知外国驻华领事馆或大使馆，通知的内容包括外国人的外文姓名、性别、入境时间、护照或证件号码，案件发生的时间、地点及有关情况，当事人违章、违法、犯罪的主要事实，已采取的法律措施及法律依据等。

（三）客人伤、病与死亡的处理

住宿场所（饭店）应有各种措施，预防客人受伤或生病。一旦客人受伤或生病，饭店应有处理紧急情况的措施及能胜任抢救工作的人员。

住宿场所（饭店）如果没有专门的医疗室及专业的医护人员，则应选择合适的员工接受救急的专业训练，并配备各种急救的设备器材及药品；如发现伤病客人，住宿场所（饭店）应一方面在现场急救，另一方面迅速安排病人去附近的医院；对客人伤病事件，住宿场所（饭店）应有详细的原始记录，必要时据此写出伤病事件的报告。

客人死亡是指客人在住宿期间内伤病死亡、意外事件死亡、自杀、他杀或其他原因不明的死亡。除前一种属正常死亡外，其他均为非正常死亡。

保安部工作人员在接到客人死亡的报告后，应向报告人问明客人死亡的地点、时间、原因、身份、国籍等，并立即报告保安部经理。保安部经理接到报告后，会同大堂经理和医务人员前去现场，在客人尚未死亡的情况下，要立即送医院去抢救。经医务人员检查，确定客人已死亡时，住宿场所（饭店）要派保安部人员保护好现场，保持现场原状，严禁无关人员接近现场，同时向公安部门报告。在一切事项处理完毕后，保安部要把死亡及处理的全过程详细记录留存。

（四）食物中毒事故的处理

食物中毒，以恶心、呕吐、腹痛、腹泻等急性肠胃炎症为主。一旦发现客人出现上述症状，相关人员应立即报告值班经理，值班经理在接到客人可能食物中毒的报告后，应立即通知医生前往诊断。初步确定为食物中毒后，保安部经理、大堂副理和总经理，医务室应立即将中毒客人送医院抢救治疗，而餐饮部要对客人所用的所有食品取样备检，以确定中毒原因，并通知当地卫生防疫部门。

此外，餐饮部要对可疑食品及有关餐具进行控制，以备查证和防止其他客人中毒。另外，由餐饮部负责、保安部协助，对中毒事件进行调查，当地

卫生防疫部门到达后，应予以积极配合。前厅部和销售部要通知中毒客人的有关单位和家属，并向他们说明情况，协助做好善后工作。

（五）停电事故的处理

停电事故可能由外部供电系统引起，也可能是住宿场所（饭店）内部供电发生故障。停电事故发生的可能性比火灾及自然灾害要高。因此，对拥有 100 间以上客房的住宿场所（饭店）来说，应配备有紧急供电装置。该装置能在停电后立即自行起动供电。这是应对停电事故最理想的办法。

住宿场所（饭店）若没有这种装置，应配备足够的应急灯。住宿场所（饭店）平时应制订一个周全的安全计划来应对停电事故，其内容包括：①保证所有员工平静地留守在各自的工作岗位上。②向客人及员工说明这是停电事故，正在采取紧急措施排除故障，恢复电力供应。③如在夜间，帮助滞留在走廊及电梯中的客人转移到安全地方。④派遣维修人员，找出停电原因。如果是外部原因，应立即与供电单位联系，弄清停电原因、时间等；如果是内部原因，则应组织力量抢修，排除故障。⑤在停电期间，安全人员须加强巡逻，住宿场所（饭店）派遣保卫人员保护有现金及贵重物品的地方，防止有人趁机作案。

（六）重大事故的处理

住宿安全中的重大安全事故包括：造成客人人身重伤、残废的事故及暴力事件；重大火灾及其他恶性事故；大宗财物被盗及其他经济损失严重的事故等。

重大安全事故的处理，原则上由住宿场所（饭店）所在地区的政府协调有关部门、事故责任部门及其主管部门负责，必要时成立事故处理领导小组。

重大安全事故发生后，保安部经理和总经理应立即赶赴现场，全力组织抢救工作，保护事故现场，同时报告当地公安部门。住宿场所（饭店）要立即组织医务人员对受伤人员进行抢救，伤亡人员中若有国际客人，责任方和住宿场所（饭店）在对伤亡人员核查清楚后，应及时报告当地外事办公室，同时以电话、传真或其他有效方式直接向"中国旅游紧急救援协调机构"报告，对事故现场的行李和物品，要认真清理和保护，并逐项登记。住宿场所（饭店）应协助责任方按照国家有关规定办理对伤亡人员及其家属的人身和财产损失的赔偿，协助保险公司办理入境旅游保险者的保险赔偿。事故结束后，住宿场所（饭店）要和责任方及其他有关方面一起，认真总结经验教训，进一步改进和加强安全管理措施，防止类似事故再次发生。此外，住宿场所（饭店）还需将事故过程和处理经过整理成文字材料，上报有关部门并留存。

第三节　旅行安全问题及管理

旅行是旅游者借助各种交通工具或交通方式，由居住地到旅游目的地或由旅游目的地到居住地或者在旅游目的地间的空间位移活动。首先，旅行是必须借助一定交通工具（如飞机）的空间位移，旅行中的不可控因素较多；其次，旅游者对即将开始的"旅游生活"的热切期盼和旅途中的辛苦劳顿，容易产生一些意外事件；最后，旅游旺季尤其是旅游黄金周造成的运力相对不足形成的旅游交通瓶颈问题。

旅行安全管理的目的就是要分析旅行中存在的安全隐患，杜绝或减少旅行中不安全事故的发生，使旅游者能顺利地从居住地、旅游目的地之间进行安全地运送。

旅行主要包括旅游交通和徒步两种方式。考虑到徒步旅行是旅游者的个别行为，其安全问题也多由于道路、汽车等原因引起，故本节主要探讨旅游交通安全管理。我们主要从旅游交通法规和道路交通安全管理两方面来探讨旅游交通安全管理。

一、旅行安全的表现形态

旅行安全主要有旅游交通事故、疾病、犯罪、黄赌毒、自然灾害以及特殊事故六种表现形态。其中，旅游交通事故、犯罪是最突出的表现形态。

（一）旅游交通事故

旅游交通事故是旅行安全最主要的表现形态，也是旅游活动各环节中影

响最大、发生频率最高的不安全事件之一。按照交通工具形式，旅游交通事故可分为以下四种类型：

1. 道路交通事故

道路交通事故指旅游者乘坐汽车、火车而发生的撞车、翻车等车祸，以及车祸后发生的爆炸与火灾而引发的不安全事故。

2. 高速公路事故

严格地讲，高速公路属于道路交通事故。随着高速公路的发展，发生于高速公路上的重大交通事故呈急剧上升之势。高速公路已成为道路交通事故的多事之区。

3. 水难事故

水难事故指在海域或江、河、湖面乘坐轮船、游船、汽艇等水上交通工具而引发的翻船、沉船等危及人身、财产安全的事故。

4. 航空事故

航空事故指乘坐飞机而引发的不安全事故。

（二）疾病

旅行途中的疾病指旅客在旅途中因个人身体原因或他人原因而发生的或被传染的病症，也包括由于运动量大、旅途劳累、交通工具颠簸、交通工具内气压变化以及噪音、污染等因素造成旅游者产生身体不适等生理反应而引发疾病、甚至死亡的事件。对旅游者而言，这些疾病可能是新疾，也可能是旧疾。旅行中旅游者的生理反应和疾病主要有以下几种：

1. 晕动症

晕动症，是旅客乘坐飞机、火车、汽车和轮船最常出现的一种生理性反应。这种生理反应主要是人在车、船或飞机运动过程中发生的。由于汽车、轮船、飞机在行进中不断变换方向，上下颠簸或者旋转，从而产生种种加速度。这些加速度会刺激人的前庭器官，引起游客前庭神经的异常兴奋，产生一系列植物神经反应而出现晕动症状。这种症状最初表现为头晕眼花、头胀、头痛、烦躁不安、胃不适。症状加剧时会出现恶心呕吐、面色苍白、心慌、胸闷、出冷汗、手脚发凉、四肢无力，严重时会昏倒、脉搏减慢、血压下降。如果呕吐频繁，可能出现轻度脱水、眼窝下陷、衰竭无力、怠倦思睡等症状。

2. 航空性中耳炎

此种生理反应主要源自飞机升降时机舱内气压的变化。飞机在升空或降落时，机舱内气压会出现相应的下降或增高。此时，旅客体内各种气腔（如中耳腔、鼻窦、胃肠道等）内的气体就会随之扩张或缩小，若腔内外这种压力变化不能迅速取得平衡，就会出现各种气压损伤。伤及耳腔的称为航空性中耳炎；伤及鼻窦的称为航空性鼻窦炎；影响胃肠道的称为航空性胃肠胀气。

3. "上火"

"上火"是一组症状的俗称，是旅游者在旅行中最常出现的一种生理反应现象。面红耳赤、眼花耳鸣、全身燥热、心绪不宁、口干舌燥、口苦食无味、大便秘结、尿少而黄等都是"上火"的表现。此外，眼结膜充血发红、牙齿肿胀、出血或牙痛、口生溃疡等也与"上火"这一生理反应有关。"上火"是人体处在应激状态下所反映出来的一种生理现象，即旅游者在旅游活动中精神兴奋紧张、心理情绪比较不稳定、睡眠不足和作息时间不规则时出现的生理反应。此外，外界环境变化频繁、交通工具的颠簸和噪音、参观游览活动量大，以及旅游中出汗多、饮水量少等都会造成旅游者出现"上火"这一生理反应。

4. 时差反应

时差反应是洲际旅游中旅客常出现的一种生理反应，它不是一个独立的病症，而是一个综合征。时差反应是由于同时差联系着的环境节律与旅游者固有的人体节律发生冲突并破坏了人体的昼夜节律，致使"生物钟"紊乱而出现的一种生理反应。当旅游者进行洲际旅游时，由于跨越时区多，时差大，出现白昼、黑夜延长或缩短，这时新时区与原有时区的生活节律不一致而使旅游者原有的生活规律被打破，"生物钟"产生紊乱而导致出现疲劳、睡眠障碍、食欲不振等时差反应。

疲乏症状是时差反应的一个表现。时差的存在带来昼夜颠倒，或突然间白昼延长或黑夜延长。进入新时区的第一天，人体的昼夜节律仍然是白天兴奋节律，应该工作、活动了，但旧有的节律却是大脑控制的夜晚，正是代谢降低、昏昏欲睡之时。如此必然导致头脑不清、乏力困倦等疲乏症状群的出现。

睡眠障碍是时差反应的另一个表现。常见的睡眠障碍有入睡困难、睡眠时间短、睡眠质量差等情况。睡眠障碍的产生也是由于时差打破了人体固有的睡眠习惯和节律，造成"生物钟"紊乱的结果。

食欲不振、消化不良是时差反应的第三个表现。时差造成饮食习惯、节律的改变，导致胃肠功能发生紊乱，同时，由于精神疲倦、头晕头痛而导致出现食欲不振、消化不良等现象。此外，由于时差反应所带来的一系列生理反应，也使得旅游者容易"上火"和着凉感冒。

5. 传染病

由于旅行交通工具内人员密集度高，若有传染病源存在，旅客在旅途中就极易被传染而得病。旅途中常见的传染病有：霍乱、猩红热、痢疾、伤寒、流行性感冒、红眼病等。

（三）自然灾害

自然灾害是指旅游者在旅行过程中遭遇地震、山崩、山体滑坡、泥石流、火山爆发、雪崩、台风、海啸等人力不可抗的自然因素而引发的灾害。自然灾害具有突发性、不确定性，一旦发生则破坏强度较大。

（四）特殊安全事故

旅行中的特殊安全事故是特指导游（旅行社）接待服务中出现的漏接、空接、错接、误机、误车船等事故。

漏接是指旅游团（旅游者）抵达后，无导游人员迎接的现象。有的漏接是由导游人员主观原因造成的。例如，导游人员未按服务接待要求提前到达接站地点；旅游团因车次、飞机班次更改提前到达，而导游人员没有阅读变更通知仍按原计划接待。还有些漏接是由客观原因造成的。例如，原定班次或车次变更，旅游团提前到达，接待社没有将旅游团（旅游者）提前到达的消息通知导游人员。

空接是指某些原因导致旅游团（旅游者）推迟到达某站，导游人员仍按原计划预订的班次或车次接站而没有接到旅游团。空接可能是旅游团（旅游者）因某些原因滞留，而全陪或领队无法及时通知接待社；也可能是班次变更后，旅游团推迟到达，但接待社没接到通知。

错接是指导游人员在接站时未认真核实，接了不应由他／她接的旅游团（旅游者），错接属于责任事故。

误机（车、船）是指由于某些原因或旅行社人员失误，旅游团（旅游者）未能按原定航班（车、船次）离开而导致滞留。误机（车、船）有由客观原因如交通事故、严重堵车、汽车故障等造成的非责任事故，也有由于旅行社人员失误等主观原因造成的责任事故。误机（车、船）不仅使旅游者承受经济或其他方面的损失，也给旅行社带来巨大的经济损失，并严重影响旅行社的声誉。

二、旅游交通安全管理

旅游交通运输是指利用一定的载运工具，通过一定的交通线路和场、站、码头等设施，在约定的期限内，为旅游者提供空间位置移动的生产服务活动。尽管旅游交通运输的载运工具往往包括飞机、火车、汽车、船舶、缆车等运输工具在内，但考虑到我国缆车、索道等大多设在名山大河、风景名胜区内，游览的成分大于交通的成分，故把缆车、索道的安全问题放在游览部分论述。

旅游交通安全管理包括交通安全法规的制定与实施、各种交通方式的安全管理等内容。

（一）旅游交通安全管理法规

旅游交通安全管理法规是旅行安全管理的依据，是旅游交通安全管理的基础和准绳。对旅游者、旅游从业人员和广大群众而言，旅游交通安全管理法规既有强制性的一面，又有人们为了自身和他人安全自觉遵守和维护的一面。

与旅游交通安全管理有关的交通安全管理法规有：

1. 道路交通法规

我国道路交通法规主要由三大类组成。

（1）道路管理的法律规定

主要有《中华人民共和国公路管理条例》《中华人民共和国公路管理条例实施细则》等。

（2）驾驶员和车辆管理的法律规定

主要有《城市机动车驾驶员考试暂行办法》等。

（3）运输活动管理的法律规定

运输活动管理的法律规定主要有三个方面：一是运输法规，如《公路运输管理暂行条例》《公路汽车旅客运输规则》等；二是行车管理法规，如《国务院关于改革道路交通管理体制的通知》《中华人民共和国道路交通管理条例》等；三是事故处理法规，如《最高人民法院、最高人民检察院关于严格依法处理道路交通肇事案件的通知》等。

2. 铁路交通法规

主要有《中华人民共和国铁路法》等。

3. 水上交通法规

主要有《中华人民共和国水路运输管理条例》《中华人民共和国海上交通安全法》等。

4. 航空运输法规

主要有《中华人民共和国民用航空法》《中国民航国际客运规则》等。

（二）旅游汽车安全管理

1. 旅游汽车交通安全影响因素

影响旅游汽车交通安全的因素很多，大体可以归纳为人、车、道路环境三个方面。

与交通安全有关的人员有驾驶员、乘客（旅游者）、行人、骑自行车的人、清洁工人、养路工人和交通管理人员等。其中，驾驶员是所有人员中与交通安全关系最密切的人。

车辆的使用性能和技术状况与交通安全也有密切关系，车辆中驾驶员座位的舒适性、操纵机构的适应性和轻便性、驾驶室视野和灯光等也直接影响着交通安全。

道路环境包括道路构造、安全设施、交通环境（交通设施、交通管理等）和自然环境（气候、昼夜、沿线地形地貌）等。

2. 驾驶员安全管理

驾驶员的安全管理主要通过行车安全的标准与制度来控制和管理。

（1）驾驶员安全管理标准

驾驶员安全管理标准主要有：驾驶员心理、生理检查标准；岗前、岗位培训考核标准；驾驶员的仪容、仪表标准；驾驶员的文明服务标准；驾驶员例行维护所驾车辆标准；驾驶员安全驾驶操作标准（规程）等。

旅游汽车企业应参照交通法规有关规定，结合旅游汽车企业的特点和实际情况，认真制订好以上各项标准，并在驾驶员的安全管理中严格执行。

（2）驾驶员安全管理制度

驾驶员安全管理制度是旅游汽车企业交通安全管理制度的重要组成部分，它是以驾驶员岗位责任制为中心的一系列管理制度，也是旅游交通企业进行交通安全管理的手段。

驾驶员安全管理制度主要有：驾驶员的岗位责任制度；驾驶员的教育与审验制度；驾驶员的心理、生理定期检测制度；驾驶员的劳动、卫生、保健制度；驾驶员的车辆例行保养制度；驾驶员的安全公里考核统计制度；驾驶员的安全行车奖惩制度；驾驶员的安全行车监督检查制度；驾驶员的违章、肇事处罚制度；道路交通事故报告与处理制度；驾驶员的安全技术档案建立制度等。

旅游汽车企业要广泛听取专家和群众的意见，结合自身实际情况制定和完善上述各项制度，以保证旅游交通的安全。

（3）汽车运行安全管理

旅游车辆在运行管理中，必须建立车辆运行安全管理标准和制度，车辆运行安全才能得到保障。

①车辆运行安全管理标准

车辆运行安全管理标准主要有：车容、清洁标准；车辆安全部件维护、修理质量检验标准；车辆安全附属设施质量标准；车辆年度检验标准；车辆安全运行技术标准；车辆尾气排放标准；车辆噪声限制标准；设备与仪器检验标准。

②车辆运行安全管理制度

车辆运行安全管理制度是与驾驶员安全管理制度并存的另一套重要交通安全管理制度，主要包括以下几个方面：车辆索赔、保险制度；车辆维护、修理质量检验制度；车辆技术状况定期检查评比制度；车辆年度检验制度；安全检测制度、仪器检验制度；车辆安全技术档案制度；车辆固定专人保管、使用与替班审核制度；车辆运行安全检查制度。

③车辆运行安全检查制度

车辆运行安全检查制度主要有以下几个方面：车辆日常运行的"三勤三检"制度；每日例行检查与安全否决制度；节前安全大检查制度；干部跟车上路检查安全行车制度；执行重大任务和负责大型旅游团队接待任务的驾驶员和车辆的审核、检验及行车途中管理制度；新开旅游线路和景点的先行试路制度等。

3. 火车旅行安全管理

火车目前仍是我国旅游者旅行时的主要交通工具。随着我国铁路的发展以及火车提速、空调列车与旅游专列的开设，火车旅行的舒适度与安全性已有较大的提高，但火车旅行的安全管理不容忽视。火车旅行安全管理主要通过中华人民共和国铁道部颁发的各项法规条例来约束与控制，并由列车长、乘警、乘务员、旅客共同管理与遵守。

4. 飞机旅行安全管理

飞机是长距离旅游或洲际旅游的交通工具。飞机旅行安全管理主要通过国家及民航局颁发的各项法规条例来约束与控制，并由机场、机组乘务人员、旅客来共同管理与遵守。

（1）飞机旅行安全管理的相关法规条例

主要有《中华人民共和国民用航空法》《中华人民共和国民用航空安全保卫条例》等。

（2）飞机旅行安全管理

1）加强行业安全管理，确保航空飞行安全

航空行业包括中国民航局、各航空公司、各机场相关的航空食品公司、运输公司等。航空行业的安全管理内容包括：健全各项相关标准和法规；履行安全监督责任，保证标准和法规的执行；查清并解决航空安全领域中存在的问题，杜绝不安全事故发生；采用高新技术，攻克相关的技术难题。

2）确保空中飞行安全

这主要指机组人员的安全管理，包括：①机组人员安全思想意识的强化与提高。在指导思想上时刻保持清醒的头脑，不断总结工作中的得失，辩证地看待安全工作中存在的问题。②在安全管理工作上要抓好三个关键工作的管理，即要抓好与安全工作相关的关键人员、关键时机、关键问题。③在安全管理方式上要做到四个坚持，即在制度上要坚持从严管理、在实施上要坚持提倡务实作风、在发展上要坚持人才培养、在工作方法上要坚持思想政治工作。④在安全管理的具体工作中，要努力做到四个精心，即精心组织、精心飞行、精心维护、精心保障。⑤在安全管理工作标准上要严格做到五个落实，即在安全工作上，思想准备要落实到个人、物质准备要落实到每件事、技术准备要落实到每个动作、规章制度要落实到每个环节、安全预想要落实到每个岗位。

3）加强旅客的安全意识，教育与引导旅客遵守航空法规

①机场要在售票处、候机室提供航空安全宣传教育材料，教育引导旅客遵守航空安全规则。②机场安全检查处的安检人员应加强对旅客不安全行为的防范与控制。③空乘人员在飞机起飞前的安全教育与宣传要到位，要严格控制和防范旅客没有关闭手机、安全带过松、飞机降落后马上开手机等不安全行为。

5. 水上旅行安全管理

水上旅行包括海上旅行和内陆江河湖面上的旅行活动。水上旅行的交通工具包括轮船、游艇、汽艇、橡皮艇、竹筏等。水上旅行安全管理主要通过国家及相关部门制定、颁布的各项法规条例来控制与管理，并通过码头、船务人员以及旅客来共同防范与遵守。

（1）水上旅行安全管理相关法规条例

主要有《中华人民共和国海上交通安全法》《中华人民共和国水路运输管理条例》等。

（2）水上旅行安全防范与管理

水上旅行安全防范与管理工作涉及航运码头、船运公司、船员及旅客等多方面，因此，其安全防范与管理工作的重点应放在宣传教育、制度法规建设、完善安全管理体制、提高从业人员素质和强化现场管理五个方面。

①加强安全法规宣传教育

相关部门要大力组织社会性安全宣传工作，充分利用报纸、广播、电视等各种宣传媒介开展诸如水上交通安全征文、有奖知识问答、节目联办等多种形式的宣传活动，特别是要对水域较集中地区和旅游区进行重点宣传。

重点做好经营者的安全宣传工作。组织开展定期或不定期的"船员安

全日"学习活动。及时将有关水上交通安全的文件传达给经营者，并将有关法律、法规、规章编印成册发到经营者和船员手中。经营者和船员在学习过程中，可结合典型事故进行剖析讲解。

加强渡口、码头的安全宣传工作，在渡口、码头的醒目处设置安全宣传标语、"渡口守则"、宣传画、"安全须知"等标牌。在旅游旺季，应组织港监人员深入游览水域进行现场安全宣传教育。

②建设和完善安全法规条例

由于许多旅游地的地方性水上交通安全规章还不完善、层次较低，有关船员管理、乡镇船舶安全管理、水上交通事故处理等方面内容均未涉及，给执法人员在具体工作中造成依据不足、权威性不强等困难。因此，水上交通安全法治建设工作应尽快提到议事日程上来，要根据国家的有关条例、办法，结合各地水上交通安全的实际情况，制定出台综合配套、内容完整、操作性强的管理办法和实施细则，并争取以各地政府的名义发布，提高它的层次和权威性，以保障水上旅行的安全。

③完善水上交通安全管理体制，明确行业安全责任

水上交通安全管理体制分为内部体制和外部体制。加强和完善内部体制，必须有完整配套的法规、明确的岗位责任制、正常的工作程序，同时要按交通运输部的有关要求加强自身建设。各地水上交通部门要建立起一支作风严谨、纪律严明、积极肯干、秉公廉政的港监队伍，并在水上交通安全工作中发挥应有的职能作用。

加强外部管理体制，除要发挥行业管理部门的纵向、横向两个安全管理网络的作用外，还要与农林、渔牧、水利、旅游等有关部门协调配合，进一步明确水上交通安全管理责任，理顺管理机制，按照交通部门制定的水上交通安全方针，共同创造一个良好的、有序的、安全的水上旅游环境。

④提高船运从业人员的素质

水上交通运输从业人员，特别是一些乡镇船员素质普遍较低，在实际工作中，遇到特殊和紧急情况，往往惊慌失措、束手无策，导致不安全事故增多。因此，加强对船员的业务技术培训、提高船员技术素质是水上旅游安全管理的重要内容。

水上交通部门要认真搞好船员的培训、考试和发证工作。尤其对新船员进行培训要按规定进行，严格把关，考试不及格者不允许上岗操作。

制订培训计划和措施，对现有船员分期分批进行培训。重点对船员的驾驶技能、安全法规、机械常识、处理突发事故能力进行培训和训练。

认真搞好船员证审验和档案工作。

⑤强化现场管理

水上交通安全的现场管理内容包括：

重点查处无证无照船舶和违章行为。对没有"两证一牌一线"、无营业执照和保险的船舶，一律不准从事旅游、客货运输。对违反水上交通安全管理各项规定和操作规程，不跟从安全管理人员管理的船舶，应责令其停航，并按规定处罚，决不姑息迁就。

加强重点水域、事故多发地和事故多发企业的监控。对客流量大、地处偏远、事故多发的水域要进行重点监控，把责任落实到人。对偏远水域要建立船舶管理组织，把个体船舶组织起来，消灭安全管理空白点。

加强旅游旺季、气候多变期间的现场管理。针对旅游旺季客流量大、船舶超载滥载、带病行驶等特点，管理人员一定要深入旅游区，重点查处超载、安全条件不符合要求等违章行为，确保游客的安全。在雷雨大风、气候恶劣的情况下，要组织监督艇加强巡逻，防止船舶冒险航行而引发交通事故。

改善现场管理监控手段。给安全监督人员配备必要的、较先进的通信、交通工具，改善工作条件，以强化现场安全监控能力。

三、旅行中疾病的防范与控制

（一）传染病的防范与控制

由于旅行交通工具中人员聚集度高，车厢、机舱内空气流通不畅，若有传染病源存在，旅客极易被传染。因此，旅游交通管理公司应加强对传染病的防范与管理工作，采用有效的法规来达到对传染病的控制与管理。加强汽车、火车、飞机以及轮船等交通工具上的工作人员对传染病危害的认识，杜绝或减少传染病源进入交通工具，保持交通工具中空气的畅通。

具体的控制管理措施有：①出台相应的管理办法。规定了甲、乙两类共18种传染病，并对上述传染病的检查、发现与处理做出了相应的规定。②严格控制传染病源进入交通工具中。一旦发现交通工具中有传染病人或传染病源携带物，应立即对该病人或携带物进行隔离和治疗，对发现传染病的车厢、机舱进行彻底消毒。③采取相关措施，防止传染病源进一步扩散。④保持交通工具干净卫生，禁止在封闭的车厢吸烟，以保持交通工具内空气清新。

（二）旅客生理反应的防范与控制

1. 晕动症

一旦旅客出现晕动症病状，乘务人员应立即让旅客自然放松后靠后躺下休息，保持平静和平稳的呼吸，让旅客服药，或让旅客口含生姜片，以减缓旅客的晕动症。

2. 航空性中耳炎

空中服务员要告诉旅客在飞机起飞或下降时不要闭气或沉默不语，应通过讲话、哈气等动作促使耳咽管活动，以促进内外压平衡。若旅客明显感到严重的耳痛、耳鸣时，应让旅客捏住鼻子吸气或呼气，以减少耳痛、耳鸣症状。

3. "上火"

旅游者在应激状态下，容易出现植物神经功能失调。因此，旅游者在旅途中除了要保持轻松愉快、充足睡眠外，还要注意饮食卫生，防止出现胃功能紊乱。同时，要注意饮食营养，增加营养素的摄入，补充足够的水分，特别是茶水或矿泉水，以避免体液失衡，多食用水果和蔬菜保证供给丰富的纤维素 C，以调节胃肠功能，防止便秘。

4. 时差反应

出现时差反应的程度和持续时间的长短，与跨越时区的多少以及个人的体质状况有关。而且，随着时间的延长，人体固有的生物节律就会逐渐得到调节，以适应新时区的节律，这样，时差反应就会消失。

时差反应除了可采用行前模拟适应、行后补偿处理外，也可采用饮食预防。研究表明，某些食物有"定时"作用，如咖啡、茶叶对大脑有兴奋作用；高糖食物有利于体内合成 5-氢色胺，使人精神饱满。研究者就此制定了预防时差反应的食谱：乘机前三天，食量增加，早、中餐以高蛋白食物为主，晚餐则以高碳水化合物为主，乘机前两天食量减少，三餐均以低热量食物为主；乘机前一天食谱与乘机前三天相同；乘机当天食谱与乘机前两天相同。按上述食谱进餐，到达目的地后能较快地适应当地环境，减少时差反应程度。

第三章 旅游危机管理

第一节 旅游危机概述

旅游危机可能发生在旅游客源市场，也可能发生在旅游通道（影响旅游者的可达性），还可能发生在旅游地（使旅游地的形象受损，影响旅游者对出行目的地的决策）。旅游危机造成的后果表现为旅游客源市场的萎缩，以至旅游经济链条的断裂。只有了解旅游危机的形成机理，把握危机的发生规律，才能做到危机管理的针对性和有效性。

一、旅游危机的类别

（一）自然旅游危机

自然旅游危机是由于自然环境发生突变或其变化超过了安全临界点而引发的旅游危机，如旅游地由于强烈地震、台风、泥石流等自然灾害出现的危机。自然旅游危机由于有不可避免的原因存在，往往容易被理解和接受，一般不会对旅游地造成长期的负面影响，但需要目的地的相关组织和机构在危机发生时做出科学、准确的判断，并采取合理的措施。

（二）人为旅游危机

人为旅游危机包括社会危机、行业危机与企业危机。社会危机是整个旅游地的危机，一般是指政治危机、公共安全等；行业危机一般是从旅游行业内部引发的危机，但也可能引起社会的不良连锁反应；企业危机则是企业在经营过程中遇到的突发性事故，这些事故一般会导致人员伤亡或引起外界恐慌，如航空公司因飞行技术和安全管理制度等原因造成的空难事件、饭店餐厅因进货检查和卫生制度原因造成的食物中毒事件等。人为旅游危机虽然有一定的预知性、可控性，但是产生的影响更深远，持续时间更长，负面后果更严重。

二、旅游者的危机感知

危机感知是旅游者对危机的主观评价。当旅游危机发生的时候，人们对安全风险的感知大多依赖直觉和经验，因而可能与事实存在很大的偏差。在一定条件下，这种认知偏差还会导致潜在旅游者的极度恐慌。旅游危机通过影响旅游者的危机感知，进而影响旅游者的应对行为，最后影响旅游者对旅游地的选择决策。如果危机超出了旅游者的容忍限度，就会导致旅游者心理安全的失衡，本能地产生负面情绪，进而放弃选择该旅游目的地。

（一）旅游危机感知的影响因素

通常有三大类因素影响旅游者对危机事件的风险感知，即事件特征因素、社会特征因素、个体特征因素。

1. 事件特征因素

事件特征是引起旅游者恐惧的根源。一般来说，人们对危机事件的恐惧感在很大程度上与危机事件本身的风险特征有关，主要有事件的起因、持续时间和损失的明确性等。风险越不确定，就越容易引起人们恐慌。

2. 社会特征因素

社会特征因素主要包括：一是在危机情境中所能获得的外部资源（物质资源和社会救援体系）；二是危机情境中的媒体导向；三是危机情境中的沟通手段。

3. 个体特征因素

当个体将大众行为所传递的行动信息作为获得的各种信息中的有效信息时，个体就会将此作为决策依据而产生各种从众行为。在危机背景下，个体会以群体中其他成员的行为作为参考依据，采取与大众相同的行为策略。另外，不同的文化圈会使人们面对相同的危机事件产生不同的危机认知和评价。旅游者对旅游地的危机事件感知越强烈，对旅游地的影响就越大，恢复进程也会越缓慢。

旅游者人口统计特征（性别、年龄、性格和教育等）的差异，也会造成危机的承受阈值不同。女性旅游者往往对风险的认知度较男性高，年龄在

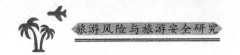

18～24岁之间的旅游者对风险的认知程度往往较年长者低；性格内向比性格外向的旅游者更容易感到恐惧；受教育程度高的旅游者受危机的影响相对较小。

旅游者的偏好也会影响其对旅游地及旅游类型的选择，冒险类（岩洞探险、漂流、滑雪、越野等）和宗教型旅游活动的参与者对旅游危机认知度较低；对旅游产品参与度较高的旅游者，受旅游危机的影响较小，如潜水的旅游者比滨海观光的旅游者对危机的容忍度要高；重游的旅游者比第一次到达目的地的旅游者，对相同危机事件的分析和处理更理智，其对旅游地的危机感知较弱。

（二）旅游危机感知的空间模型

旅游危机感知影响因素各相关因子的特征类型的组合，决定了旅游者对风险的感知程度。通过旅游者对危机事件风险感知的空间分布，可以了解和判断旅游者对某个具体危机事件的风险感知程度。当一个危机事件的特征离坐标原点越远，旅游者的风险感知越大，恐惧感就越强，对旅游业的影响也越大。

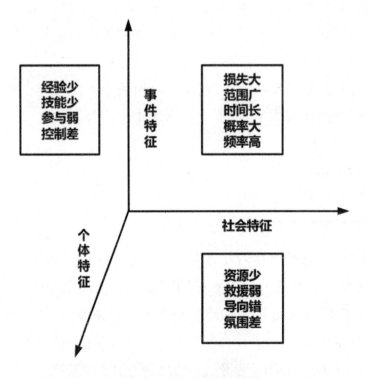

图 3-1 旅游危机感知的空间模型

在旅游危机管理过程中，有针对性地对影响旅游者风险感知的一些薄弱要素和环节进行引导和控制，就可以提高旅游危机管理的效果和效率。

三、旅游危机的感知效应

发生旅游危机后，危机信息通过各种途径传播到潜在的旅游者，并通过哈哈镜效应、有色镜效应、放大镜效应影响潜在旅游者对目的地的形象感知。

（一）哈哈镜效应

旅游者面对突发的和极有可能造成人身、财产或心理伤害的旅游危机事件时，本能的反应就是恐惧和回避，因为缺乏危机事件的相关信息，也没有足够的途径了解其发生的原因、影响的途径和后果，所以不知该如何应对，在行为上表现出有限的理性，对目的地危机的认知就如同哈哈镜一样，产生扭曲，形成对目的地旅游形象的偏见。因此，在危机情境下，大多数旅游者不能理智地面对和处理危机，旅游管理者应从旅游者非理性的角度出发，进行危机的干预和管理。

（二）有色镜效应

在危机事件发生时，由于各种因素的相互综合作用，导致人们心理上、生理上、行为上、观念上发生一系列变化，旅游者会不经意地戴上有色镜看待旅游地，透过危机所形成的不良影响这层有色镜片来认知目的地的形象，往往会以偏概全，造成对目的地形象认知上的偏差。

（三）放大镜效应

旅游者对危机存在过度反应的行为特征，主要是因为危机信息通过各种信息传递途径和各种社会关系不断地传递，其不利影响会以滚雪球的方式越传越大，最终影响可能会放大数倍。管理者应充分认识到危机事件可能产生的严重后果，提早采取预防措施。

四、旅游危机的形成机理

当发生旅游安全事件时，产生的事件信息被旅游者接收，在事件特征因素、社会特征因素和个体特征因素的共同作用下，产生旅游者的危机感知，使旅游者重新审视原先的出游计划，在危机的哈哈镜效应、有色镜效应及放大镜效应的作用下，影响旅游者的出游决策，旅游者可能会改变旅游地或者

放弃原定的旅游计划，如果安全事件产生的危害足够大，会导致目的地旅游系统的失衡，从而导致旅游危机的发生。

第二节 旅游危机管理的基本原则

旅游危机管理应结合旅游行业的自身特点，遵循以下基本原则：

一、预防性原则

对于旅游危机，预防是成本最低、最简便的方法，但它常常被忽略。实施旅游危机预警管理的主要目的是有效地预防各种危机的发生，将危机遏制或消灭在萌芽状态。所以，旅游管理部门要根据一定的标准，经常列出旅游经营管理和外部环境变化方面可能出现的危机因素，分析可能发生的危机，未雨绸缪。

二、公开性原则

旅游业在发生危机时，不论是否具有主观上的过错，都应在危机事件涉及的范围内，第一时间向公众公开事件的真相，公布事件的原因、结果、自己的态度，不能藏头缩尾、含糊其词，更不能置公众意愿于不顾，封锁消息，导致在危机处理中陷入更大的被动。旅游业如果发生危及公众利益的环境污染、火灾、爆炸等事故或者其他危机事件，不能消极地等待上级和媒体来调查和报道，更不能等上级有关部门出面干预后才被动地做出反应，而应在发生危机事件后，主动向上级部门和环保、消防、安全等有关部门和各媒体通报情况、沟通信息，寻求理解、支持和合作。

三、公众利益至上原则

危机事件发生后，会使旅游业遭受很大损失，但旅游管理部门和旅游业首先考虑的应是公众的利益，要以公众利益代言人的身份出现，把公众放在第一位，一切计划措施都必须先保障公众利益。特别是在各类旅游危机的处理中，如果涉及人的安全和生命，旅游管理者必须将其置于最重要的一点加以考虑，因为与其他相比，人的生命永远是第一位的。只有保护公众利益不受到损害，得到公众的支持，最终才有可能给旅游组织恢复声誉，带来理解和认同，从而获得经济利益。

四、诚实性原则

实事求是是处理旅游危机事件的基本态度。旅游业在处理危机事件时应向各方面的公众如实反映和通报危机事件发生的原因和可能造成的后果，正在和将要采取的补救措施。在情况尚未查明时，旅游企业可以采取高姿态，宣布如果调查下来责任在己方，一定负责赔偿。切忌感情用事，隐瞒事实，企图蒙混过关，造成与公众情绪更严重的对立，带来更大的损失。旅游企业因产品质量、环境污染等给公众造成人身伤害和经济损失，不仅要承担道义上的责任，而且要根据所造成的损失大小和经济承受能力，尽可能地为受害者提供经济补偿和物资赔偿，乃至精神补偿。

五、及时性原则

旅游危机事件一旦发生，就会立即成为公众舆论关注的焦点，极易出现人心散乱、谎言纷飞的局面。因此，旅游企业的当务之急是采取果断的应急措施，及时控制事态，解决问题不致发展扩大。危机出现的最初 12 ～ 24 小时内，充斥着各种谣言和猜测，真实的消息往往并不多，媒体、公众都密切注视旅游组织发出的第一份声明。如果不能及时发布信息，则会使旅游企业付出更大的代价。

第三节　旅游危机分类与特征

一、旅游危机的分类

现有的文献已经对危机进行了一些分类，由于危机促成因素的多样性，因而对于旅游危机的划分也是多样的。因为自然界的负面事件，如由于自然灾害引发的危机与人为导致的危机相比，两者所产生的结果有着明显的不同。自然界导致的危机是由于不可避免的原因形成，而人为导致的负面事件会使人们在更长时间内丧失信心，负面后果更加严重。根据危机产生的根源，可以将旅游危机划分为旅游业受波及引起的危机、旅游业内部的危机两大类。旅游业受波及引起的危机是指发生在其他行业里的危机产生的负面影响波及旅游行业，使旅游业客源骤减、目的地形象受损的危机，如战争等。旅游业内部的危机是指发生在旅游业运营的范围内、直接对游客或旅游从业人员发生威胁、影响旅游活动的危机，如旅游娱乐设施发生意外等。按照危机的由来进行划分，可以分为竞争者的危机、客源的危机、目的地的危机；按照危机的危害性来分，可以分为轻度危机、中度危机、重度危机；按照旅游危机的预测性来分，可以分为可预测性危机和不可预测性危机；按照旅游危机的控制性来分，可以分为可控危机和不可控危机；按照旅游危机的影响范围来分，可以分为本地危机、局部危机、全国危机和跨国危机；按照旅游危机的持续时间来分，可以分为一次性危机、间歇性危机、持续不断性危机；按照旅游危机的成因来分，可以分为自然危机、技术危机、环境危机、社会文化危机、经济危机和政治危机。

旅游危机主要分为自然灾害、事故灾难、突发公共卫生事件、突发社会安全事件、旅游重大活动危机事件五类。

（一）自然灾害

主要包括旅游景点景区暴雨、洪水、暴雪、冰雹、台风、地震、山体崩塌、滑坡、泥石流、森林火灾等重大灾害。

（二）事故灾难

主要包括公路、水运、铁路、民航等旅游交通事故，影响或中断城市正常供水、供电、供油、供气等城市事故，通讯、信息网络、特种设备等安全事故，以及重大环境污染和生态破坏事故等。

（三）突发公共卫生事件

主要包括突然发生，造成或可能造成游客健康严重损害的重大传染病

（如鼠疫、霍乱、血吸虫等）、群体性不明原因疾病、重大食物和职业中毒、重大动物疫情，以及其他严重影响游客健康的事件。

（四）突发社会安全事件

主要包括经济安全事件、影响较大的针对性破坏事件，以及规模较大的群体性事件等。

（五）旅游重大活动危机事件

旅游目的地政府或政府旅游部门主办的大型旅游节庆、会展、赛事等相关重大活动发生的危机事件。

旅游危机事件的事故分级：按照旅游突发事件的严重程度、可控性和影响范围，可分为四级：Ⅰ级（特大）、Ⅱ级（重大）、Ⅲ级（较大）和Ⅳ级（一般）。

1. 特大事故（Ⅰ级）

特大事故（Ⅰ级）指一次事件造成旅游者3人以上（含3人）死亡的，或旅游住宿、交通、游览、餐饮、娱乐、购物等场所的恶性事故、影响重大的，或游客经济损失在100万元（含100万元）以上的。

2. 重大事故（Ⅱ级）

重大事故（Ⅱ级）指一次事件造成旅游者1至2人死亡或旅游者重伤致残的，或旅游住宿、交通、游览、餐饮、娱乐、购物等场所的重大事故，或游客经济损失在10万元（含10万元）至100万元的。

3. 较大事故（Ⅲ级）

较大事故（Ⅲ级）指一次事件造成旅游者重伤，或游客经济损失在1万元（含1万元）至10万元的。

4. 一般事故（Ⅳ级）

一般事故（Ⅳ级）指一次事件造成旅游者轻伤，或游客经济损失在1万元以下的。

二、旅游危机的特征

从危机与旅游危机的定义中可以得知，旅游危机与其他危机一样，都是一种非常态的社会情境，是各种不利情境、严重威胁、不确定性的高度集聚。旅游危机的特性主要有突发性、紧迫性、危害性和双重性。

（一）突发性

如前所述，旅游业是一种敏感度很高的产业，政治、自然、经济、社会环境出现的非常态状都可能成为旅游危机的诱因。很多危机并非由旅游业自身造成，而是来自各种外部环境，因此更具有不可控性。旅游危机往往是在人们意想不到、没有做好充分准备的情况下突然爆发的。可以说，旅游业危机是一种超出常规的突发性事件，表现为在短时间内给旅游业及相关行业造成一系列的、连锁性的破坏，甚至使它们陷入混乱、跌入低谷。

（二）紧迫性

旅游危机爆发后，会以十分惊人的速度以及出人意料的方式发展和演变，并会引发一系列的后续问题，如游客的救助与转移、旅游企业经营环境的恶化等，常常会导致受到冲击的旅游危机管理主体因为反应时间的有限性而面临极大的决策压力。在此情境下，决策者如果无法在尽可能短的时间内根据危机局势做出正确的决策，就会使旅游危机的消极影响迅速扩大，丧失解决危机的最佳机会，而且将导致一系列短时间内难以根除的消极影响。所以，旅游危机要求在第一时间迅速应对和化解。

（三）危害性

旅游危机的危害性主要指危机发生后会在短时间内对旅游业造成致命的打击，而且涉及面广、后续影响持续时间长。由于旅游产业关联度很高，涉及吃、住、行、游、购、娱等多个产业，因此旅游危机往往会对社会经济带来诸多影响。旅游业危机常常会引发其他不同类型的危机，导致危机的危害性被进一步放大和延续。危机发生时，对旅游者来说，最严重的问题就是对危机发生地的安全开始持怀疑态度。由于旅游产品具有"生产和消费的同时性"这一特殊性，如果游客对安全失去了信心，就不会再轻易地做出购买决策，何况游客还有很多其他的旅游目的地可以选择。同时，由于旅游属于非生活必需品，因此，在危机恢复中有时"外出旅游"会被置于购买选择的次要地位，往往很难获得与其他领域相同的激活市场的资源，可见危机的恢复需要较长时间。

（四）双重性

危机集"危险"与"机遇"于一体，旅游危机的双重性亦表现为危险与机遇并存。

第四节 旅游危机的影响

一、危机对旅游业的冲击

旅游危机冲击是指由于危机事件的突发性对包括旅游目的地利益相关者、旅游客源地的旅游者和作为通道的旅游企业所造成的各种后果。虽然危机会促使旅游目的地和旅游者提高危机意识或使某一危机发生地成为旅游景点，但从总体上来说，危机带来的冲击更多表现在消极方面。以下从旅游目的地、旅游企业和旅游者三个方面来说明危机对旅游业的冲击。

（一）危机对旅游目的地的冲击

危机会在短时期内给旅游目的地造成十分消极的影响，如游客数量的锐减、旅游收入的减少、目的地旅游产业遭到损害。从更长远的影响来看，会使旅游目的地形象受到负面影响，造成旅游目的地的吸引力下降。旅游目的地形象是指公众对旅游地各个方面的感知、印象和评价的总和，是对旅游地的历史印象、现实感知与未来评价的一种理性综合评价。人们对任何已知的旅游地都有一定的感知、印象和评价，这种感知、印象和评价形成旅游地形象，该形象客观地根植于人们的脑海中。旅游目的地形象对消费者的产品选择至关重要。在危机状态下，旅游者所接收的信息、信息传播的渠道、公众的口碑、媒体的宣传等都会形成旅游目的地的负面形象，并且这种形象具有相对稳定和不易改变的特点。除了危机本身，危机处理过程、竞争者的影响等其他因素也会影响目的地声誉。旅游业危机也会在一定程度上影响旅游目的地经济、社会、生活等各个方面。如果危机处置得不当，将对旅游目的地产生长远的负面影响。

（二）危机对旅游企业的冲击

旅游企业是旅游产品和旅游服务的提供者。危机发生后，旅游者往往会取消和停止对旅游产品和旅游服务的需求。旅游危机对旅游企业的影响主要表现为旅游企业由于旅游者减少而出现营业停顿或营业额下降、旅游设施和供给能力大量闲置的情况，使旅游企业面临较大的经营困难。由于旅游生产与消费的同一性，尽管旅游设施未受到损失，旅游设施和供给能力却大量闲置，企业没有客源，现金流短缺，引发企业财务危机。同时由于旅游产品和服务的不可储存性及旅游设施的难以转换性，危机会给旅游企业造成严重的经济损失。为了减少损失，旅游企业只能暂停营业或解雇员工，甚至宣告破产。

（三）危机对旅游者的冲击

危机对旅游者最直接的影响是危害旅游者的安全。由于危机的不可控性和旅游活动的相对集中性，旅游危机往往会对旅游者造成较大的危害，甚至是重大的人员伤亡和财产损失。除了危害旅游者的安全，危机对旅游者的冲击主要还体现在影响旅游者的消费需求和旅游信心上。危机的破坏作用会导致旅游者旅游行为的改变，如取消或推迟旅游活动、削减旅游消费、寻找替代品等。

二、旅游危机的影响

危机会对旅游业造成巨大的冲击，甚至带来毁灭性的影响。同时，由于旅游业是一个关联程度很高的综合性产业，行、住、食、游、购、娱这六大要素涉及社会生活的方方面面，因此，旅游危机也会对社会、经济等各方面产生联动影响效应。

分析危机对旅游业的影响可以使我们采取正确的措施来应对旅游危机，消除不利影响，并尽快恢复正常的旅游业态。旅游危机的影响主要表现为增加失业率、造成经济损失和影响其他相关行业等。

1. 旅游危机增加失业率

社会发展规律显示，社会经济发展程度越高，服务业的就业人口与产值的比重就越大。旅游业作为劳动密集型产业，对解决就业问题起到了十分重要的作用。在一些国家，由于劳动力成本较低，旅游业对就业人数的作用相对更高。一旦发生旅游危机，不但导致旅游行业现有从业人员失业，更会增加就业压力，并且连带其他与旅游行业相关部门人口的失业。

2. 旅游危机影响其他相关行业

旅游业是一个关联度很强的产业。旅游业危机不仅直接造成旅游市场的严重下滑，也会波及相关产业的经济效益和社会效益，影响到旅游产业在一个时期内的持续稳定健康发展。旅游业的发展既受制于其他行业的发展状况，也影响其他行业的发展。危机造成旅游行业萎缩，为旅游业提供供给的上游部门和依靠其发展的下游部门的需求也将会出现萎缩。例如，航空运输业是与旅游活动相关较大的行业，是旅游产品的供给部门之一。危机期间旅游业的低迷使得大量旅游者取消旅行计划，航班上座率也会因此下降，航空公司也会出现经济指标的快速下滑。

第五节 旅游危机的应对

近年来，许多行业和企业遇到了各式各样的危机。成功处理危机的行业和企业都力争在第一时间内向公众表明态度，采取种种措施，尽力控制危机的发展。

一、迅速反应，把握危机应对的最佳时间

当危机来临时，旅游行业和企业应该马上予以重视。在第一时间做出反应，充分利用第一个"24小时"，控制危机的局势，阻止不利旅游情势的蔓延，从而最大可能地降低危机对行业和企业造成的伤害。由于旅游危机的突发性、紧迫性和危害性，当危机降临时，旅游行业和企业必须抓紧每分每秒以最快的速度启动危机应对计划。如果初期反应滞后，将会造成危机的蔓延和扩大。

二、查找危机根源，迅速做出危机决策

危机发生后，旅游行业和企业应该查找危机的根源，即查明到底是什么

导致了危机的发生。在这之前，旅游行业和企业应该实事求是，情况是怎么样就是怎么样，不可任意描述，更不可一口否认。事实上，人们此时关心的不仅仅是旅游危机事件本身，更关心的是旅游行业和企业的决策者对于危机事件的态度。这种决策的核心内容首先是对危机的性质进行界定，其次对危机已经造成的损失和引发危机的原因进行初步判定。

三、勇担社会责任，实施危机隔离与救助

危机的应对必须尊重公众的权益，危机到底给公众带来了多大的不便及利益损害，采取什么样的措施对公众进行补偿等，这是旅游行业和企业必须考虑的。旅游行业和企业不仅要关注自身的效益，还必须对社区的环境承担责任，以实现旅游企业和经济社会的可持续发展。由于危机具有不确定性，并且演变迅速，所以首先必须对危机进行隔离，这样就可以保持社会公众生活的正常，避免可能造成更大的公众伤害。其次，由于旅游者在危机事件中是弱势群体，常常处于孤立无援的状态，迫切需要得到外界的帮助。旅游管理机构和旅游企业必须马上采取救援行动，对受到伤害的旅游者实施救助。救援人员需要受过专业的训练，救援方案和救援所需器材必须事前有所准备。最后，必须采取行动阻止危机的蔓延和破坏，尽可能地降低危机造成的消极影响。

四、积极面对公众，争取外界援助

危机爆发后，旅游行业和企业一定要积极面对公众，不能推三阻四或者沉默寡言；面对公众的质疑，要保持开放心态，遮遮掩掩只会阻碍危机的顺利解决，会对旅游行业和企业的美誉度产生更大的伤害。应长远考虑，不要在乎短期的利益。由于旅游危机涉及面广，所以旅游目的地可以借助危机预警期建立的危机预案迅速与外界救援组织建立联系，建立外界救援渠道。

五、发挥高层作用，寻求权威认同

无论是危机预防还是处理，旅游行业和企业的负责人或高层领导对危机的重视和直接参与都极其重要。管理高层的直接参与，可以最大限度地组合利用各种资源，减少危机引起的内部混乱，更关键的是让公众看到旅游行业

和企业处理危机的诚意，这样可以提升公众的信心，起到稳定危机局面的作用。同时，还可以积极借助外力，确立相关专家的认同。

六、加强信息沟通

在沟通方面，旅游行业和企业要坚持诚实和透明，应通过媒体中心迅速发布准确可靠的危机信息，及时向其他社会组织诸如公安部门、防灾减灾组织、航空公司、饭店协会、旅行经营商和世界旅游组织通告危机的有关情况。在对外宣传方面，旅游行业和企业应主动向合作伙伴提供关于危机的灾害程度、救助行动、安全保障服务以及防止灾害再发生的举措，通过政府帮助行业恢复和吸引旅游者返回，实施金融救助或财税措施支持旅游企业。此外，旅游行业和企业在发生危机时，都必须积极面对媒体。

七、收集舆论动态，及时调整应对策略

危机处在不断发展之中，媒体的报道也应相应地改变，旅游行业和企业要及时收集舆论的变化，调整应对策略。有时媒体就危机中的某一问题提出猜测，旅游行业和企业要及时地回复。有时媒体提出了批评，旅游行业和企业则要认真思考媒体的批评是否正确，然后予以相应的回复和调整自己的行为。在危机应对全过程中，旅游行业和企业要尊重媒体报道。

第四章 旅游安全概述

第一节 旅游安全的概念

一、旅游安全相关概念

（一）不安全的相关概念

风险，是指由旅游系统内部的潜在隐患或外部环境的变动所造成的不确定的负面影响或损失。描述某类灾害风险时，需从事件场景、发生概率或可能性以及造成的负面后果三个方面进行。

事故，是指个人或集体在为实现某种意图而进行的活动过程中，发生主观上不希望出现的导致活动暂时或永久停止的意外突发现象。事故发生的后果可分为死亡、疾病、伤害、财产损失或其他损失五大类。事故的发生具有随机性，且发生原因复杂，很难准确地预测其发生的时间、地点和性质。根据"海因里希事故法则"，重伤或死亡事故、轻伤或微伤事故、无伤害事故发生的比例为 1 ： 29 ： 300。

事件，一般指特殊的、反常的事故，包括自然事件和社会事件。自然事件是指因自然事物非常态发展而产生的灾害，如地震、雪灾、海啸等；社会事件是指不依当事人意志产生的、社会非正常运行所引发的事件。该事件如果进一步发展，给旅游系统造成持续消极的破坏或损失，则称之为负面事件。突然发生，造成或者可能造成重大人员伤亡、财产损失、生态环境破坏，严重危害社会、危及公共安全且需要采取应急处置措施予以应对的负面事件，称为突发事件。

危机，是指在旅游系统及其子系统中因内外部环境的变化或突发事件的发生，导致产生影响旅游系统正常运作、生存和发展的情况。危机具有突发性、不确定性、破坏性、时间紧迫性、变化联动性等特征。危机一般以某一事件为前兆或导火线，即通过偶然的、独特的突发事件的形式表现出来。

（二）安全的相关概念

安全，是指免受不可接受的损害风险的一种状态。不可接受（承受）风险的发生，通常会造成人的伤害或物的损失。因此，"无危则安，无损则全"，将系统的运行状态对人和物可能产生的损害控制在人们能够普遍接受水平以下的状态，称为安全。

旅游安全，是指旅游系统中各相关主体免受不可接受的损害风险的状态。旅游系统的相关主体包括旅游活动中涉及的人（旅游者、旅游从业者、当地居民等）、物（设施和设备）、环境等；损害风险包括旅游活动各环节中的不安全因素。

旅游安全问题，是旅游系统中表现出来的与旅游安全相矛盾或冲突的各种现象，包括旅游系统中各相关主体的安全思想、安全意识问题，也包括发生在旅游系统各环节或旅游活动中各相关主体间的安全事故事件。

旅游安全管理，是通过持续的风险识别，采取科学的方法和措施，把旅游系统中人的伤害和物的损失风险降低并保持在可接受的水平以下的一系列计划、组织、协调和控制活动。旅游安全管理包括旅游安全政策制定、安全理论研究、安全宣传教育、安全设施防控、事故应急救援、旅游危机处理等。

二、旅游安全问题的特征

旅游安全问题是现实存在的，旅游业的特性决定了旅游安全问题有其自身的特征。

（一）广泛性

旅游活动涉及诸多方面，各种旅游安全问题广泛存在于旅游活动的各个环节。就整个社会而言，旅游安全事故是不可避免的。旅游安全涉及的人员众多，除旅游者外，还与旅游地居民、旅游从业者、旅游管理部门以及包括公安部门、医院等在内的旅游地的各种社会机构相联系，影响广泛。因而，

旅游安全也是社会舆论关注的焦点,安全事故会引起传媒以及社会大众的强烈关注。

(二)隐蔽性

事故往往有一定的隐蔽性,发生前的征兆一般不是很明显,让人难以做出准确的预测,而一旦爆发,往往难以控制。事故的隐蔽性造成了事故防范的困难,因此,旅游地应建立安全预警系统,不断监测安全状况,收集整理并及时汇报可能威胁旅游地安全的信息,以便及时采取措施,将风险消灭在萌芽状态,同时还应提前决策,精心策划全面的事故反应计划,以便在事故来临时从容应对。

(三)突发性

发生在旅游系统中的各种安全问题,往往不期而至,常常在意想不到、毫无防备的状况下突然发生,爆发前基本没有明显征兆,令人猝不及防。因此,旅游管理部门、旅游企业、旅游从业人员在平时要有处理各种突发事件的准备,在突发旅游安全事故时就能做出有效反应,在事故产生灾难性后果之前采取各种有效的防护、救助、疏散和控制事态的措施。

(四)复杂性

旅游活动是一种开放性活动,旅游目的有娱乐、度假、运动、商务、会议、学习、探亲、访友等,因而旅游者五花八门,导致旅游企业面对的服务对象十分复杂,其安全管理涉及的环节也十分复杂。另外,旅游安全的影响因素广泛而复杂,包括自然、政治、经济、社会环境等方面,旅游安全工作除防火、防食物中毒外,还要防盗、防暴力、防各种自然及人为灾害等,具有极大的复杂性。

(五)扩散性

扩散性是对旅游安全事故的影响过程和范围而言的。随着旅游经济的发展和交通、通信技术的发展,旅游地事故影响的范围不断扩大,旅游的关联产业也受到影响。随着事故"涟漪效应"的出现,其影响和危害逐步扩散,一些初始事故可能会引发更大的事故,并可能衍生出新的危机。

(六)破坏性

旅游安全事故对过去的稳定状态构成了一定的威胁,不仅使旅游者蒙受经济损失，遭受生命威胁，还可能造成社会秩序紊乱，对公众心理造成障碍。不论是什么性质和规模的安全事故，都会不同程度地给旅游系统及关联产业造成破坏和损失，如人员伤亡、经济损失、环境破坏、形象受损、竞争力下降等。

三、旅游安全事故生命周期

旅游安全事故演化的生命周期可以分为五个阶段：休眠期、初发期、发展期、控制期、消除期。在不同阶段，旅游安全事故对旅游系统的影响方式、影响程度和表现特征有所不同，旅游安全管理必须根据安全事故的不同阶段，采取有针对性的预防和治理措施。

（一）休眠期

休眠期是旅游安全事故的酝酿期。在这一过程中，与旅游安全事故诱因相关的各种要素相互作用，它们之间的矛盾、冲突不断地形成和积累，直到旅游安全事故的发生。旅游安全事故在休眠期具有隐蔽性，不容易被人们察觉。

（二）初发期

初发期是从第一个前兆出现到开始造成可感知的损失这一阶段。旅游安全事故在初发期影响的范围和程度都较小，而由于危害程度太小，很少引起人们的足够关注和重视。旅游相关企业如果能及时监测和发现安全事故的初发征兆，及时采取适度的行动，就能有效地避免或抑制旅游安全事故的发展，控制旅游安全事故造成的损失。

（三）发展期

发展期是旅游事故影响范围快速扩散、影响程度急剧上升的时期，会对旅游系统造成明显的损害。如果事故没能得到及时控制，造成的损害还会迅速地加深、积累和扩散，对旅游组织的生存能力造成直接威胁，对旅游系统形成全面打击。

（四）控制期

控制期是旅游事故的危害程度从顶峰转而下降，矛盾和冲突不断减弱，危机形势逐渐趋缓的时期。这一时期旅游安全事故已经得到有效的控制，旅游系统开始恢复，但要恢复到事故发生前的状态，仍需假以时日。

（五）消除期

消除期是引起旅游事故的因素已经消除，造成的损害已经得到弥补，旅游系统已经恢复到原有或正常的状态。

第二节 旅游安全事故的类别

旅游安全事故可以划分为自然灾害、事故灾难、公共卫生事件和社会安全事件。

一、自然灾害

自然灾害是自然界物质运动过程中一种或数种具有破坏性的自然力，通过非正常方式的释放而引发的具有危害性的事件。

（一）自然灾害

自然灾害难控制，危害性大，对旅游业的影响较重。自然灾害根据产生灾害的自然要素不同分为地质地貌、气象气候、海洋等灾害。地质地貌灾害包括地震、火山、泥石流、滑坡、崩塌等，其中破坏性最大的是地震；气象气候灾害包括台风、暴雨、暴风雪、酷暑、严寒等。

（二）生物危害

生物危害主要是指生物对旅游者带来的伤害与威胁。有毒昆虫、植物也容易给旅游者带来皮肤疾病或身体伤害，澳大利亚就经常出现毒蜘蛛和毒蛇咬人的事件。

（三）自然因素和现象

自然因素和现象包括缺氧和高山反应、极端气温、生物钟节律失调等。缺氧和高山反应多发生在海拔较高的旅游地，并可能由此引发肺气肿、脑肿等致命的症状。极端气温主要是指极端高温（如沙漠）和极端低温（如两极和高山）。生物钟节律失调表现在人们远途旅行中，往往伴随着疲乏、睡眠障碍、食欲不振现象的出现。

二、事故灾难

事故灾难是由于人的行为失控或不恰当地改造自然，导致发生违反人们意志、迫使活动暂时或永久停止，并且造成人员伤亡、经济损失或环境污染的意外事件。

（一）交通事故

在旅游过程中，旅游交通事故是造成伤亡人数最多、影响最大的事故之一，包括民航、铁路、水运、公路等交通运输事故。随着私家车的普及，自驾游旅行增多，进一步增加了旅游交通事故的风险。

（二）火灾、爆炸

旅游地的火灾、爆炸事故主要发生于旅游地周边的酒店、宾馆等，一些古建筑、山区也易发生火灾。火灾与爆炸往往会造成严重的后续反应，如基础设施破坏、财产损失等，甚至造成整个旅游系统的紊乱。

（三）游乐设施事故

游乐设施是指游乐园（场）中采用沿轨道运动、回转运动、吊挂回转、场地上运动、室内定置式运动等方式，承载旅游者游乐的现代机械设施组合，如滑行车、观览车、转马、空中转椅、碰碰车、光电打靶等。

由于游乐设施的特殊性，一些大型的、惊险的设施可能存在危及人身安全的隐患，如不加强管理，就可能造成严重的事故。伤害事故类型中后果最严重的是严重机械伤害事故，如高处坠落、跌伤、飞甩、夹挤或碾压等，一般机械伤害事故（卷绕、绞缠、碰撞、擦伤等）和其他类型事故（触电，因振动、噪声带来的不适，因失火造成的窒息、烧伤等）也会造成严重后果。

三、公共卫生事件

公共卫生事件是指对公众健康和生命安全造成或者可能造成巨大危害的突发性事件。

（一）食物中毒

食品安全问题主要表现为食物中毒。食物中毒的主要原因是食品生产经营者疏于食品卫生管理，对食品加工、运输、储藏、销售等环节的卫生安全

不注意；滥用食品添加剂或者将非食品原料作为食品销售；误食被亚硝酸盐、河豚、毒蘑菇、鼠药污染的食物等。

（二）传染病

传染性疾病在旅游者中间发作，会对旅游者的健康造成危害，影响旅游活动的开展。在与旅游活动有关的传染病中，最具威胁的多为热带地区环境所特有的疾病，如疟疾、登革热等。

（三）疾病

旅途劳累、受伤、旅游异地性导致的水土不服和食品卫生问题等可能诱发旅游者的疾病，胃肠功能紊乱、"上火"、便秘等是旅途中旅游者常出现的疾患症状。

四、社会安全事件

社会安全事件是指由于社会环境系统的不协调而导致旅游系统受损的事件。

（一）人群事故

旅游地人员较多，较易聚集在一起，一旦客流量超出区内硬件环境支持的能力和管理调度指挥的承受能力，就有可能引发人群事故。踩踏事故是人员密集地可能发生的最严重的人群事故之一，其后果严重，会造成大规模的人员伤亡、财产损失。

（二）设施损坏

旅游者的增加可使原本能正常运行的设备、运营场所不能正常工作，甚至会对原有的场所、秩序、设备造成破坏。同时，也使得任何微小的不安全因素甚至原本不存在安全隐患的因素的危险性增大，引发事故。例如，人员过多或局部密集，可能导致建筑物超载，进而可能破坏建筑结构，造成事故。

（三）治安犯罪

犯罪给旅游者造成创伤的严重性及其影响的社会性，使得犯罪成为旅游安全中最引人瞩目的表现形态之一，并在很大程度上威胁旅游者的生命、财产安全。旅游活动中存在的犯罪现象及数量众多，其中尤以侵犯公私财产类的偷窃和欺诈最多。

第三节 旅游安全事故发生的原因

旅游安全事故发生的原因是多方面的，归纳起来，有人的不安全、物的不安全、环境的不安全三大类，管理、个人、设施、设备、自然、社会六个方面的原因。

一、人的不安全

（一）管理因素

1. 旅游开发不当

旅游资源的开发利用在一定程度上破坏了旅游地的山体、水体、大气、动植物群落及其生态环境，会引发一些旅游灾害事故的发生，加重旅游环境的不安全。例如，道路、酒店等建设过程中引发的山体滑坡、岩石崩塌；旅游设施建设中砍伐树木导致水土流失加剧，遇上暴雨可能形成泥石流灾害。

2. 预防措施不足

旅游管理者应对事故的预防措施不足，如报警渠道不畅、信息系统建设滞后等，会导致信息阻塞、迟缓，从而不能把事故扼杀在摇篮之中。此外，旅游管理者对各种灾害的发生缺乏应有的预见性，不能及早防范风险，一旦产生事故导火索，预防措施的不完善就会诱发部分旅游者越过安全限定范围，或进行本该加以严格限制的行为，从而发生旅游安全事故。

3. 应急能力不够

事故发生时，旅游管理者如能沉着、冷静、正确、及时地应对，做到紧急救治和有序调控，最大限度地控制事态的发展，伤亡和损失就会减小到最低程度。

（二）个人因素

很多事故都是人为因素造成的，其中除了主观认识、个人行为、工作责任心等因素外，人的生理极限也是不可忽视的因素。

1. 主观认识不足

一些旅游从业人员安全意识淡薄甚至认识错误，对旅游服务设施存在的安全隐患视而不见，对岗位职工的减灾技能培训和防灾知识的宣传教育不重视，对安全事故的防治只是被动地配合，没有真正落到实处；一些管理层片面追求利润最大化，忽视甚至放弃安全生产，或者存在侥幸心理，导致事故发生。旅游管理机构和管理者应树立"安而不忘危，治而不忘乱，存而不忘亡"的安全意识，充分认识到安全管理的重要性和必要性，加强对各类旅游组织的安全管理，提高风险敏感度，从源头上防止旅游安全事故的发生。

2. 逃生反应不快

由于信息不对称，人们在遭遇各类灾害时，第一反应往往是不相信灾害的发生，大约75%的人会产生精神性麻木，反应迟缓，出现在灾害发生时发呆的现象。

3. 个人行为不妥

在旅游活动中，旅游者为了追求精神的愉悦与放松，对旅游地的安全感知失真，对风险的警惕性降低，对安全防范有所松懈，产生一些不妥的行为，如错误操作、忽视警告，造成安全装置失效；抱有侥幸心理，无视旅游地的安全标识和各种安全管理条例，使用不安全的设备，冒险进入危险场所，攀坐不安全位置；有逆反心理，明知有危险但仍采取不安全行为，在必须使用个人防护用品用具的场合（如水上活动），未按规定使用防护用品用具；有冒险心理，部分旅游者刻意追求刺激、高风险的旅游项目（高空、高速、水上、潜水、探险等）。这些行为增大了事故发生的可能性。

4. 应急措施不当

当个体了解自身已处于危险之中时，绝大多数人的第一反应是逃避，即尽可能以最快的速度、最短的路径逃离危险的场所，但由于逃避措施不当，如火灾时乘电梯逃离，从而造成人员伤亡。面对危险，人会出现恐慌。据统计，遇到灾难时，只有10%～25%的人头脑清醒、行动果断；60%～75%的人思维混乱、茫然失措；而15%左右的人焦虑惊恐、情绪崩溃，他们哭泣、尖叫甚至妨碍他人疏散。适当的恐慌可以提升人的反应能力，但超过限度的恐慌会造成人的思维停滞、反应水平下降，影响人的正常应急行为，况且很多旅游者没有掌握应急知识和技能，可能会导致灾难扩大。

二、物的不安全

（一）设施因素

一些旅游服务设施在设计建设中存在缺陷，如建筑物、构件等消防安全不达标，采用易燃建材，埋下安全隐患。此外，旅游服务设施在营运过程中，缺乏检查、维护和保养，也是导致事故发生的重要因素之一，如酒店对供气管道的维护保养不够，造成管道腐蚀严重，就可能发生安全事故，造成人员伤亡和财产损失。

（二）设备因素

一些个人安全防护、保险用具或设备，如防护服、手套、护目镜及面罩、呼吸器官护具、听力护具、安全带、安全帽、安全鞋等，如果存在设计缺陷，且设备实际使用年限超过设计使用年限而导致老化并磨损严重的，都可能存在安全隐患，从而引发事故。

三、环境的不安全

环境的不安全状态会干扰旅游者的正常思维，使其失去应有的判断能力，刺激并诱发旅游者产生不安全行为；而旅游者的不安全行为会加剧环境状态的不安全程度，引发新的不安全环境状态，如油料着火时，用水来灭火，反而加重了火势。

（一）自然因素

1. 自然环境引发

地质构造、地貌条件、气象气候、水系水文及植被条件等要素的影响，导致诸如地震、火山、暴雨、洪涝、滑坡、泥石流、台风、海啸等自然灾害的发生，威胁旅游者和旅游地社区公众的生命财产安全，对旅游资源和设施造成破坏。

2. 环境条件影响

某些环境条件的组合可能会导致安全事故，如光线不良、交通线路配置不当造成交通事故；场所狭窄、杂乱引发人群事故；通风不良、环境温度和湿度不当影响旅游者健康，引发某些疾病；地面湿滑导致旅游者摔伤等。

（二）社会因素

1. 社会政治态势

在爆发战争的区域或社会秩序极度混乱的地区，不仅旅游资源和设施可能会遭到破坏，旅游者的生命财产安全也极难得到保障，旅游事故的发生几乎成为必然。

2. 经济发展水平

随着生产力和生产方式的发展，事故的类型也随之增加。在经济发展过程中，会引发一些犯罪和社会问题，给旅游治安环境埋下隐患。经济发展水平还会间接地影响旅游安全，如经济发展水平决定当地旅游设施的质量及安全性、管理水平的高低，而相关设施的不完善、设施设备的质量不佳、管理水平的落后则是造成旅游安全事故的重要原因。

3. 其他行业影响

旅游业的行业边界比较模糊，其发展较多地依赖其他行业和产业，为旅游业提供服务的交通、商业、通信、林业、农业、保险等行业和部门都与旅游业有关联，它们的协作配合支持着旅游业的发展。一旦旅游业的关联依赖产业出现问题，便可能诱发旅游安全事故。

4. 民风民俗差异

旅游者与旅游地居民之间因民风民俗的差异引起相互之间的误会导致冲突发生，会引发旅游安全事故。旅游地居民受教育程度的高低，直接影响着当地的居民素质和社会风气。居民有较高的文化程度和良好的文化修养，当地社会风气良好，居民待客热情、友好，旅游服务规范，主客关系融洽和睦，则安全保障系数高；反之，则易引发旅游安全事故。

第四节 旅游安全事故的影响

旅游安全事故的影响是指旅游安全事故对旅游地的各类利益相关者造成的各种后果。旅游安全事故的影响力大小由多种因素所决定，一般可以通过定量指标来测出，如事故影响的地域范围、事故影响的持续时间等。

一、消极影响

（一）直接影响

1. 相关人员伤亡

旅游安全事故的发生，使旅游系统及外围影响范围内的人员直接处于事故场景之中，致使人体机能部分或全部丧失，造成人员伤亡。

2. 旅游者心理受伤

安全事故发生后，经历事故过程的旅游者往往会产生心理危机，出现悲伤、焦虑、恐惧、失眠、烦躁、易怒等症状。幸免于难的人会不同程度地存在心理问题，如恐惧灾难、面对亲人的死伤难以振作。事故中的不确定因素还会对潜在旅游者的旅游预期心理产生威胁，直接影响其旅游动机的产生，以及旅游后对旅游地的评价。

3. 设施设备损毁

安全事故会损毁当地的道路交通、饭店餐馆、娱乐设备等旅游服务设施设备，致使旅游地暂时不具备旅游接待条件，特别是对交通干线或交通枢纽的破坏，会切断客流，而且其恢复过程漫长。

4. 旅游资源破坏

自然灾害、火灾、爆炸等突发事件的发生，会使旅游资源遭到毁坏，使旅游资源的游览价值降低或者不再具有游览价值。旅游资源尤其是历史建筑和文物古迹大多不可再生，安全事故可能会使宝贵的文物古迹毁于一旦。

5. 旅游环境污染

事故可能污染目的地环境,影响旅游业的发展。

(二)间接影响

1. 旅游形象受损

旅游安全事故本身虽具有偶然性和短效性,但旅游者可能因此对目的地的安全性和旅游体验价值产生怀疑,影响对旅游地的形象感知,旅游地的消极形象影响因此增加,积极形象影响降低。有时事故的直接影响并不严重,但事件处理方式、处理过程、竞争者的影响等其他因素也会影响旅游地的声誉,譬如信息传递不及时、不准确,使旅游者产生怀疑和恐慌,使旅游地形象受损。

2. 旅游者人数下降

旅游安全事故会导致旅游者数量非常规性减少。

3. 旅游经济受损

伴随着旅游者人数下降而来的是旅游直接经济收入的减少,而间接经济损失至少是直接经济损失的 3 倍,从而导致旅游行业的运行秩序被打乱,旅游企业的经营活动受到干扰,旅游设施和旅游供给大量闲置,旅游从业者收入降低或失业,造成人力资源浪费、流失和不良情绪滋生。另外,旅游经济受损导致旅游企业的营利能力下降,如果持续时间较长,一些规模小、结构单一、市场竞争力弱的旅游企业会面临生存问题,情况严重时甚至可能造成区域旅游业瘫痪。

二、积极影响

(一)增强员工安全意识

旅游安全事故的发生,会使旅游管理者和旅游者的安全意识和危机应对知识得以增强,对以前旅游发展方式和旅游消费行为进行反思,从而改变不良旅游消费行为。

(二)提升旅游管理水平

为了提高旅游事故的应对能力,旅游机构就会对原有的陈旧管理体制做出一定的调整,使之不断完善,并且提升管理水平。因此,旅游机构应当汲取事故的经验教训，学习和建立安全预警、控制事故局面的有效方法和体系。

（三）增强风险抵御能力

灾害在破坏旅游资源或旅游设施的同时，也可能衍生出新的旅游资源，旅游地可以借此丰富旅游产品结构，从而促使旅游产业素质的提升，增强旅游企业抗风险能力。

三、影响对象

旅游安全事故影响涉及的对象包括旅游者、旅游企业、旅游目的地、旅游组织、竞争者、投资者、媒体等。不同群体由于在整个旅游系统中所处的地位不同，受到的影响形式和影响程度不同，在安全事故发生后的反应和采取的行动也各异。

（一）旅游事故的利益相关者

旅游安全事故发生时，受影响的利益相关者可分为直接利益者、关联利益者和公共利益者。直接利益者通过提出对旅游地的具体期望和要求来表达自身利益，如旅游者和旅游企业等；关联利益者指与旅游有关联的社会群体，如各类旅游组织和旅游协会等；公共利益群体是与旅游地有着公共利益关系的人员，如当地居民、媒体等。

（二）旅游事故的影响人员

旅游安全事故影响人员之间的关系表现为三个层次：直接影响层次、影响媒介层次和间接影响层次。直接影响层次包括事故的遭遇者、处理者和责任者，影响媒介层次包括监管者和传播者，间接影响层次包括关注者、规避者和关联者。各人员之间对事故产生不同的反应，相互之间也存在各种影响，共同组成一个安全事故影响的网络结构。

四、影响途径

旅游安全事故通过三条途径产生影响：一是作用于旅游安全事故发生地，事故的破坏作用，使旅游资源遭到破坏，游览价值降低或不再具有游览价值，也可能导致旅游娱乐、服务接待设施受损，影响当地的旅游接待能力；二是作用于旅游通道（包括交通通道和信息通道），事故可能破坏旅

游交通的通达性，影响旅游活动的进行和旅游活动的实施，另外也会通过信息通道损害目的地在旅游者心目中的感知形象；三是作用于旅游客源地，通过影响客源地公众的心理预期和行为模式，直接破坏旅游需求市场。

第五节 游览安全问题及管理

一、概述

游览是旅游活动中的核心内容和精华所在，既是旅游者兴致最高的时候，也是最容易发生不安全事故的时刻。

游览安全是指在游览活动（或在旅游景区）中出现的安全问题。与其他安全类型比较，游览安全具有其特定的特点和规律。

游览安全管理的任务就是掌握和发现游览安全几种主要表现形态的特点和规律，采取措施杜绝游览安全事故的发生。与其他安全管理相比，游览安全管理具有安全责任更大、安全管理难度更大、技术更高、不安全因素更多的特点，因此，游览安全管理比其他安全管理更为复杂和困难。

游览必须依靠一定的载体，这个载体就是旅游目的地或旅游景区。由于旅游景区的地域性特征，旅游景区往往成为游览安全问题的高发地。因此，旅游景区安全管理成为游览安全管理的核心内容。

二、游览安全的表现形态

游览安全主要有自然灾害、旅游设施安全事故、疾病、火灾、其他意外事故等表现形态。

（一）自然灾害

自然灾害是游览安全中常见的表现形态之一。威胁人类生命、破坏景区旅游设施的自然灾害大体包括气象灾害、地质地貌灾害和其他自然灾害三大类。气象灾害包括台风、气旋和龙卷风、洪水、雪暴、沙暴等；地质地貌灾害包括地震、火山喷发、海啸、滑坡、岩崩、雪崩、泥石流等；其他自然灾害主要是森林火灾。

（二）旅游设施安全事故

旅游设施安全事故指因景区空中、地面、水面上游览交通、服务设施出现问题而引发的安全事故。最常见的游览设施安全事故有景区空中缆车索道事故，游艇、皮划艇、竹筏等漂流事故，围栏、护栏失控事故等。

（三）疾病

游览中的疾病是指旅游者由于旅游目的地和景区特殊的地域环境和自然条件而引发的疾病。例如，旅游者在高海拔旅游区常出现缺氧和高山反应症状，这种疾病严重时，可能导致死亡。

（四）火灾

主要指由自然原因或人为原因引发的景区森林大火灾，可划归为自然灾害一类。

（五）其他意外事故

其他意外事故指在游览中由其他不可控、不可预期的意外因素引起的安全事故。

三、景区旅游安全事故类型

从旅游景区类型的角度，景区旅游安全事故可以分为两大类。

（一）自然资源类景区旅游安全事故类型

在自然资源类景区，社会环境相对简单，人口构成单一。旅游安全事故的诱因主要集中为游客个人因素或行为，如游客旅行技能、自然灾害、游客身体及心理素质等。安全事故类型主要为：机动机械活动类、自行车活动类、飞行活动类、跳跃活动类、撞击类、水域活动类。

（二）人文资源类型景区旅游安全事故类型

人文资源类型的景区多在人口集中的城镇，有些城镇本身就是旅游景区。旅游环境社会复杂性是这类景区的最大特点之一。这类景区人口构成复杂，游客与当地人交错，旅游活动以朝圣、观光、购物、饮食、娱乐等为

主，人为造成的安全事故如偷盗、欺骗、食物中毒等占主要比例，旅游安全事故具有较强的社会性。

四、游览安全管理的任务与特点

（一）游览安全管理的任务

游览安全管理的任务是研究游览活动中的安全规律与特点，发现、分析和杜绝游览活动中存在的安全隐患和不安全因素，从而采取适当的管理措施和手段，确保游览安全。具体包括：①建立健全安全组织和制度。②加强设施设备的安全管理，制定安全操作规程。③审查基建工程的安全程度，组织落实各项安全核查工作。④配置安全设施设备，对游览区域进行安全监控。⑤防范、控制与处理游览安全事故。

（二）游览安全管理的特点

游览安全管理具有以下三个显著的特点：

1. 不安全因素多

游览安全管理涉及日常生活和旅游活动中的诸多环节，除人为因素造成的与其他环节相类似的犯罪以外，还有其他环节少有的游乐设施设备安全事故，如空中、地面、水面游览设施安全事故等，更有其他环节所没有的自然因素引起的疾病和景区自然灾害等。因此，相对于旅游活动的其他环节，游览活动中的不安全因素相对更多、更复杂。

2. 安全管理范围广、难度高、要求严

游览过程中，旅游者流动性强，而且逗留时间短，人流量大，涉及面积广，因此，游览安全管理范围广、难度高。游览安全事故具有多种表现形态，且不同形态的安全事故造成的损失与影响都较大，安全事故的控制、管理和处理时效性较强，这就对游览安全管理提出了更高要求。

3. 安全管理责任大

作为游览区域的旅游景区景点，是旅游者比较集中的地方，既有国内旅游者，也有国外旅游者。游览地是国家对外宣传的一个窗口，游览安全问题控制与管理的好坏，不仅直接影响到旅游者的生命、财产安全，而且还会影响到国家经济、政治安全，甚至影响到国家形象。

五、游览安全控制与管理

由于景区景点是游览活动的载体，旅游景区的安全管理是游览安全管理的核心内容，因此，本节的游览安全控制与管理主要探讨景区景点的安全控制与管理。

（一）景区安全管理的相关法规条例

1. 国家法规条例

景区安全管理有关的法规条例主要有《中华人民共和国治安管理处罚条例》《风景名胜区管理暂行条例》《风景名胜区管理条例》等。

2. 地方性法规条例

除了国家上述法规条例规定外，各地政府、各旅游景区也相应出台了一些相关的法规条文。如《广东省风景名胜区条例》《福建省旅游条例》等。

3. 国家标准规定

国家标准《旅游区（点）质量等级的划分与评定》。

（二）景区安全管理机构与安全管理制度

1. 安全管理机构

景区安全管理机构包括两个范畴：一是全员安全管理机构，即景区所有管理机构均承担安全管理的部分职责。景区所有管理机构部门都负有安全管理的责任，全体员工均应在其工作岗位上做好景区安全工作。景区安全管理制度均适用于景区所有管理部门。二是根据景区具体情况，设立专门性的景区安全管理机构。景区安全管理机构是景区负责安全管理的全职机构，具有景区安全管理的权威性，在景区最高机构指导下贯彻实施有关法规条例，负责景区日常安全管理工作和景区安全的防范、控制、管理与指挥工作。

2. 安全管理制度

景区安全管理制度是在国家相关法规条例指导下，为保证景区员工和旅游者人身及财产安全所制定的符合景区安全管理实际情况的章程、程序办法和措施的总称，是景区员工做好安全工作所必须遵守的规范和准则。景区安全管理制度主要包括以下五个方面：

（1）安全岗位责任制

安全岗位责任制规定了景区员工在工作岗位上所担负的安全工作范围、内容、任务和责任，并把安全工作的具体任务和责任明确到每个人身上，以达到全员安全管理的目的。

（2）领导责任制

安全管理实行"谁主管，谁负责"的总原则，因此，景区实行安全管理的领导责任制度尤为重要。由于安全工作政策性、法律性和专业性都比较强，领导责任制规定了领导的安全管理的具体职责和标准，以便于对领导进行考核，以及发生重大安全问题时进行法律责任追究。

（3）重要岗位安全责任制

对于容易发生安全问题，或者安全问题一旦发生影响巨大的部门，如易发生火灾的林区，应该为其配备专门的安全管理人员，制定重要岗位安全责任制。

（4）安全管理工作制度

按照景区安全管理的客观要求，规定安全管理的范围、内容、程序和方法，是整个景区安全管理的制度，也是指导景区开展各项安全活动的准则和规范。例如，库存管理制度、值班巡逻制度等。

（5）经济责任制

按照责、权、利对等原则，将工作成效与员工经济利益挂钩，从而调动全体员工做好安全工作的积极性，促进和保证各项安全制度的贯彻落实。

3. 景区安全管理

（1）景区安全控制与管理

一般情况下，景区的日常安全管理工作由地方治安管理部门和相关的旅游机构共同负责或分别管辖，采取的工作方式大多为：在事故发生后或正在发生时，由有关的管理人员赶往现场进行处理。这种管理方式已不能适应要求相对较高的景区安全工作的需要。因此，必须提出采用以防为主、防控管结合的景区安全管理模式。

以防为主、防控管结合的景区安全管理模式是由景区安全预警系统、景区安全控制系统和景区安全保障系统组成的。

①景区安全预警系统

景区安全预警系统由景区信息系统、宣传教育部门、市场营销部门等构成，其主要任务是发布景区安全管理法规、条例，并通过教授各种安全知识，提高景区从业人员、旅游者、景区居民的安全意识，从而提高旅游者的安全防范能力。具体工作内容包括：

针对景区内旅游者流动性大的特点，当地旅游管理部门可以配合治安管理机构在车站、码头、旅馆等旅游者集散地设置安全宣传栏和发放安全宣传手册，在景区事故频发的偏僻地段设置安全宣传橱窗与告示牌，提醒旅游者在旅游过程中的注意事项及突发情况下的应急措施；也可在导游图等旅游宣传册上介绍景区的安全保障情况和游览注意事项，以提高旅游者的安全防范意识和自我保护能力。

对景区的居民进行深入的普法教育。通过宣传橱窗、广播电视、幻灯片等方式进行定时定点的法制宣传教育，提高他们的法治观念和守法意识。对经济较落后的景区内居民开展"旅游脱贫""旅游致富"的宣传教育，加深当地居民对旅游业经济功能的认识，让他们了解景区安全的旅游环境与他们切身利益的密切相关性，发动当地居民自觉维护景区的治安环境。

景区在旅游旺季到来之前，进行有针对性的反营销宣传活动。与一般的促销宣传相反，这类旅游宣传应从减少旅游需求方面着眼，着力降低景区旅游旺季的高峰流量，将游客量控制在景区所能承受的旅游饱和范围之内，以此来减轻景区巨大的环境保护和安全保障压力。

景区的信息部门、旅游宣传机构应与当地治安管理部门加强在执法与安全信息发布方面的合作，同时争取景区内其他各部门广泛的理解、支持和参与。通过制订统一的景区安全信息发布与宣传教育的工作计划，明确各自在这项工作中的责任和角色，采取"明确职责、密切配合"的协同工作方式来发挥各部门的作用，提高安全预警功能。例如，景区旅游宣传机构重点负责对景区内的旅游管理人员和旅游从业者进行法制安全教育和职业道德教育，以提高他们的专业素质与紧急应变能力；当地的治安管理机构则负责景区内居民的法律常识普及工作，以及对旅游者进行安全防范意识的宣传教育，同时，将这两方面的工作有机地结合与协调，产生双管齐下的安全教育、预警功能作用。

②景区安全控制系统

景区安全控制系统是由景区安全管理队伍及其相应的一系列防控、管理活动组成，它包括景区旅游警察及其工作、景区联合治安执法队伍及其工作。

景区联合治安执法队伍及其工作。为消除景区内的安全管理盲目性，对不具备设置旅游公安局、旅游公安派出所或远离旅游执法单位、地段偏僻的旅游景区（点），应建立诸如"联合执法组""综合执法队"或"流动执法小组"等形式的景区联合治安执法队伍，以加强对偏远景区（点）的安全控制与管理。联合治安执法队人员由公安、旅游、工商、物价、质检、环保、卫生等与旅游执法有关的单位抽派人员参与，采取人员不固定的临时组织。这些人员的待遇由派出单位负责，业务归景区附近派出所统一管理，并在附近的派出所挂牌办公，办公费由旅游局补助。联合治安执法队可以就地解决和查处旅游投诉问题，对偏远景区（点）的安全防控起到有效的管理作用。

景区安全防控的具体内容包括：一是对景区内的各种经营活动的监督与管理。加强对景区内经营业主，特别是个体业主的安全防控与管理，防止和杜绝出现强行兜售商品、欺客、宰客等现象。二是设置景区治安管理机构和专业人员，加强景区的治安管理。防止并控制景区内出现盗窃、酗酒闹事等违法事件的发生，保证游客人身、财产安全，维护景区的安全环境。三是对游客旅游活动安全进行防控与管理。制订旅游旺季疏导游客的具体方案，有计划、有防范地组织游客进行安全的旅游活动。必要时，可采取措施以限制旅游高峰时的游客数量。四是对景区内的旅游资源安全、旅游设施设备安全进行防控与管理。五是对景区内的住宿安全、饮食安全及卫生安全进行防控、监督与管理。

③景区安全保障系统

景区安全保障系统由景区安全管理的政策及相关法规条例、景区安全救援机构与部门、景区安全资料档案与保险等内容构成。

景区安全管理的政策、法规条例包括国家、地方颁布的安全管理法规条例和景区自己制定的相关制度与规定。各景区（点）要根据国家、地方颁布的相关法规、条例，制定适合景区安全管理的各项制度和条例，并组织实施。此外，景区安全管理制度涉及景区资源保护、环境卫生、社会治安、商业经营、接待服务设施、交通等各方面，因此，景区安全管理制度与条例的制定和实施应与景区内的文化、环保、公安、旅游、工商、交通、林业等相关部门相互协调与统一，并由景区安全管理机构统一落实与实施。

景区安全救援。景区应设置快速反应和进行施救的景区安全救援系统。安全救援系统由景区和社区的医院、消防、公安部门所组成。为了能对重大的安全事故如景区火灾、交通事故进行快速、有效救援，要设有专门的救援机构车和救援小组，要配备相关的救援设施设备，要制定救援制度和设计、演练救援方案，以提高安全救援的能力与效果。

景区安全资料与档案。景区安全资料与档案是景区安全管理的依据和借鉴。因此，景区应对安全事故的类型、发生规律进行研究和总结，形成资料，以此来指导景区安全管理工作；景区要对资源安全、环境安全、卫生安全、食品安全、商业经营安全进行调查与统计，以便进行防控与管理；要对景区内的设施设备安全进行跟踪与记录，以利于对设施设备的维护和保养，保证设施设备的安全；要对景区内各区域的安全进行调查与统计，以便对景区内各区域进行安全防控与管理；等等。

（2）景区治安管理

①普及法制教育、提高安全防范意识

景区具有地域广阔、地形复杂、人群流动性强及人员分散等特点，应努力将治安工作群众化，坚持不懈地对景区内的居民进行深入细致的普法教育，强化景区内的旅游管理人员、从业人员、居民以及旅游者的法治意识与安全防范意识。

②健全和完善各种治安管理制度

景区应根据国家有关治安管理的法规条例，结合自己景区的特点，健全和完善各种治安管理制度。这些制度应包括：景区内食、住、行、娱、购、游等安全要求的管理与控制制度；对景区内经营者、从业人员、社区居民、旅游者的治安管理与防范制度；旅游接待过程中各环节在治安管理工作中联合、分工制度，信息联络制度；景区内各相关部门治安管理责任制度；等等。各项规章制度应清楚明晰、具有可操作性。

③建立和健全治安执法机构和治安管理队伍

治安执法机构和治安管理队伍是景区治安管理的保障。景区治安管理需要有一个能统一协调、具有权威性的执法机构，以负责景区治安的管理与防控工作。因此，景区要有一支治安管理专职队伍，以便对景区实行治安专职管理。治安管理队伍要实行治安责任制管理，将景区治安管理责任到人，并使治安管理队伍的管理工作日常化。要加强旅游个体从业人员的统一管理。要提高治安管理队伍人员和联防人员的政治素质和业务素质，提高他们的法律意识和执法水平，保证治安管理和执法中的准确性和合理性。

④配备和更新必要的安全防范设施，实行建、防、治三位一体的管理体系

治安管理中的建、防、治三位一体的体系能充分发挥治安管理机构的作用，达到标本兼治的目的。"建"是指建立一个稳定和谐的治安格局和正常的旅游安全状态，为旅游者提供一个良好、安全的旅游环境。"防"是指在治安问题未形成前制止其产生质变发展，这是预防和控制违法犯罪的根本途径。随着景区治安管理面的加大，要注意视角前移，加强调查研究，更好地预测各种犯罪的趋向、手段和特点，以便科学地、有针对性地进行预防。"治"是指治安管理部门要充分应用法律法规的威力，对黄赌毒等社会丑恶现象必须坚决查禁取缔，并严厉打击，遏制其蔓延势头。为提高建、防、治体系的防控能力，各景区（点），特别是比较偏僻的景区（点）应配备和更新必要的安全防范设施。在景区各路段、各风景点、主要的交通工具如汽车、游船等装备报警装置，以便案发时及时报警。景区中治安事件多发地区（点）要有完善的通信设施，以便各景区（点）保持联系，防止出现治安管理的盲点。

⑤表彰奖励见义勇为者，倡导良好的社会风气

对于那些敢于跟犯罪分子做斗争的见义勇为者，景区应给予大力表彰和奖励，有条件的还可以设立见义勇为基金会，奖励敢于与犯罪分子做斗争的治安管理人员、景区从业人员和旅游者，以树立良好的社会风气，倡导景区良好的道德风尚。

4. 漂流旅游安全管理

漂流旅游是指漂流经营企业组织旅游者在特定水域，利用船只、木筏、

竹排、橡皮艇等漂流工具进行的各种旅游活动。根据亲水性，漂流旅游可以粗略分成亲水性弱的漂流旅游和亲水性强的漂流旅游两种。例如，武夷山九曲溪竹筏漂流就属于前者。毫无疑问，漂流旅游因其观赏性或刺激性而受到旅游者的欢迎。但作为一种特种旅游活动，漂流旅游尤其是亲水性较强的漂流旅游的危险性是比较高的。

5.景区常见安全事故处理

（1）景区火灾事故处理

火灾是景区比较常见，也是危害较大的安全事故之一。景区发生火灾事故可以按如下方法处理：

①组织灭火

发生火灾的单位或发现火情的人员或单位应立即向报警中心报警，讲清失火的准确部位、火势大小。报警中心接到报警后，应立即报告总经理或总负责人，并根据总经理或总负责人的批示呼叫消防队并拉响警铃。报警中心应指示总机播放录音，告知火势情况，稳定旅游者情绪，指挥旅游者撤离现场。

总经理或总负责人、安全部经理、工程部、消防队、医务人员等应立即赶赴火灾现场指挥现场救火。

景区应迅速查明起火的准确部位和发生火灾的主要原因，采取有效的灭火措施。

景区应极组织抢救伤病员和老、弱、病、幼旅游者。

②保护火灾现场

注意发现和保护起火点。相关人员在清理残火时，不要轻易拆除和移动物体，尽可能保持燃烧时的状态。

火灾扑灭后，应立即划出警戒区域，设置警卫，禁止无关人员进入，在有关部门同意后进行现场勘查和清理火灾现场。

勘查人员进入现场时，不要随便走动。此外，对于进入重点勘查区域的人员应有所限制。

③调查火灾原因

景区火灾发生的原因基本上可以分成三类：思想麻痹、违规操作引发火

灾；自然起火，如自燃、雷击等；人为纵火。对这些原因，主要采用调查访问、现场勘查和技术鉴定等方法。

调查访问。主要调查对象包括最先发现火灾的人、报警的人、最后离开起火点的人、熟悉起火点周围情况的人、最先到达起火点的人、火灾受害人等。调查的内容包括火灾发生的准确时间、起火的准确部位、火灾前后现场情况等。

现场勘查。包括对火灾周围环境的勘查，对着火建筑物和火灾区域的初步勘查，对物证、痕迹的详细勘查和对证人的详细询问等。

技术鉴定。借助科学技术手段如化学分析试验、电工原理鉴定、物理鉴定和模拟试验等进行技术鉴定。

（2）景区重大盗窃事故处理

景区重大盗窃事故指发生在景区内的旅游者或企业的大笔现金、贵重物品被盗事件或景区设施设备被盗事件。景区安全部一旦接到报案，应迅速做出如下反应与处理：

①了解情况，保护现场

查明发现事故的经过，了解情况，采取切实有效的措施保护现场。

②向警方报案，划定勘查范围，确定勘查顺序

盗窃现场勘查的重点是：第一，对现场进出口进行勘查。因现场进出口是犯罪分子必经之地。第二，对盗窃财物场所进行勘查。被盗财物场所是犯罪分子活动中心部位，往往会留下犯罪痕迹。第三，对现场周围进行勘查。主要是为了发现犯罪分子去现场的线路和作案前后停留的场所有无痕迹、有无遗留物及交通工具痕迹等。

③分析判断案情，确定嫌疑人

经过勘查分析，判断案情，如果不是外部来人作案，即可在划定范围内，通过调查访问，发现嫌疑人。

（3）游客死亡事故处理

景区内游客死亡处理应注意三个环节：

①游客病危时

当发现客人突然患病，应立即报告景区负责人或值班经理，在领导安

排下组织抢救。在抢救病危客人过程中，必须有患者家属、领队或亲朋好友在场。

②游客死亡时

死亡的确定。一经发现游客在景区内死亡，应立即报告当地公安机关，并通知死者家属。如属正常死亡，善后处理工作由接待单位负责。没有接待单位的，由公安机关会同有关部门共同处理。如属非正常死亡，应保护好现场，由公安机关取证处理。尸体在处理前应妥善保存。

通知死者单位或家属。凡属正常死亡的，在通报公安部门后，由接待或工作单位负责通知家属。如死者无接待单位，由景区或公安部门负责通知。

出具证明。正常死亡，由县级或县级以上医院出具"死亡证明书"。非正常死亡，由公安机关或司法机关法医出具"死亡鉴定书"。

死者遗物的清点和处理。清点死者遗物应有死者随行人员或家属及景区工作人员在场。如死者有遗嘱，应将遗嘱拍照或复制，原件交死者家属或所属单位。

尸体的处理。遗体处理一般以当地火化为宜。遗体火化前，应由领队、死者家属或代表写出《火化申请书》，交景区保存。如死者家属要求将遗体运送回原籍，尸体要由医院做防腐处理，由殡仪馆成殓，并发给《装殓证明书》。遗体运送回原籍应有相关证明。

③其他注意事项

善后处理结束后，应由聘用或接待单位写出《死亡善后处理情况报告》，送主管领导单位、公安机关等相关部门。内容包括死亡原因、抢救措施、诊断结果、善后处理情况等。

对在华死亡的外国人要严格按照《中华人民共和国外交部关于外国人在华死亡后的处理程序》处理。

六、景区旅游安全管理的评价

景区安全管理的科学评价有助于景区安全管理组织分析安全管理状况、寻找管理盲点、提高管理的效果。

七、景区安全标志系统

景区安全标志系统由安全标志和消防安全标志两个子系统组成。

（一）安全标志

安全标志是由安全色、几何图形或文字、图形符号构成的，用以表达特定安全信息的标记，其作用是引起人们对不安全因素的注意，预防发生事故。为了提高旅游者的安全注意，景区应按照国家规范的安全标志符号在游客集散地、主要通道、危险地带等区域设置安全标志。

安全标志分为禁止标志、警告标志、指令标志和提示标志四类。

1. 禁止标志

禁止标志是禁止人们行为的一种标志。几何图形是带斜杠的圆环，图形背景为白色，圆环和斜杠为红色，图形符号为黑色。禁止标志有：禁止烟火、禁止吸烟、禁止用水灭火、禁止通行、禁放易燃物等。

2. 警告标志

警告标志是警告人们小心的一种标志。几何图形是三角形，图形背景是黄色，三角形边框及图形符号均为黑色。警告标志有：注意安全、当心火灾、当心爆炸、当心腐蚀、当心有毒、当心触电等。

3. 指令标志

指令标志是提醒人们必须遵守的一种标志。几何图形是圆形，背景为蓝色，图形符号为白色。指令标志有：必须戴防护眼镜、必须戴防毒面具、必须戴安全帽等。

4. 提示标志

提示标志是指示目标方向的安全标志。几何图形是长方形，按长短边的比例不同，分一般提示标志和消防设备提示标志两类。提示标志图形背景为绿色，图形符号及文字为白色。一般提示标志有太平门、安全通道；消防提示标志有消防警铃、火警电话等。

（二）消防安全标志

消防安全标志是由安全色、边框、图像为主要特征的图形符号或文字构成的标志，用以表达与消防有关的安全信息。

第六节 旅游购物安全问题及管理

旅游购物是我国旅游活动六个环节中最薄弱，也是最有发展空间的环节之一。旅游购物安全指旅游者在旅游期间的购物活动中的安全，旅游购物的安全事故指旅游者在购物时遭受欺诈、偷窃、抢劫、勒索及火灾等事故的伤害性行为或事件。

旅游购物安全管理对于其他旅游安全管理而言相对较为薄弱。旅游购物安全管理主要应从旅游购物行业安全管理和旅游者购物安全教育两方面入手。

一、旅游购物安全的表现形态

旅游购物安全主要表现为：欺诈，偷窃、抢劫、勒索，火灾三种形态。

（一）欺诈

欺诈是旅游者旅游购物中最容易出现的安全问题。欺诈往往表现为以次充好、冒充古董和真迹、销赃、抬高价格、宰客等形式。

（二）偷窃、抢劫、勒索

偷窃也是旅游购物中比较常见的安全问题之一。犯罪分子常利用旅游者集中精力挑选商品，而营业员集中精力推销商品的有利时机作案。

抢劫、勒索则是旅游购物中的极端表现形态。犯罪分子为了达到获取钱财的目的，而采用犯罪行为危害游客。

（三）火灾

由于多数旅游购物商场的商品系可燃物，且商场往往是封闭型的，因此，很容易发生火灾。

二、旅游购物安全管理

在旅游活动的六个环节的安全管理中，购物安全管理相对较为薄弱。由

于旅游购物安全涉及旅游者个人行为以及商场的行业管理行为，因此，旅游购物安全管理可以从旅游购物行业安全管理和旅游者购物安全教育两个方面入手。

（一）旅游购物行业安全管理

旅游购物行业安全管理主要指对旅游购物品店、旅游商品供给者的安全控制与管理。行业安全控制和管理的内容包括：

1. 设立旅游定点购物商场

对信誉良好、旅游者口碑较好、各项评估成绩优良的旅游商场，由政府相关职能部门授予定点旅游购物商场称号，并对其进行相应的监控与管理，使其成为方便旅游者、让旅游者买得放心的购物场所。

2. 规划建设，形成定点旅游购物街（或区域）

有意识地引导或规划出专门的旅游购物街（或区域），并规定或限制只有达到定点旅游购物商场要求的旅游商店才有资格进入购物街（或区域）。同时，对区域内旅游商店进行监控、检查，责令不合格商店停业整顿或搬迁，以维持旅游购物街（或区域）的声誉，为旅游者提供安全、放心、方便的购物环境。

3. 挂牌经营与评优

采用各种评选方式，每年评选出信誉好、服务质量良好、无旅游者投诉的优秀旅游购物商店，以提高旅游购物商店的信誉。

4. 监督检查

由工商部门、旅游部门、消防部门几个部门联合，定期或不定期地对旅游购物商店进行监督、检查、评比，对优秀者给予表扬、嘉奖，对不合格者取消其定点旅游购物商店资格或降低其星级水平。

5. 惩罚

有关部门对游客投诉多、违反规章法规的商店，予以适当的惩罚。可以根据情节轻重，处以罚款、停业整顿、取消旅游定点购物商店资格、责令退出旅游购物街（或区域）、吊销营业执照等处罚。重者还可追究法律责任。

6. 规范行业制度、提高导游人员素质

旅游管理部门需要对旅行社业、旅游购物商店乃至整个旅游行业进行全面整顿，规范行业制度和行风，提高行业监督力度；同时，还应该提高旅游从业人员的整体素质，树立他们为旅游者服务、为旅游者创造安全购物环境的意识及职业道德。

（二）旅游者购物安全教育

旅游购物是旅游者和旅游商品供给者双方共同完成的过程，两者缺一不可。在加强旅游购物行业安全管理的同时，也应加强对旅游者的购物安全教育，让旅游者睁开"雪亮的眼睛"，提高警惕，增强消费安全意识。

1. 增强消费安全意识

应让旅游者意识到，旅游安全问题绝不仅仅存在于住宿、旅行、游览和饮食过程中，也存在于旅游购物行为中，让旅游者树立旅游购物时的安全意识和自我保护、自我防范意识。旅行社导游带团前往旅游购物场所时要根据各种旅游购物场所的不同情况，提醒旅游者购物时应注意的问题和应防范的事项。旅游者在购物时应加强消费安全意识，尽量了解所购商品的相关知识，提高识别真、假、赝品的能力。旅行社导游人员要提醒或教育旅游者购物时不要有从众心理和贪图便宜的思想，以免上当受骗。导游人员更不能引诱、怂恿、哄骗旅游者购买某些物品。

2. 避免购买假货

旅游购物中假冒伪劣商品照样存在，这些商品不但严重扰乱了消费市场，而且造成广大消费者的财物损失，甚至会危及消费者身体健康和生命安全。旅游中，违法犯罪分子通常采用如下方式对旅游者进行欺诈拐骗：①利用虚假广告推销低劣商品和假货。②以部分商品或商品的外形来代替整体商品。③违法团伙在公开场合假装抢购廉价物品，引诱旅游者上当。

为避免在旅游购物中购买假货，旅游者在购物时应注意如下几点：①不能贪图便宜，防止被"物美价廉"的假象迷惑。②应注意经营者是否具有经营此类商品的经营权和经营者的真实企业名称和营业标记。③查清所购物品是否有生产厂家的地址及联络电话，以及物品的商标等是否齐全完整。

第七节 旅游娱乐安全问题及管理

随着旅游业的发展，我国的旅游活动安排不再是以前的"白天拍照，晚上睡觉"，各种各样的娱乐活动丰富了旅游者的旅游活动内容。健康、文明的旅游娱乐活动不仅可以开拓旅游者的眼界、充实旅游者的旅游活动内容，还能帮助旅游者进一步了解各地文化，起到推动中外文化交流的作用。

然而，由于旅游娱乐场所的复杂性、旅游娱乐活动的特殊性以及各种人为或意外因素的存在，旅游娱乐安全问题时有发生。旅游娱乐安全指旅游者在旅游期间进行娱乐活动时的安全。旅游娱乐安全事故指旅游者在娱乐时遭受火灾、打架斗殴、偷窃、游乐设施问题等事故的伤害性行为或事件。由于火灾、打架斗殴、偷窃与其他旅游活动环节的表现形态类似，前面几节也已就此类安全问题的管理做了专门的论述，因此，本节着重论述旅游娱乐中游乐设施的安全管理。

一、游乐园（场）安全管理

就地理位置、设施设备、目的而言，游乐园（场）是游览与娱乐的混合体。在游乐园（场）里，有些娱乐项目如碰碰车、碰碰船、水上自行车，娱乐的成分大于游览的成分；而观光缆车、索道等项目游览的成分又大于娱乐的成分。

（一）游乐园（场）安全管理标准与法规条例

安全管理标准与法规条例是游乐园（场）安全管理的基础与保证。

1. 安全管理标准

我国制定的与游乐园（场）安全管理相关的标准主要有：《游乐园（场）安全和服务质量》《游艺机和游乐设施安全标准》《游艺机技术条件与试验方法》。贯彻实施以上这些标准对保障游乐安全发挥了巨大作用。

2. 安全管理法规条例

相关部门联合发布的《游艺机和游乐设施安全监督管理规定》，对游艺机和游乐设施设计、生产、销售、采购、安装、验收、运营、管理等各环节的安全监督管理进行规范，列出了高空、高速和可能危及人身安全的游艺机和游乐设施目录；发布的《游艺机产品生产许可证实施细则》，规定了游艺机产品生产许可证的发证工作，发证前的检验工作由国家游艺机质量监督检验中心承担。

（二）游乐园（场）的安全控制与管理

1. 游乐园（场）安全控制与管理的任务与内容

①树立安全第一，预防为主的思想。②确保游客生命财产安全。③配备必要的、充足的、有效的各项安全设施设备，确保游艺机和游乐设施安全运营。④建立健全各项安全管理制度、安全操作规程，并确保严格执行。⑤建立完整的游艺机和游乐设施维修、保养和专人、专职负责制度。

2. 服务设施设备的安全控制与管理

（1）游乐设施设备的安全控制与管理

游艺机、游乐设施、水上游乐设施的购置、安装、使用、管理应严格按国标及国家有关部门制定的游艺机、游乐设施安全监督管理规定和水上世界安全卫生管理办法等有关规定执行。使用这些设施、设备应取得技术检验部门验收合格证书。

游艺机产品质量是游乐安全的保证。游艺机研制必须遵守国家游乐设施安全标准和相应的游艺机通用技术条件：新产品试制完成后，经评审、检测合格后才能投入使用。运行半年以上，证明其性能符合使用要求和有关标准，可提出领取生产许可证申请。须经技术鉴定和国家游艺机质量监督检验中心检测合格后方可领证。游乐园（场）在引入游艺机时，要特别关注产品应具有生产许可证，杜绝无生产许可证产品进入游乐园（场），危及游客的人身安全。

（2）服务接待设施设备

各种服务接待设施设备要状态正常、性能良好。场内要通风良好，要有紧急疏散游客的出口通道。此外，还应酌情配备保险箱（柜），设置贵重物品保管；行李保管处应向游客公布保管须知。

（3）医疗急救设施

①游乐园（场）应设置为游客服务的医务室，医务室位置要合理，标志要明显。②医务室应备有常用救护器材，能应付突发事故中伤病员的急救工作。③医务室应配备具有医士职称以上资格的医生和训练有素的护理人员，能为游客进行一般性突发病痛的诊治和救护。

（4）安全标志

游乐园（场）应有明显的安全标志，必须做到：①在与安全有关的场所和位置，应按规定设置安全标志。②安全标志应在目的位置设立，清晰易辨，不应设在可移动的物体上，以免这些物体位置移动后，看不见安全标志。③各种安全标志应随时检查，发现有变形、破损或变色的，应及时整修或更换。④室内项目要有醒目的入口、出口标志。

3.安全管理制度与安全控制措施

（1）安全管理制度

游乐园（场）应建立健全各项安全管理制度，包括安全管理制度、游乐园（场）全天候值班制度、定期安全检查制度和检查内容要求，游艺机及游乐项目安全操作规程、水上游乐安全要求及安全事故登记和上报制度，等等。

（2）安全管理措施

①设立完善高效的安全管理组织与机构（安全委员会），明确组织内各级、各岗位人员的安全职责。②开展经常性的安全培训和安全教育活动。③定期组织全游乐园（场）按年、季、月、节假日前和旺季开始前的安全检查。④建立安全检查工作档案。每次检查要填写检查档案，检查的原始记录由责任人员签字存档。

（3）员工安全管理制度与措施

员工安全管理包括：①未持有专业技术上岗证的，不得操作带电的设备和游艺设施。②员工应着装安全，高空或工程作业时必须佩戴安全帽、安全绳等安全设备，并严格按章作业。③员工在工作过程中应严格按照安全服务操作规程作业。④工作区域内保持整洁，保证安全作业。

（4）游客安全管理制度与措施

①在游乐活动开始前，应对游客进行安全知识讲解和安全事项说明，指

导游客正确使用游乐设施，确保游客掌握游乐活动的安全要领。②某些游乐活动如有游客健康条件要求，或不适合某种疾病患者参与的，应在该项活动入门处以"警告"方式予以公布。③在游乐过程中，应密切注视游客安全状态，适时提醒游客安全注意事项，及时纠正游客不符合安全要求的行为举止，排除安全隐患。④如遇游客发生安全意外事故，应按规定程序采取救援措施，认真、负责地做好善后处理。

（5）安全设施的控制及管理制度与措施

①各游乐场所、公共区域内均应设置安全通道，时刻保持畅通。②各游乐区域，除封闭式区域外，均应按规定设置安全栅栏。③严格按照消防规定设置防火设备，配备专人管理，定期检查。④设置报警设施，并设置警报器和火警电话标志。⑤露天水上世界应设置避雷装置。⑥应有残疾人安全通道和残疾人使用的设施。⑦配备处理意外事故的急救设施设备。

（6）设备安全控制及管理措施

游乐园（场）的设备安全控制与管理措施包括：①加强安全检查，除进行日、周、月、节假日前和旺季开始前的例行检查外，设备设施必须按规定每年全面检修一次，严禁设备带故障运转。②要认真执行每日运营前的例行安全检查，建立安全检查记录制度。没有安全检查人员签字的设施、设备不能投入营业。③详细做好安全运行状态记录。严禁使用超过安全期限的游乐设施、设备载客运转。④凡遇有恶劣天气或游艺、游乐设施机械故障时，须有应急、应变措施。因为此类原因而停业时，应对外公告。⑤配备安全保卫人员，维护游乐园（场）游乐秩序，制止治安纠纷。⑥游乐园（场）全体员工须经火警预演培训和机械险情排除培训，要能熟练掌握有关紧急处理措施。

4. 安全作业要求与管理

（1）游艺机和游乐设施日常运营要求与管理

①每天运营前须做好安全检查，检查内容按《游乐园（场）的安全和服务质量》进行。②营业前试机运行不少于两次，确认一切正常后，才能开机营业。③营业中的安全操作要求：第一，向游客详细介绍游乐规则，游艺机操纵方法及有关注意事项，谢绝不符合游艺机乘坐条件的游客参与游艺活动；第二，引导游客正确入座高空旋转游艺机，严禁超员，不偏载，系

好安全带；第三，维持游乐、游艺秩序，劝阻游客远离安全栅栏，上下游艺机秩序井然；第四，开机前先鸣铃，确认无任何险情时方可开机；第五，游艺机在运行中操作人员严禁擅自离岗；第六，密切注意游客动态，及时制止个别游客的不安全行为。④营业后的安全检查：第一，整理、清扫、检查各承载物、附属设备及游乐场地，确保其整齐有序，清洁干净，无安全隐患；第二，做好当天游乐设备运转情况记录。

（2）游艺机和游乐设施的维护与保养

游艺机和游乐设施要定期维修、保养，做好安全检查。安全检查分为周、月、半年和1年以上四种检查类型。

5. 水上世界安全控制与管理措施

水上世界属于游乐园（场）中的一个专项，水上世界的安全控制与管理措施包括：①应在明显的位置公布各种水上游乐项目的《游乐规则》，广播要反复宣传，提醒游客注意安全，防止意外事故发生。②对容易发生危险的部位，应有明显的提醒游客注意的警告标志。③各水上游乐项目均应设立监视台，有专人值勤，监视台的数量和位置应能看清全部水域的范围。④按规定配备足够的救生员。救生员须符合有关部门规定，经专门培训，掌握救生知识与技能，持证上岗。⑤水上世界范围内的地面，应确保无积水、无碎玻璃及其他尖锐物品。⑥随时向游客报告天气变化情况。为游客设置避风、避雨的安全场所或其他保护措施。⑦从业人员应熟悉场内各区域场所，具备基本的抢险救生知识和技能。⑧设值班室，配备值班员。⑨设医务室，配备具有医士职称以上的医生和经过训练的医护人员及急救设施。⑩安全使用化学药品，每天营业前对水面和水池底除尘一次。⑪凡具有一定危险的项目设施，在每日运营之前，要经过试运行。

第五章 旅游安全应急预案

第一节 旅游安全应急预案概述

应急预案是指为应对潜在的或可能发生的事故（件）或灾害，为保证迅速、有序、有效地开展应急与救援行动而预先制定的降低事故损失的有关救援措施、计划或方案。应急预案是开展应急救援行动的指导性文件和实施指南，是标准化的反应程序，可使应急救援活动按照计划有效地进行。

一、应急预案的要求

制订应急预案的目的是在发生紧急情况时，能以最快的速度发挥最大的效能，有序地对发生的事故实施响应和救援，尽快控制事态发展，降低事故危害，减少人员伤亡、财产损失、旅游资源和环境破坏。

（一）科学性

应急预案的各部分是一个有机的整体。旅游突发事件的应急工作是一项科学性很强的工作，从事故（件）设定、信息收集传输与整合、力量部署，到物资调集和实施行动，都要讲究科学，在全面调查研究的基础上开展科学分析和论证，制订严密、统一、完整的应急反应方案，并在实战演练中完善预案，在科学决策的基础上采取行动。

（二）实用性

应急预案应以完善的预防措施为基础，符合旅游区突发事故的特征和当地的客观实际（旅游区的危险源、可能发生的灾难性事故与事故的类型、重要的区域和部位、可用的应急力量等），措施要具体、明确，方案应具有适用性、实用性和针对性，便于实际操作。此外，事故的随机性、突发性强，

涉及的因素众多，并且处于动态变化之中，因此，预案还要具有一定的灵活性，以提高实际应变能力。

（三）周密性

要把各种情况考虑得周全、严密，如事故发生的周围环境、发生的实际时机及天气状况，投入人力的时间，使用的器材、通信装备和后勤供给等等。若考虑不周全，就会给处置任务的完成带来一定的困难。

（四）可行性

应急预案是针对可能发生事故灾害而制订的，主要目的就是在事故发生之时，能根据预案进行力量调度和物资调配，为灾害事故的有效处置打下坚实的基础。当事故（件）发生后，能按照预案进行力量部署、采取处置对策、组织实施，起到知己知彼、速战速决的作用，将灾害损失控制在最低程度。因此，制订的应急预案应具有可行性。

（五）权威性

救援工作是一项紧急状态下的应急性工作，应急预案应明确救援工作的管理体系、救援行动的组织指挥权限和各级救援组织的职责和任务，以保证救援工作的统一指挥。应急预案应经上级部门批准后才能实施，以保证预案具有一定的权威性和法律保障。

应急预案制订后，相关政府部门应援引国家、地方、上级部门相应法律和规章的规定，签署预案发布令，宣布应急预案生效，从而明确实施应急预案的合法授权，保证应急预案的权威性，同时督促各应急部门完善内部应急响应机制。

二、应急预案的作用

应急预案是在辨识和评估潜在风险、事故类型、发生的可能性、发展过程、事故后果及影响程度的基础上，对应急机构与职责、人员、技术、装备、设施（备）、物资、救援行动及其指挥与协调等方面预先做出具体安排，采用技术和管理手段降低事故发生的可能性，且将可能发生的事故控制在局部，防止事故蔓延，在应急系统中起着关键作用。

（一）旅游应急管理依据

制订完善、有效的应急预案，必然会明确应急救援的范围和体系，成立相应的组织机构，配备抢险救援的器材、装备，开展专业训练和实战演练使应急准备和应急管理有据可依、有章可循。

（二）旅游事故应急基础

应急预案明确了在突发事故（件）发生之前、发生过程中及结束之后，谁负责做什么、何时做，以及相应的策略和资源准备等，是旅游安全事故应急的基础。通过编制应急预案，可保证应急救援具有足够的灵活性，对那些事先无法预料的突发事件或事故，也可以起到基本的应急指导作用，成为保证旅游应急救援的"底线"。

（三）构建旅游安全屏障

生命、财产安全是旅游者最基本的权利，如果没有安全保障，就无法顺利地开展旅游活动。应急机制和处置预案是旅游安全管理的必需要件，因此，建立健全应对自然灾害、事故灾难、公共卫生和社会安全等方面的预案体系，形成统一指挥、功能齐全、反应灵敏、运转高效的应急机制，提高保障旅游安全和处置突发事件的能力，是旅游管理的重要职能和重要工作，也是构建和谐旅游的一项重要任务。

（四）预防旅游安全事故

应急预案是针对可能发生的旅游事故及其影响和后果，预先明确应急各方的职责和响应程序，培训、教育应急人员，准备各类应急资源。因此，应急预案有利于提高人员的风险防范意识，提升应急人员的技能和整体协调性，最大限度地预防旅游安全事故的发生和减少其造成的危害，保障旅游者的生命、财产安全。

（五）便于开展救援工作

一旦发生旅游安全事故，按照应急预案的应急处理程序和方法，可做到迅速报警，及时传递应急信息。应急预案明确了各个应急响应部门的职责和分工，使之在复杂的救援活动中快速反应、忙而不乱，采取预定的现场抢险和抢救方式，及时、有序、高效地处理事故。因此，应急预案便于救援工作的顺利开展。

三、应急预案的层次

由于可能面临的突发事故或灾害的类型是多样的，为了保证各种类型预案之间的整体协调性和层次，并实现共性与个性、通用性与特殊性的结合，对应急预案合理地划分层次，是将各种类型应急预案有机地组合在一起的有效方法。按预案的适用对象范围，可将应急预案划分为综合应急预案、专项应急预案和现场应急预案三个层次。

（一）综合应急预案

综合应急预案是从总体上阐述事故的应急方针、政策，应急组织结构及相应的应急职责，应急行动、措施、保障等基本要求和程序，是应对各类事故的综合性文件。通过综合应急预案，可以很清楚地了解应急的组织体系、运行机制及预案的文件体系。综合应急预案可以作为应急救援工作的基础，对那些没有预料到的紧急情况，也能起到一般的应急指导作用。

（二）专项应急预案

专项应急预案是针对某种具体的、特定类型的紧急情况或危险源而制订的计划或方案，是综合应急预案的组成部分，应按照应急预案的程序和要求组织制订。专项应急预案应在综合预案的基础上，充分考虑特定风险的特点，制订明确的救援方案和有针对性的应急救援措施，进行专项应急准备和演习。由于旅游区具有较大的差别性，应根据不同旅游区的特点制订具有针对性的专项应急预案。

（三）现场应急预案

现场应急预案是针对具体的装置、场所或设施、岗位、活动所制定的应急处置措施，应做到细致周密、简单具体、指导性及针对性强。现场应急预案应根据风险评估、周边环境情况及风险控制措施逐一编制，做到相关人员应知应会、熟练掌握，并通过应急演练，做到迅速反应、正确处置。

现场应急预案的另一特殊形式为单项应急预案。单项应急预案可以是针对大型公众聚集活动（如文化、体育、民俗、娱乐、集会等活动）或高风险的建设施工和维修活动而制订的临时性应急行动方案。随着这些活动的结束，预案的有效性也随之终结。单项应急预案主要是针对临时活动中可能出现的紧急情况，预先对相关应急机构的职责、任务和预防性措施做出的安排。

第二节 旅游安全应急预案基本内容

应急救援是为预防、控制和消除旅游安全事故对旅游者生命、财产和旅游资源造成的各种损害而采取的救援行动。应急预案是开展应急救援的行动计划和实施指南。应急预案实际上是一个透明的和标准化的反应程序，使应急救援活动能按照预先制订的周密计划和最有效的实施步骤有条不紊地进行，这些计划和步骤是快速响应和应急救援的基本保证。

一、应急预案的结构

应急预案是应急体系建设的重要组成部分，应该有完整的系统设计、标准化的文本文件、行之有效的操作程序和持续改进的运行机制。不同的应急预案由于各自所处的层次和适用范围的不同，在内容的详略程度和侧重点上会有所不同，但都可以采用相似的基本结构，即"1+4"结构模式，即由一个基本预案加上应急功能设置、特殊风险管理、标准化操作程序和支持附件构成。

（一）基本预案

基本预案是对应急预案的总体描述，主要阐述被高度抽象出来的共性问题，包括应急方针、总体思路、应急资源、法律依据、组织体系、各应急组织在应急准备和应急行动中的职责、基本应急响应程序以及应急预案的演练和管理等规定。基本预案一般是对公众发布的文件。《国家突发公共事件总体应急预案》和《旅游突发公共事件应急预案》是我国及旅游区应对突发公共安全事件的基本预案。基本预案可以使政府和旅游管理层从总体上把握本行政区域或行业系统针对突发事件应急的有关情况，了解应急准备状况，同时也为制定标准化操作程序、应急功能设置等提供指导。

（二）应急功能设置

应急功能是指针对各类事故应急救援中通常都要采取的一系列基本的应急行动和任务，核心功能主要有指挥与控制、警报与紧急公告、通信、人群疏散与安置、医疗、现场管制等。应急功能设置要明确从应急准备到应急恢复全过程的每一个应急活动中各相关部门应承担的责任和目标，其功能设置的数量和类型要因地制宜，且要由旅游突发事件的风险水平和潜在事故风险的类型，以及应急的组织方式和运行机制等具体情况来决定。

设置应急功能时，应综合分析潜在事故的特点，针对每一项应急功能确定其负责机构和支持机构，明确每一功能的目标、任务、要求、应急准备和操作程序等。通俗一点说，就是每项应急功能都要明确"做什么""怎么做"和"谁来做"，这些内容要以部门之间签署的协议书来具体落实。为直观地描述应急功能与相关应急机构的关系，可采用应急功能分配矩阵表。

（三）特殊风险管理

特殊风险指根据某类事故的典型特征，需要对其应急功能做出针对性安排的风险。在事故风险辨识、评价和分析的基础上，针对每一种特殊风险，说明处置此类风险应该设置的专有应急功能或有关应急功能所需的特殊要求，明确这些应急功能的责任部门、支持部门、有限介入部门以及它们的职责和任务，并为该类风险专项预案的制订提出特殊要求和指导。

特殊风险管理是针对后果严重的特殊风险及特殊条件下的事故应急响应而制订的指导程序，其具体内容根据不同事故情况而设定，包括基本应急程序的行动内容和特殊事故的特殊应急行动。不同旅游区的风险不同、事故类型各异，应针对不同的特殊风险制订相应的管理内容。

（四）标准化操作程序

标准化操作程序是针对每一项应急活动，给组织或个人履行应急预案中规定的职责和任务提供的操作步骤和详细指导，其阐述的是在应急活动中"谁来做""如何做"和"怎样做"的一系列问题。这些标准化操作程序可以保证在事件突然发生后，即使在没有接到上级指挥命令的情况下也能在第一时间启动应急预案，提高应急响应的速度和质量。

标准化操作程序是对"基本预案"的具体化，说明了各项应急功能的实施细节，应保证其与应急预案协调一致。标准化操作程序中涉及的具体技术资料可作为应急预案的附件或以适当的方式引用。标准操作程序的描述应简单明了，一般包括目的与适用范围、职责、具体任务说明或操作步骤、负责人等。标准操作程序应尽量采用检查表的形式，为每一步留有记录区，供逐项检查核对时做标记使用。已做过核对标记的检查表成为应急活动记录的一部分。

（五）支持附件

应急活动各个过程中的任务实施都要依靠支持附件的配合和支持，支持附件包括应急救援有关支持保障系统的描述及有关附图表，如通信联络附件，法律法规附件，机构和应急资源附件，教育、培训、训练和演习附件，技术支持附件（手册、后果预测和评估模型及有关支持软件等），警报系统分布及覆盖范围图，事故灾害影响范围预测图，危险源登记表、分布图，协议附件及其他支持附件等。

二、应急预案的核心要素

应急预案是整个应急管理工作的具体反映，其内容不仅包括事故（件）发生过程中的应急响应和救援措施，还包括事故发生前的各种应急准备和事故发生后的紧急恢复以及预案的管理与更新等。为了满足应急活动的需求，完整的应急预案应包括方针与原则、应急策划、应急准备、应急响应、现场恢复、预案管理与评审改进六个一级关键要素。六个一级要素之间既相对独立，又紧密联系，从应急的方针、策划、准备、响应、恢复到预案的管理与评审改进，形成了一个有机联系并持续改进的体系结构。

根据一级要素中所包括的任务和功能，应急策划、应急准备和应急响应三个一级关键要素，可进一步划分成若干个二级要素。所有这些要素构成了应急预案的核心要素，这些要素是应急预案编制应当涉及的基本方面。在实际编制时，可根据事故风险、职能部门的设置等实际情况的需要，将要素进行合并、增加、重新排列或适当删减等，以便于组织编写。

（一）方针与原则

无论是何种等级或类型的应急救援体系，首先应有明确的方针和原则，以作为指导应急救援工作的纲领。方针与原则反映了应急救援工作的优先方

向、政策、范围和总体目标，应体现以人为本、安全第一、预防为主、常备不懈、统一指挥、分级管理、高效协调及持续改进的思想，同时还要符合行业和旅游安全管理的实际。应急的策划和准备、应急策略的制定和现场应急救援及恢复，都应当围绕方针和原则开展。

（二）应急策划

应急预案最重要的特点是要有针对性和可操作性。因而，应急策划必须明确应急的对象和可用的应急资源情况。在进行应急策划时，应当列出国家、地方相关的法律法规，以作为制订预案和应急工作授权的依据。

1. 危险分析

危险分析的最终目的是要明确应急的对象（潜在的事故），事故的性质及其影响范围，后果的预测、辨识和评估等，为应急准备、应急响应和减灾措施提供决策和指导的依据。危险分析包括危险识别、脆弱性分析和风险分析。危险分析应依据国家和地方有关的法律法规要求，结合具体情况进行。

危险分析的结果应能提供地理、人文（包括人口分布）、地质、气象等信息；功能布局（包括重要保护目标）及交通情况；潜在危险的分布情况及主要危险的种类、数量及消防等特性；可能的事故种类及后果分析；特定的时段（如客流高峰时间、度假季节、大型活动等）；可能影响应急救援的不利因素。

2. 资源分析

针对危险分析所确定的潜在危险，明确应急救援所需的资源，列出可用的应急力量和资源，包括各类应急力量的组成、分布情况及应急能力；各种重要应急设施（备）、物资的准备情况；上级救援机构或周边可用的应急资源。通过资源分析，对应急资源做出相应的管理规定，可为应急资源的规划与配备、与相邻地区签订互助协议和预案编制提供指导。

3. 法律法规要求

有关应急救援的法律法规是开展应急救援工作的重要前提保障。应急策划时，应列出国家、省、地方及上级部门涉及应急各部门职责要求以及应急预案、应急准备和应急救援的法律、法规和规定，有关事故应急的文件、技术规范和指导性材料及国际公约，作为应急预案编制和应急救援的依据。

（三）应急准备

应急准备是指针对可能发生的突发事件应做好的各项准备工作。应急预案能否在应急救援中成功地发挥作用，不仅取决于应急预案自身的完善程度，还取决于应急准备的充分与否。应急准备应基于应急策划的结果，明确所需的应急组织及其职责权限、应急队伍的建设和人员培训、应急资源的准备、预案的演习、公众的应急知识教育和签订必要的互助协议等。

1. 机构与职责

为保证应急救援工作的迅速反应、协调有序，必须将有限的人力合理分工配置，建立完善的应急机构组织体系，列出应急救援中承担任务的所有应急组织，各组织的职责应覆盖所有的应急功能。同时，明确各应急组织在突发事件的应急救援中应承担的相应职责以及其负责人、候补人的联络方式。在应急预案中，可以包括各有关内部应急部门和外部机构及其负责人的署名，表明各应急部门和机构对应急预案编制的参与和认同，以及履行承担职责的承诺。

2. 应急资源

应急资源包括应急救援中可用的人员、设备、设施、物资、经费保障和其他资源，包括社会和外部援助资源。应急资源的准备是应急救援工作的重要保障，应根据潜在事故的性质和后果分析，合理组建专业和社会救援力量，配备应急救援中所需的消防设备、各种救援机械和设备、监测仪器、堵漏和清消材料、交通工具、个体防护设备、医疗设备和药品、生活保障物资等，并定期检查、维护与更新，保证其始终处于完好状态。另外，对应急资源信息实施有效的管理与更新。

3. 教育、训练与演习

为全面提高应急能力，应急预案应对公众教育、应急训练和演习做出相应的规定，包括其内容、计划、组织与准备、效果评估和要求等。此外，公众意识和自我保护能力是减少事故伤亡不可忽视的一个重要方面。作为应急准备的一项内容，应对公众教育做出规定，使他们了解潜在的风险及危害，掌握基本的防护知识、必要的自救与互救技巧，了解预先指定的主要及备用疏散路线和集合地点，了解各种警报的含义和应急救援工作的有关要求。

应急训练的基本内容主要包括基础培训与训练、专业训练、战术训练及其他训练等。基础培训与训练包括明确各自的职责，熟悉潜在危险的性质、救援的基本程序和要领，熟练掌握个人防护装备和通信装备的使用，等等；专业训练关系到应急队伍的实战能力，训练内容主要包括专业常识、抢运和清消及现场急救等技术；战术训练是各项专业技术的综合运用，使各级指挥员和救援人员具备良好的组织指挥能力和应变能力；其他训练应根据实际情况选择开展，以进一步提高救援队伍的救援水平。

预案演习是对应急能力的综合检验。组织应急各方参加预案训练和演习，使应急人员进入"实战"状态，熟悉各类应急处理和整个应急行动的程序，明确自身的职责，提高协同作战能力。同时，通过对演练的结果进行评估，可检验出应急预案的不足之处，并予以改进和完善。

4. 互助协议

当旅游单位的应急力量与资源相对薄弱时，应事先寻求与邻近的政府部门、行业组织、相邻单位及专业救援机构等签署正式的互助协议，明确可提供的互助力量（消防、医疗、检测）、物资、设备、技术等，并做好相应的安排，以便在应急救援中及时得到外部救援力量和资源。此外，还可与社会专业技术服务机构、物资供应企业等签署相应的互助协议。

（四）应急响应

应急响应能力的体现，应包括应急救援过程中一系列需要明确并实施的核心应急功能和任务，这些核心功能具有一定的独立性，但相互之间又密切联系，构成应急响应的有机整体，共同完成应急救援的目的。应急响应功能是指突发事件应急响应过程中需要完成的某些任务的集合，这些任务之间联系紧密，共同构成应急响应的一个功能模块。根据旅游突发事件风险性质及应急主体的不同，需要的核心应急功能可有一些差异。

1. 接警与通知

迅速准确地了解突发事故的性质和规模等初始信息，是决定是否启动应急救援的关键。接警作为应急响应的第一步，必须对其要求做出明确规定，保证迅速、准确地向报警人员询问事故现场的重要信息，如事件发生的时间、地点、种类、强度等。接警人员接受报警后，应按预先确定的接警和事故通报程序，将事故信息及时向有关应急机构、上级部门、政府部门及相邻地区发出通知，以采取相应的行动。

2. 指挥与控制

旅游突发事故的应急救援往往涉及多个救援部门和机构，因此，对应急行动的统一指挥和协调是应急救援有效开展的关键。建立分级响应，统一指挥、协调和决策程序，以便对事故进行初始评估、确认其处于紧急状态，从而迅速、有效地进行应急响应决策，建立现场工作区域，确定重点保护区域和应急行动的优先原则，合理、高效地调配和使用应急资源，指挥和协调现场各救援队伍有条不紊地开展救援行动。

3. 警报和紧急公告

警报和紧急公告功能应明确在发生重大事故时，如何向受影响的公众发出警报，包括什么时候、谁有权决定启动警报系统，各种警报信号的不同含义，警报系统的协调使用，可使用的警报装置的类型和位置以及警报装置覆盖的地理区域。如果可能的话，应指定备用措施。当事故可能影响到旅游区时，应及时启动警报系统，同时通过各种途径向公众发出紧急公告，传递与事故有关的重要信息，如事故性质、对健康的影响、自我保护措施、注意事项等，以保证公众能够及时做出自我防护响应。决定实施疏散时，应通过紧急公告确保公众了解疏散的有关信息，如疏散时间、路线、随身携带物、交通工具及目的地等。

4. 通信

通信是应急指挥、协调和与外界联系的重要保障，所有直接参与或者支持应急行动的组织（应急指挥部、现场指挥部、各应急救援组织、新闻媒体、医疗卫生部门、上级政府和外部救援机构等）之间，必须建立畅通的应急通信网络。通信功能应当说明主要通信系统的类型、使用方法、维护以及应急通信需求的详细情况等。充分考虑紧急状态下的通信能力和保障，建立备用的通信系统以保证其全天候持续工作。

5. 事态监测与评估

在应急救援过程中，必须对事故的发展态势和影响及时进行动态的监测与评估，其在应急救援和应急恢复中起着非常重要的决策支持作用，其结果不仅是控制事故现场，制定消防、抢险措施的重要决策依据，也是划分现场工作区域、保障现场应急人员安全、实施公众保护或疏散措施的重要依据。

事态监测与评估的内容包括：由谁来负责监测与评估活动，监测仪器设

备及监测方法，实验室化验及检验支持，监测点的设置及现场工作的报告程序等。可能的监测活动包括：事故影响边界，气象条件，对食物、饮用水、卫生以及水体、土壤、农作物等的污染，可能的二次反应有害物，爆炸危险性和受损建筑垮塌危险性，污染物质滞留区，等等。

6. 警戒与治安

为保障现场应急救援工作的顺利开展，在事故现场周围建立警戒区域，实施交通管制，维护现场治安秩序是十分必要的，其目的是防止与救援无关的人员进入事故现场，保障救援队伍、物资运输和人群疏散等的交通畅通，避免现场的混乱或发生不必要的伤亡，维护撤离区和人员安置区的社会治安工作，保卫撤离区内和各封锁路口附近的重要目标和财产安全，打击各种犯罪分子。除上述职责以外，警戒人员还应协助发出警报、现场紧急疏散、人员清点、传达紧急信息、执行指挥机构的通告，以及协助事故调查等。警戒与治安功能一般由公安部门或旅游区保安人员负责。由于警戒人员往往第一个到达现场，因此，应对其进行危险物质事故有关知识的培训，并列出警戒人员个体防护的相关准备。

7. 人群疏散与安置

当事故现场周围地区的人群的生命可能受到威胁时，将受威胁人群及时疏散到安全区域，是减少人员伤亡扩大的关键。事故的大小、强度、爆发速度、持续时间及其后果严重程度是实施人群疏散应予考虑的重要因素，它将决定疏散人群的数量、疏散的可用时间以及确保安全的疏散距离。要对疏散的紧急情况和决策、预防性疏散准备、疏散区域、疏散距离、疏散路线、疏散运输工具、安全庇护场所以及回迁等做出细致的规定和准备。对已实施临时疏散的人群，要做好临时生活安置，保障必要的食品、水、电等基本条件。

在紧急情况下，根据事故的现场情况，也可以选择现场安全避难方法。疏散与避难一般由政府组织进行，但旅游区、社区必须事先做好准备，积极与地方政府主管部门合作，保护旅游者、当地居民及其他人员免受事故危害。

8. 医疗与卫生

及时、有效的现场急救以及合理地转送医院治疗，是减少事故现场人员伤亡的关键。在该功能中，应明确针对可能发生的事故，为现场急救、伤员运送、治疗及卫生监测等所做的准备和安排，包括：可用的急救资源列表（急救中心、救护车和急救人员）；医院列表（数量、分布、可用病床、治疗能力）；抢救药品、医疗器械、消毒、解毒药品等在旅游区内、外的来源和供给；建立与上级或外部医疗机构的联系与协调，包括食物中毒急救中心等；建立对受伤人员进行分类急救、运送和转送医院的标准操作程序；记录、汇总伤亡情况；保障现场急救和医疗人员个人安全的措施；卫生和传染病源监测机构及可用的监测设备和检测方案。

9. 公共关系

发生突发事件后，不可避免地会引起新闻媒体和公众的关注。因此，应将有关事故的信息、影响、救援工作的进展、人员伤亡情况等及时向媒体和公众进行统一发布，以消除公众的恐慌心理，控制谣言，避免公众的猜疑和不满。

公共关系功能应明确信息发布的审核和批准程序，保证发布信息的统一性，避免错误报道；指定新闻发言人，适时举行新闻发布会，准确发布事故信息，澄清事故传言。当没有进一步的信息时，应该让人们知道事态正在调查，将在下次新闻发布会通知媒体，不回避或掩盖事实真相；为公众咨询、接待、安抚受害人员家属做出安排。

10. 应急人员安全

应急响应人员自身安全是旅游事故应急预案应予考虑的一个重要问题。一些事故尤其是涉及危险物质的事故，应急救援工作危险性大，必须对应急人员自身的安全问题进行周密的考虑，要根据事故的性质，确定安全预防措施及设备、个体防护等级，合理配备个人防护设备，如配备自持式呼吸器等。此外，在收集到事故现场更多的信息后，应重新评估所需的个体防护设备，以确保正确选配和使用个体防护设备。明确应急人员进出现场和紧急撤离的条件和程序，避免应急救援人员遭受不必要的伤害。

11. 消防和抢险

消防和抢险是应急救援工作的核心内容之一，其目的是尽快控制事故的发展，防止事故的蔓延和进一步扩大，从而最终控制住事故，并积极营救事故现场的受害人员。尤其是涉及危险物质的泄漏、火灾事故，其消防和抢险

工作的难度和危险性极大。政府应对该部分消防和抢险工作的组织、相关消防抢险设施、器材和物资、人员培训、行动方案以及现场指挥等做好周密的安排和准备。

12. 现场处置

根据现场应急方案对现场进行处置、控制，是旅游区突发事故应急的一个关键所在，事故现场处置的效果也是检验应急预案是否完善、有效的重要指标。由于旅游区可能发生的事故众多，处置方法存在较大差异，针对旅游活动中可能发生的不同突发事故，应制订相应的现场处置方案，以获得良好的应急效果。

（五）现场恢复

现场恢复是指将事故现场恢复到相对稳定、安全的基本状态。就应急过程来说，现场恢复意味着应急救援工作的结束，进入下一个工作阶段。当应急救援结束后，应急总指挥应该委派恢复人员进入事故现场，清理被破坏的设施，恢复被损坏的设备和设施，清理火灾、自然灾害等处置后的残余物等。

大量经验教训表明，在现场恢复的过程中，仍然存在潜在的危险，如余烬复燃、受损建筑倒塌等，所以应对事故及受影响区域进行检测，分析现场恢复过程中的潜在危险，确保恢复期间的安全。该部分主要内容应包括：宣布应急结束的程序，撤离和交接程序，恢复正常状态的程序，现场清理和受影响区域的连续检测，事故调查与后果评价，等等。

（六）预案管理与评审改进

应急预案是应急救援工作的指导文件，具有法律权威性。预案管理与评审改进是指对应急预案的制订、修改、更新、批准和发布做出明确的管理规定，指定相应的管理部门，明确应急预案的审查、批准和发布程序，保证定期或在应急演习、应急救援后对应急预案进行评审，针对实际情况以及预案中暴露出的缺陷与不足，不断地更新、完善和改进，使其适用于实际应急工作的需要。

第三节 旅游安全应急预案编制

旅游安全应急预案的编制过程可分为五个步骤：成立编制小组、安全现状评估、编制应急预案、应急预案评审、应急预案实施。

一、成立编制小组

应急预案的内容涉及不同的部门及专业领域，编制应急预案是一个复杂的过程。组织编制工作，首先要成立旅游安全应急预案编制小组，由专人或小组具体负责，其规模取决于应急预案的适用领域及涉及范围等。编制小组成员应有相应的专业知识、团队精神和社会责任感。

（一）编制主体人员

编制小组应得到应急主体部门人员的参与和保证，并得到高层管理者的授权和认可，应以书面或旅游单位下发文件的形式，明确指定编制主体人员。确定了预案编制小组的成员后，必须确定小组领导，确定编制计划，明确任务分工，保证预案编制工作的组织实施。

（二）编制参与人员

在应急预案编制过程中，应将突发事件应急功能和相关职能部门的人员纳入预案编制小组之中，并得到本部门的认可。部门参与人员是非固定的，可各自负责需要编写的部分。针对旅游安全应急预案，应有以下部门人员参与：高层管理者、各级管理人员、消防安保部、工程维护部、对外联络部等。

（三）专家系统支持

应急预案的科学性、严谨性和可行性，要求编制人员依据客观和科学的实际情况对事故或事件进行评价，并编制与之相适应的有应急响应能力的预案。因此，只有对这些领域有深入研究的专家，才能提出具有针对性的措施和方法。

对于旅游区来讲，建立专家系统，既可以利用外部资源，也可以充分利用内部资源，如旅游区的设施管理人员、工程技术人员、设计人员等。有时因旅游区的风险水平较高，或在进行安全评估中技术的要求难度较大，也可聘请专业的应急咨询机构和评价人员帮助开展工作。

二、安全现状评估

（一）潜在风险分析

潜在风险分析是旅游应急预案编制的基础和关键。分析的结果不仅有助于确定旅游区应急工作的重点，提供划分预案编制优先级别的依据，也为应急预案的编制、应急准备和应急响应提供必要的信息和资料。

1. 风险识别

风险识别是将旅游区中可能存在的风险因素识别出来，作为下一步风险分析的对象。风险识别应分析旅游区的地理、气象等自然条件，公共设施等的具体情况，结合本地区历史上曾经发生的事故，识别旅游系统中存在的危害和风险。

风险识别的方法主要有现场调查法、工作任务法、安全检查表法等。现场调查法是通过现场观察、询问交谈、安全记录查阅等，获取相关安全信息，通过分析研究，识别潜在风险；工作任务法是通过分析现场工作人员的工作任务中所涉及的危害，识别相应的危险源；安全检查表法是使用编制好的安全检查表，对旅游区进行系统的安全检查，识别存在的潜在风险。

2. 脆弱性分析

脆弱性分析是在风险识别的基础上，分析旅游区一旦发生事故，最容易受到冲击破坏的区域以及最有可能出现波动或激变的环节。脆弱性分析应提供下列信息：受事故或灾害影响的区域，以及该区域的影响因素（地形、交通、风向等）；预计位于脆弱带中的人口数量和类型（当地居民、旅游者、员工等）；可能遭受的财产破坏，包括基础设施（水、食物、电、医疗等）和运输线路；可能的环境影响。

3. 风险分析

风险分析是根据脆弱性分析的结果，评估事故或灾害发生时，对旅游区造成破坏的可能性，以及可能导致的实际破坏程度和波及范围，一般用相对性的词汇（如低、中、高）来描述。风险分析应提供下列信息：发生事故的可能性，或同时发生多种紧急事故的可能性；对人造成的伤害类型（急性、延时或慢性）和相关的高危人群；对财产造成的破坏类型（暂时、可修复或永久的）；对环境造成的破坏类型（可恢复或永久的）。

4.分析结果应用

通过脆弱性与风险分析得到的评价结果来评估潜在紧急情况的后果，确定应急需求和设备系统的需求。同时，结合旅游区的产品、服务及所需的设施设备，旅游区内外部的资源和能力，确定应急需求的范围，提出有针对性的应急措施。

（二）应急能力评估

根据实际情况，通过风险分析的结果，对已有的应急资源和应急能力进行评估，掌握旅游区现有的应急能力状况，明确应急体系中的缺陷和不足。应急资源和能力将直接影响应急行动的快速有效性，应急资源包括应急人员、应急设施（备）、装备和物资等，应急能力包括人员的技术、经验和接受的培训等。评估工作应由应急编制小组中的专业人员进行，并与相关部门及重要岗位工作人员交流，评估结果应形成书面报告。预案制订时，应当在评估与潜在风险相适应的应急资源和能力的基础上，选择最现实、最有效的应急策略。

三、编制应急预案

根据应急资源的现状、需求，事故风险分析结果以及有关的法律法规等要求，收集和查阅已有的相关资料，确定应急的总体目标和行动的优先顺序。在此基础上，确定具体目标和重要事项，列出需要完成的任务清单、工作人员清单和时间表，明确脆弱性分析中发现的问题和针对资源不足问题的解决方法。然后，分配给编制小组每个成员相应的编写内容，确定最合适的格式，对具体的目标应明确时间期限。预案编写可采用树型、条文式、分部式、顺序式等结构。完成应急预案初稿后，应进行内部讨论与审定，并不断修改完善，形成评审稿。

四、应急预案评审

为确保应急预案的科学性、合理性及符合实际情况，预案编制单位或管理部门应依据我国有关应急的方针、政策、法律、法规、规章、标准和其他有关应急预案编制的指导性文件与评审检查表，组织开展预案评审工作，并取得政府有关部门和应急机构的认可。预案经评审完善后，由主要负责人签署发布，并按规定报送上级有关部门备案。

（一）评审时机

应急预案评审时机是指应急管理机构、组织应在何种情况下、何时或间隔多长时间对预案实施评审、修订。应急预案的评审、修订时机和频次可遵循如下规则：定期评审、修订的周期可确定为1年；随时针对培训和演习中发现的问题对应急预案实施评审、修订；国家有关应急的方针、政策、法律、法规、规章和标准发生变化时，评审、修订应急预案；当潜在风险发生较大变化时，评审、修订应急预案；根据应急预案的规定，评审、修订应急预案。

（二）评审类型

应急预案作为事故应急管理工作的规范文件，一经发布，即具有相当的权威性。因此，应急预案草案应通过所有要求执行该预案的机构或为预案执行提供支持的机构的评审。评审过程应相对独立，通过预案评审，对预案草案进行完善和改进。

1. 内部评审

内部评审是指编制小组内部组织的评审。应急预案编制单位应在预案初稿编写工作完成之后，组织编写成员对预案进行内部评审。内部评审应对照检查表检查各自的工作，评估应急预案的完整性、准确性、可读性和可操作性等，保证预案内容的准确和完整。完成内部评审工作之后，应对应急预案进行修订，并组织外部评审。

2. 外部评审

外部评审是预案编制单位组织本地或外埠的同行专家、上级机构、社区及有关政府部门对预案进行评审。外部评审的主要作用是确保应急预案中规定的各项权力法治化，确保应急预案被所有部门接受。根据评审人员的不同，外部评审可分为同行评审、上级评审、社区评审和政府评审等。

（三）评审程序

完成旅游安全应急预案的编制后，旅游企业或单位应在广泛征求意见的基础上，对应急预案进行评审。

1. 评审准备

成立应急预案评审工作组，落实参加评审的单位或人员，将应急预案及有关资料在评审前送予参加评审的单位或人员。

2. 组织评审

评审工作应由旅游经营单位主要负责人或主管安全生产工作的负责人主持，参加应急预案评审的人员应符合《生产安全事故应急预案管理办法》要求。经营规模小、人员少的单位，可以采取演练的方式对应急预案进行论证，必要时应邀请相关主管部门或安全管理人员参加。应急预案评审工作组讨论并提出会议评审意见。

3. 修订完善

旅游经营单位应认真分析研究评审意见，按照评审意见对应急预案进行修订和完善。评审意见要求重新组织评审的，旅游经营单位应组织有关部门对应急预案重新进行评审。

4. 批准印发

旅游安全应急预案经评审或论证，符合要求的，由旅游经营单位主要负责人签发，之后将预案分发给有关部门。分发时要建立发放登记表，记录发放日期、发放份数、文件登记号、接收部门、接收日期、签收人等有关信息。向社会或媒体分发用于宣传教育的预案可不包括有关标准操作程序、内部通信簿等不便公开的专业、关键或敏感信息。

（四）评审方法

应急预案评审有形式评审和要素评审两种方法。形式评审主要用于应急预案备案时的评审；要素评审主要用于旅游经营单位组织的应急预案评审工作。应急预案评审采用符合、基本符合、不符合三种意见进行判定，对于基本符合和不符合的预案，应给出具体修改意见或建议。

1. 形式评审

形式评审是对应急预案的层次结构、内容格式、语言文字、附件项目以及编制程序等内容进行审查，重点审查应急预案的规范性和编制程序。

2. 要素评审

要素评审是依据国家有关法律法规和有关行业规范，从合法性、完整性、针对性、实用性、科学性、可操作性和衔接性等方面对应急预案进行评审。为细化评审，旅游经营单位应采用列表方式分别对应急预案的关键要素和一般要素进行评审。评审时，将应急预案的要素内容与评审表中所列的要素内容进行对照，判断是否符合有关要求，指出预案中存在的问题及不足。

关键要素是指应急预案构成要素中必须规范的内容，是应急管理及救援的关键环节，主要有危险源辨识与风险分析、组织机构及职责、信息报告与处置、应急响应程序与处置技术等；一般要素是指应急预案构成要素中可简写或省略的内容，如应急预案的编制目的、编制依据、适用范围、工作原则、单位概况等。

（五）评审要点

1. 合法性

旅游安全应急预案中所有的内容均应符合国家及相关部门制定的有关法律、法规、规章和标准，以及有关部门和上级单位规范性文件的要求。

2. 完整性

应急预案的内容应完整，应包含实施应急响应行动所需的所有基本信息。完整性包括职能完整、应急过程完整和适用范围完整。职能完整即应急预案中应说明有关部门应履行的应急响应职能和应急准备职能，说明为确保履行这些职能而应履行的支持性职能；应急过程的完整性，指应急预案应涵盖应急活动的全过程，包括应急预防、应急准备、应急响应和应急恢复四个阶段；适用范围完整，指应急预案中应阐明该预案的适用范围。

3. 针对性

旅游安全应急预案要密切结合本单位的危险源辨识与风险分析，针对这些潜在的危险源和风险，提出切实可行的方案。

4. 实用性

旅游安全应急预案应契合本单位的工作实际，与单位事故应急处置能力相适应。应急预案应通俗易懂、语言简洁、层次结构清晰、易查询。

5. 科学性

组织体系、信息报送和处置方案等内容应科学合理，所包含的各类基本信息应准确有效，如通信信息准确、职责描述准确、适用危险性质及种类准确。

6. 可操作性

应急响应程序和保障措施等内容应切实可行，具有良好的可操作性（实用性），当发生事故灾害时，有关应急组织、人员可以按照应急预案的规定，迅速、有序、有效地开展应急与救援行动，降低事故损失。

7. 衔接性

综合、专项应急预案和现场处置方案应形成体系，并与相关部门或单位应急预案协调一致、相互兼容、相互衔接，不产生冲突。

五、应急预案实施

（一）应急预案落实

应急预案经评审通过和批准后，应按有关程序正式发布和备案，并组织相关机构落实应急预案中的各项工作，如开展应急预案宣传、教育和培训，落实和检查各相关部门的职责、程序和资源准备，组织开展应急演练和训练等。

（二）应急预案修改

对应急预案实施动态管理，当在日常应急管理、训练或演习及实际应急过程中发现预案缺陷和漏洞，或者组织机构、人员及通信方式及有关法律、法规、标准等发生变化时，应对预案进行修改更新，并不断完善，以保持预案的时效性。修改预案时，应填写预案更改通知单，经审核、批准后备案存档，并根据预案发放登记表，发放预案更改通知单复印件至各部门，以更新预案。

（三）应急预案修订

当预案更改的内容变化较大、累计修改处较多，或已达到预案修订期限时，旅游主管部门应对预案进行评估，并及时进行修订。预案的修订过程

应遵循与预案编制相同的过程，包括从成立预案编制小组到预案的评审、批准和实施全过程。预案经修订重新发布后，应按原预案发放登记表收回旧版本预案，发放新版本预案并进行登记。

第六章 旅游安全应急演练

旅游安全应急演练是指旅游企业组织相关机构、单位及人员，依据有关应急预案，模拟应对突发事件的排练活动。安全演练是检验、评价和保持应急能力的一个重要手段。

第一节 旅游安全应急演练概述

安全应急演练可以在实际应急工作中发挥重要作用。按照演习提供的经验，在灾害后迅速做出反应，正确应急，取得了减轻灾害的实效。

一、应急演练目的

（一）检验预案

旅游安全应急演练是检验旅游应急预案是否科学合理、切实可行的重要途径。通过演练，可发现预案的缺陷和不足，进而修正、完善和优化应急预案，提高应急预案的实用性和可操作性。

（二）完善准备

旅游安全应急演练是保障旅游应急体系始终处于良好战备状态的重要手段。相关部门要通过开展应急演练，检查应急资源（人力、物资、装备、技术等）的准备情况，发现安全预警系统和安全管理中存在的不足和缺陷，及时予以调整补充，做好应急准备工作。

（三）锻炼队伍

应急演练可使演练组织单位、参与单位和人员等充分熟悉和掌握应急响应的程序和方法，提高应急活动的熟练程度和应急技术水平，积累抢险救援

经验，增强队伍的整体应急能力。在事故发生时，各应急人员才能够轻车熟路解决实际问题。应急演练还可验证应急队伍的编组、装备、训练内容、方法和形式的可行性，增强安全管理各部门的安全意识、协调意识及协调能力，进一步明确各自的岗位与职责，提高整体应急反应能力。

（四）磨合机制

开展应急演练可进一步明确相关单位和人员的职责任务，理顺工作关系，提升安全管理机构的指挥、调度、整合及组织协调能力，改善各应急部门、机构、人员之间的协调能力。应急演练可磨合应急机制，使应急队伍的技能与素质得到巩固，提高事故处置工作的整体水平，在面对事故时，能井然有序、协同密切、科学合理地处理。

（五）科普宣教

开展应急演练，还是对从业人员及群众进行安全教育的一种方式。应急演练可增强公众对突发事故救援的信心和应急意识，普及应急知识，增强公众对安全信息的敏感度，提高公众的风险防范意识和自救、互救等灾害应对能力。

二、应急演练原则

（一）科学计划、突出重点

应急演练必须事先确定演练目标，演练策划人员应对演练内容、情景等事项进行精心策划。演练应重点解决应急过程中的组织指挥和协同配合问题，解决应急准备工作中的不足，以提高应急行动的整体效能。

（二）结合实际、合理定位

应急演练要紧密结合应急管理工作实际，明确演练目的，根据资源条件确定演练方式和规模。应急演练应结合旅游地可能发生的危险源特点、潜在事故类型、可能发生事故的地点、气象条件及应急准备工作的实际情况进行。

（三）着眼实战、讲求实效

应急演练要以提高应急指挥人员的指挥协调能力、应急队伍的实战能力为着眼点；重视对演练效果及组织工作的评估、考核，总结推广好的经验，及时整改存在的问题；应急演练指导机构应精干，工作程序要简明，演练文件要实用，避免一切形式主义的安排，以取得的实效作为检验演练质量的唯一标准。

（四）周密组织、确保安全

应急演练要围绕演练目的，精心策划演练内容，科学设计演练方案，周密组织演练活动，制定并严格遵守有关安全措施，确保演练参与人员及演练装备、设施的安全。演练策划人员必须制定并落实保证演练达到目标的具体措施，各项演练活动应在统一指挥下实施，参演人员要严守演练现场规则，确保演练过程的安全。演练不得影响经营单位的正常运行，不得使各类人员承受不必要的风险。

（五）统筹规划、厉行节约

旅游企业应统筹规划应急演练活动，适当开展跨地区、跨部门、跨行业的综合性演练，充分利用现有资源，厉行节约，努力提高应急演练效益。

三、应急演练分类

鉴于假设场景受到实际条件的种种限制，旅游单位应根据事故应急管理的需求和资源条件、面临风险的性质和大小、相关政府部门有关应急演练的规定等，并结合自身实际情况，采取不同的应急演练类型，对应急预案的完整性和周密性进行评估。旅游企业应知晓不同类型应急演练的复杂程度、规模、所需的资源等虽然均不同，但在策划演练内容、演练情景、演练频次、演练评价方法等方面有着共同的要求。

不同类型的演练相互结合，可以形成单项桌面演练、综合桌面演练、单项实战演练、综合实战演练、示范性单项演练、示范性综合演练等。

四、应急演练组织机构

演练应在相关预案确定的应急领导机构或指挥机构领导下组织开展。演练组织单位要成立由相关单位领导组成的演练领导小组，通常下设策划部、保障部和评估组。对于不同类型和规模的演练活动，其组织机构和职能可以适当调整。

（一）演练领导小组

演练领导小组负责应急演练活动全过程的组织领导，审批决定与演练相关的重大事项。演练领导小组组长一般由演练组织单位或其上级单位的负责人担任；副组长一般由演练组织单位或主要协办单位负责人担任；小组其他成员一般由各演练参与单位相关负责人担任。在演练实施阶段，演练领导小组组长、副组长通常分别担任演练总指挥、副总指挥。

1.总指挥部

总指挥部由当地政府、旅游局、安监局、公安、消防、卫生等有关部门的领导组成。其职责是全面负责事故现场的处理处置工作，通过区域监控信息系统接收现场指挥部发送的现场处置图像、监控报告和处置报告及现场反馈的其他情况，启动专家系统；通过有线、无线和网络将指令传达到事故现场，向现场指挥部提供技术支持，及时提出处置意见，统一调配、协调各有关应急力量。

2.现场指挥部

现场指挥部由政府及旅游、公安、消防、卫生等部门的负责人组成。现场指挥部负责及时听取、了解事故现场情况，进行现场勘察，对事故做出判断，统一调度现场应急人力、物力和设备，组织现场处理。为便于现场信息传输和现场指挥，现场指挥部地点一般选在靠近事故发生但较为安全的场所。现场指挥部的职责是：在总指挥部的统一指挥下，具体负责事故的调查、取证和监控，提出处置方案建议，随时向总指挥部汇报现场处理情况，将现场处置图像、监控数据、事故处理报告通过通信信息系统上传给总指挥部。

（二）策划部

策划部负责应急演练策划、演练方案设计、演练实施的组织协调、演练评估总结等工作。策划部设总策划、副总策划，下设文案组、协调组、控制组、宣传组等。

1.总策划

总策划是演练准备、演练实施、演练总结等阶段各项工作的主要组织者，一般由演练组织单位具有应急演练组织经验和突发事件应急处置经验的人员担任;副总策划协助总策划开展工作,由演练组织单位或参与单位的有关人员担任。

2. 文案组

文案组是在总策划的直接领导下,负责制订演练计划、设计演练方案、编写演练总结报告以及演练文档归档与备案等。文案组成员应具有一定的演练组织经验和突发事件应急处置经验。

3. 协调组

协调组负责与演练涉及的相关单位以及本单位有关部门之间的沟通协调,其成员一般为演练组织单位及参与单位的行政、外事等部门人员。

4. 控制组

控制组在演练实施过程中,根据演练方案及演练计划的要求,在总策划的直接指挥下,负责向演练人员传送各类控制消息,引导应急演练进程按计划进行,并不断给出新情况或消息,供参演的指挥人员进行判断、提出对策。演练控制人员最好有一定的演练经验,也可以从文案组和协调组抽调。

5. 宣传组

宣传组负责编制演练宣传方案、整理演练信息、组织新闻媒体和开展新闻发布等。其成员一般是演练组织单位及参与单位宣传部门的人员。

(三)保障部

保障部负责调集演练所需的物资装备,购置和制作演练模型、道具、场景,准备演练场地,维持演练现场秩序,保障运输车辆,保障人员生活和安全保卫,等等。后勤保障人员一般是演练组织单位及参与单位后勤、财务、办公等部门人员。

(四)评估组

评估组负责设计演练评估方案和编写演练评估报告,对演练准备、组织、实施及其安全事项等进行全过程、全方位评估,及时向演练领导小组、策划部和保障部提出意见、建议。演练评估人员一般是应急管理专家,或具有一定演练评估经验和突发事件应急处置经验的专业人员。评估组可由上级部门组织,也可由演练组织单位自行组织。

要全面、正确地评价演练效果,必须在演练覆盖区域的关键地点和各参

演应急组织的关键岗位上，派驻公正的评价人员。评价人员的作用主要是观察演练的进程，记录演练人员采取的每一项关键行动及其实施时间，访谈演练人员，要求参演应急组织提供文字材料，评价参演应急组织和演练人员的表现并反馈演练发现，等等。

（五）参演人员

参演人员是指在应急组织中承担具体任务，并在演练过程中尽可能对演练情景或模拟事件做出真实情景下可能采取的响应行动的人员，包括应急预案规定的有关应急管理部门（单位）工作人员、各类专兼职应急救援队伍以及志愿者队伍等。参演人员承担具体演练任务，针对模拟事件场景做出应急响应行动。有时也可使用模拟人员替代现场参加演练的单位人员，模拟事故的发生过程（释放烟雾、模拟泄露等）。

五、应急演练的任务

旅游安全应急演练的过程可划分为演练准备、演练实施和演练评价三个阶段。按照应急演练的三个阶段，可将演练前后应予完成的内容和活动分解，并整理成相应的基本任务。

（一）演练准备

1. 确定演练目标

应急演练指挥机构应提前确定演练目标，确定演示范围或演示水平，与有关部门、应急组织和关键人员提前协商，确定应急演练日期，并落实其他相关事宜。

2. 编写演练方案

演练指挥机构应根据演练目标和演示范围事先编制演练方案，对演练性质、规模、参演单位和人员、假想事故、情景事件及其顺序、气象条件、响应行动、评价标准与方法、时间尺度等事项进行总体设计。

3. 确定演练现场规则

演练现场规则是指为确保演练安全而对演练内容和演练控制、参与人员职责、实际紧急事件、法规符合性、演练结束程序等事项做出的规定或要求。演练安全既包括演练参与人员的安全，也包括旅游者、当地居民和旅游区内其他人员的安全。确保演练安全是演练策划过程中一项极其重要的工作，演练指挥机构应事先制定演练现场规则，确保演练过程受控和演练参与人员的安全。

4. 确定和培训评价人员

演练指挥机构负责人应预先确定演练评价人员，评价人员一般由政府有关部门的领导及相关领域内的专家组成。指挥机构应事先分配评价任务，准备说明评价人员工作任务、演练内容、日程及后勤问题的工作文件，以及与其任务相关的背景资料，在演练前分发给评价人员。指挥机构应在演练前完成评价人员的培训工作，使评价人员了解应急预案的执行程序，熟悉应急演练的评价方法。指挥机构应根据应急演练的规模和类型确定演练所需评价人员的数量和应具备的专业技能，分配各自所负责评价的应急组织和演练目标。评价人员应对应急演练和演练评价工作有一定的了解，并具备较好的语言和文字表达能力、必要的组织和分析能力以及处理敏感事务的行政管理能力。

5. 安排后勤工作

演练指挥机构应事先完成演练通信、卫生、物资器材、场地交通、现场指示和生活保障等后勤保障工作。

（二）演练实施

讲解演练方案：演练指挥机构负责人应在演练前分别向演练人员、评价人员、控制人员讲解演练过程、演练现场规则、演练方案、情景事件等事项；记录演练情况：在演练过程中，评价人员应记录并收集演练目标的演示情况；追踪演练目标：在演练过程中，指挥机构应确保应急组织按照有关法规、标准和应急预案的要求演示所有演练目标。

（三）演练评价

1. 演练情况评估

演练结束后，评价人员应立即访谈演练人员，咨询演练人员对演练过程的评价、疑问和建议。演练指挥机构负责人应召集演练人员代表对演练过程进行评估，并对演练结果进行总结和解释。评价人员应尽快对应急组织的表现给出书面评价报告，并对演练目标的演示情况进行书面说明。

2. 举行公开会议

演练指挥机构负责人应尽快听取评价人员对演练过程的观察与分析，确定演练结论并启动协商机制，邀请参演人员出席公开会议，解释如何通过演练检验应急能力，听取大家对应急预案的建议。演练指挥机构负责人应通报本次演练中存在的不足及应采取的纠正措施。有关方面接到通报后，应在规定的期限内完成整改工作。

3. 编写演练总结报告

演练结束后，演练指挥机构负责人应向上级部门及领导提交演练报告。报告内容应包括本次演练的背景信息、演练时间、演练方案、参与演练的应急组织、演练目标、演练不足项、演练整改项及建议整改措施等。

4. 追踪整改项的纠正情况

演练结束后，有关方面应针对不足项及时采取补救措施，演练指挥机构负责人应追踪整改项的纠正情况，针对补救措施的完成情况准备单独的评价报告，确保整改项能在下次演练中得到纠正。

第二节 旅游安全应急演练准备

一、制订演练计划

演练计划是指对拟举行的演练的基本构想和准备活动的初步安排。演练计划由文案组编制，经策划部审查后报演练领导小组批准。

演练计划主要内容包括：确定演练目的，明确举办应急演练的原因、演练要解决的问题和期望达到的效果等；分析演练需求，在对事先设定事件的风险及应急预案进行认真分析的基础上，确定需调整的演练人员、需锻炼的技能、需检验的设备、需完善的应急处置流程和需进一步明确的职责等；确定演练范围，根据演练需求、经费、资源和时间等条件，确定演练事件类型、等级、地点、参演机构及人数、演练方式等；安排演练准备与实施的日程计划，包括各种演练文件编写与审定的期限、物资器材准备的期限、演练实施的日期等；编制演练经费预算，明确演练经费筹措渠道。

二、设计演练方案

演练方案由文案组编写，通过评审后由演练领导小组批准，必要时还需报有关主管单位同意并备案。演练方案内容包括演练目标、演练情景、演练实施步骤、评估标准与方法等。

（一）确定演练目标

演练目标是需要完成的主要演练任务及其达到的效果，一般为"由谁在什么条件下完成什么任务，依据什么标准，取得什么效果"。演练目标应简单、具体、可量化、可实现。一次演练一般有若干项演练目标，每项演练目标都要在演练方案中有相应的事件和演练活动予以实现，并在演练评估中有相应的评估项目来判断该目标的实现情况。旅游企业在设计演练方案时，应围绕演练目标展开。

1. 接警与通知

展示通知应急组织、动员应急响应人员的能力。演练目标：要求应急组织应具备在各种情况下警告、通知和动员应急响应人员的能力，以及启动应急设施和为应急设施调配人员的能力。应急组织既要采取一系列举措，向应急响应人员发出警报，通知或动员有关应急响应人员各就各位，还要及时启动应急指挥中心和其他应急支持设施，使相关应急设施从正常运转状态进入紧急运转状态。

2. 指挥与控制

展示指挥、协调和控制应急响应活动的能力。演练目标：应急组织应具备根据事态评估结果、识别应急资源需求，控制所有响应行动，以及动员和整合内、外部应急资源的能力。事故现场指挥人员、应急指挥中心指挥人员和应急行动小组负责人员都应按应急预案要求建立事故指挥系统。

3. 警报和紧急公告

展示向公众发出警报和宣传保护措施的能力。演练目标：要求应急组织具备按照应急预案中的规定，迅速完成向一定区域内的公众发布应急防护措施命令和信息的能力。

4. 通信

展示与所有应急响应地点、应急组织和应急响应人员有效通信交流的能力。演练目标：要求应急组织建立可靠的主通信系统和备用通信系统，以便与有关岗位的关键人员保持联系。应急组织的通信能力应与应急预案中的要求相一致。通信能力的展示主要体现在通信系统及其执行程序的有效性和可操作性。

5. 事态监测与评估

展示获取事故旅游区基本信息、识别事故原因和致害物、判断事故影响范围及其潜在危险的能力。演练目标：要求应急组织具备通过各种方式和渠道积极收集、获取事故信息，评估、调查人员伤亡和财产损失、现场危险性等有关情况的能力；具备根据所获信息判断事故影响范围、对旅游区周边居民和旅游区环境的中长期危害的能力；具备确定进一步调查所需资源的能力；具备及时通知国家、省及其他应急组织的能力。

6. 警戒与治安

展示维护现场秩序，疏通道路交通，控制疏散区和安置区的交通出入口等现场公共安全管理工作。演练目标：要求应急组织具备管制疏散区域交通道口的能力，主要强调交通控制点设置、执法人员配备和路障清除等活动的管理，与当地政府一起保护好旅游区游人和职工的生命财产安全。

7. 人群疏散与安置

展示根据危险性质制定并采取公众保护措施的能力，展示收容被疏散人员的程序、安置设施和装备，以及服务人员的准备情况。演练目标：要求应急组织具备根据事态发展和危险性质选择适当地点（接待中心、公园、体育场馆等）建立人员安置中心，对疏散人员进行监测和登记，提供生活必备条件（食品、厕所、医疗与健康服务等），并实施恰当公众保护措施的能力。

8. 医疗与卫生

展示有关转运伤员的工作程序、交通工具、设施和服务人员的准备情况，以及展示医护人员、医疗设施的准备情况。演练目标：要求应急组织具备将伤病人员运往医疗机构的能力和为伤病人员提供医疗服务的能力。转运伤病人员既要求应急组织具备相应的交通运输能力，也要求具备确定将伤病人员运往何处的决策能力。

9. 公共关系

展示及时向媒体和公众发布准确信息的能力。演练目标：要求应急组织具备及时通过媒体向公众发布确切信息和行动命令的能力，确保公众能及时了解准确、完整和有效信息的能力；具备控制谣言、澄清不实传言的能力。

10. 应急人员安全

展示监测、控制应急响应人员安全问题的能力。演练目标：要求应急组织具备保护应急响应人员的安全和健康的能力，主要强调应急区域划分、个体保护装备配备、事态评估机制与通信活动的管理。

11. 消防和抢险

展示消防和抢险、控制危险的应急响应能力。演练目标：要求应急组织具备事故侦查、受伤人员救助、抢险灭火以及与周边旅游区组成联合抢险组进行现场紧急处理等能力。重大事故应急过程可能需坚持 1 天以上时间，一些关键应急职能需维持 24 小时不间断运行，因此，应急组织应能安排两班人员轮班工作，并周密安排接班过程，确保应急过程的持续性。

12. 现场处置

展示采取有效措施控制事故发展和恢复现场的能力。演练目标：要求应急组织具备采取针对性措施，有效地控制事故发展和清理、恢复现场的能力。

（二）设计演练情景与实施步骤

演练情景是指根据应急演练的目标要求，根据事故发生与演变的规律，事先假设事故的发生发展过程，是演练人员在演练中的对策及应急行动的依据。演练情景一般从事件发生的时间、地点、状态特征、波及范围、周边环境、可能的后果以及随时间的演变进程等方面进行描述，包括演练场景概述和演练场景清单。演练情景可通过情景说明书加以描述，情景说明书的主要作用是描述事故情景，为演练人员的演练活动提供初始条件和初始事件，并通过一系列的情景事件引导演练活动继续，直至演练完成。演练情景以控制消息的形式通过电话、无线通信、传真、手工传递或口头传达等传递方式通知演练人员。

演练场景概述是对每一处演练场景的概要说明，主要说明事件类别、发生的时间地点、发展速度、强度与危险性、受影响范围、人员和物资分布、造成的损失、后续发展预测、气象及其他环境条件等。

演练场景清单要明确演练过程中各场景的时间顺序列表和空间分布情况。演练场景之间的逻辑关联依赖事件发展规律、控制消息和演练人员收到控制消息后应采取的行动。

情景事件总清单是指将演练过程中引入的情景事件按时间顺序排列，包括情景事件及其控制消息和期望行动，以及传递控制消息的时间或时机。情景事件总清单主要供控制人员在管理演练过程中使用，其目的是确保控制人员了解情景事件何时发生、何时输入控制消息。

（三）设计评估标准与方法

演练评估是通过观察、体验和记录演练活动，比较演练实际效果与目标之间的差异，总结演练成效和不足的过程。演练评估应以演练目标为基础，每项演练目标都要设计合理的评估项目、方法和标准。根据演练目标的不同，可以用选择项（如：是／否判断，多项选择）、主观评分（如：1——差、3——合格、5——优秀）、定量测量（如：响应时间、被困人数、获救人数）等方法进行评估。

为便于演练评估操作，应事先设计好评估表格，包括演练目标、评估方法、评价标准和相关记录项等，有条件时还可以采用专业评估软件等工具。

（四）编写演练方案文件

演练方案文件是指导演练实施的详细工作文件。根据演练类别和规模的不同，演练方案可以编为一个或多个文件。编为多个文件时可包括演练人员手册、演练控制指南、演练评估指南、演练宣传方案、演练脚本等。对涉密应急预案的演练或不宜公开的演练内容，应制定保密措施。

1. 演练人员手册

演练人员手册是指向演练人员提供的有关演练具体信息、程序的说明文件。演练人员手册中所包含的信息均是演练人员应当了解的信息，但不包括应对其保密的信息，如情景事件等。内容主要包括演练概述、组织机构、时间、地点、参演单位、演练目的、演练情景概述、演练现场标识、演练后勤保障、演练规则、安全注意事项、通信联系方式等，但不包括演练细节。演练人员手册可发放给所有参加演练的人员。

2. 演练控制指南

演练控制指南是指有关演练控制、模拟和保障等活动的工作程序和职责的说明。该指南主要供控制人员和模拟人员使用，其用途是向控制人员和模拟人员解释与他们相关的演练思想，制订演练控制和模拟活动的基本原则，建立或说明支持演练控制和模拟活动顺利进行的通信联系、后勤保障和行政管理机构等事项。演练控制指南内容主要有演练情景概述、演练事件清单、演练场景说明、参演人员及其位置、演练控制规则、控制人员组织结构与职责、通信联系方式等。

3. 演练评估指南

演练评估指南主要供演练评估人员使用，内容主要有演练情况概述、演练事件清单、演练目标、演练场景说明、参演人员及其位置、评估人员组织结构与职责、评估人员位置、评估表格及相关工具、通信联系方式等。

4. 演练宣传方案

演练宣传方案内容主要包括宣传目标、宣传方式、传播途径、主要任务及分工、技术支持、通信联系方式等。

5. 演练脚本

对于重大综合性示范演练，演练组织单位要编写演练脚本，描述演练事件场景、处置行动、执行人员、指令与对白、视频背景与字幕、解说词等。

（五）演练方案评审

对综合性较强、风险较大的应急演练，评估组要对文案组制订的演练方案进行评审，确保演练方案科学可行，以保证应急演练工作的顺利进行。

三、演练动员与培训

在演练开始前要进行演练动员与培训，确保所有演练参与人员掌握演练规则、演练情景和各自在演练中的任务。

所有演练参与人员都要经过应急基本知识、演练基本概念、演练现场规则等方面的培训；应急指挥部成员单位的负责人及工作人员要进行组织机构、职责、联系方式、紧急报告、救援行动等方面的培训；参演人员要进行

应急预案、事故特征、应急技能及个体防护技术等方面的培训；控制人员要进行岗位职责、演练过程控制和管理等方面的培训；评估人员要进行岗位职责、演练评估方法、工具使用等方面的培训。

四、应急演练保障

（一）人员保障

演练参与人员一般包括演练领导小组、演练总指挥、总策划、文案人员、控制人员、评估人员、保障人员、参演人员、模拟人员等，有时还会有观摩人员等其他人员。在演练的准备过程中，演练组织单位和参与单位应合理安排工作，保证相关人员有时间参与演练活动；通过组织观摩学习和培训，提高演练人员的素质和技能。

（二）经费保障

演练组织单位要根据应急演练规划编制应急演练经费预算，将此纳入该单位的年度财政（财务）预算，并按照演练需要及时拨付经费。此外，演练组织单位还应对演练经费使用情况进行监督检查，确保演练经费专款专用、节约高效。

（三）场地保障

演练组织单位应根据演练方式和内容，经现场勘察后选择合适的演练场地：桌面演练一般可选择会议室或应急指挥中心等；实战演练应选择与实际情况相似的地点，并根据需要设置指挥部、集结点、接待站、供应站、救护站、停车场等设施。演练场地应有足够的空间，良好的交通、生活、卫生和安全条件，尽量避免干扰公众的生产生活。

（四）物资和器材保障

演练组织单位应根据需要，准备必要的演练材料、物资和器材，制作必要的模型设施等。信息材料：应急预案和演练方案的纸质文本、演示文档、图表、地图、软件等；物资设备：各种应急抢险物资、特种装备、办公设备、录音摄像设备、信息显示设备等；通信器材：固定电话、移动电话、对讲机、海事电话、传真机、计算机、无线局域网、视频通信器材和其他配套器材，尽可能使用已有的通信器材；演练情景模型：搭建必要的模拟场景及装置设施。

（五）通信保障

应急演练过程中，应急指挥机构、总策划、控制人员、参演人员、模拟人员等之间要有及时可靠的信息传递渠道。根据演练的需要，可以采用多种公用或专用通信系统，必要时可搭建演练专用通信与信息网络，确保演练控制信息的快速传递。

（六）安全保障

演练组织单位要高度重视演练组织与实施全过程的安全保障工作。大型或高风险演练活动要按规定制订专门应急预案，采取预防措施，并对关键部位和环节可能出现的突发事件进行针对性演练。根据需要为演练人员配备个体防护装备、购买商业保险。对可能影响公众生活、易于引起公众误解和恐慌的应急演练，应提前向社会发布公告，告示演练内容、时间、地点和组织单位，并做好应对方案，避免造成负面影响。演练现场要有必要的安保措施，必要时对演练现场进行封闭或管制，保证演练安全进行。演练出现意外情况时，演练总指挥与其他领导小组成员会商后，可提前终止演练。

第三节　旅游安全应急演练实施

旅游安全应急演练实施是指从宣布初始事件起到演练结束的整个过程。虽然应急演练的类型、规模、持续时间、演练情景、演练目标等有所不同，但演练实施过程中的基本内容大致相同。

一、演练启动

演练正式启动前，一般要举行简短的仪式，由演练总指挥宣布演练开始并启动演练活动。

二、演练执行

（一）演练指挥与行动

演练总指挥负责演练实施全过程的指挥控制。当演练总指挥不兼任总策划时，一般由总指挥授权总策划对演练过程进行控制。按照演练方案的要求，应急指挥机构指挥各参演队伍和人员开展各项模拟演练活动。

演练控制人员应充分掌握演练方案，按照总策划的要求，熟练发布控制信息，协调参演人员完成各项演练任务。参演人员根据控制消息和指令，按照演练方案规定的程序开展应急处置行动，完成各项演练活动。模拟人员按照演练方案要求，模拟未参加演练的单位或人员的行动，并做出信息反馈。

（二）演练过程控制

总策划负责按演练方案控制演练过程。在演练过程中，参演应急组织和人员应遵守当地相关的法律、法规和演练现场规则，按实际紧急事件发生时的响应要求进行演练。如果演练偏离正确方向，控制人员可以采取刺激行动，以纠正错误。使用刺激行动时应尽可能地平缓，以诱导的方法纠偏。只有对背离演练目标的"自由演练"，才可使用强刺激的方法使其中断。

1. 桌面演练过程控制

在讨论桌面演练中，演练活动主要是围绕对所提出的问题进行讨论。由总策划以口头或书面形式，引入一个或若干个问题。参演人员根据应急预案及有关规定，讨论应采取的行动。在角色扮演或推演式桌面演练中，由总策划按照演练方案发出控制消息，参演人员接收到事件信息后，通过角色扮演或模拟操作，完成应急处置活动。

2. 实战演练过程控制

在实战演练中，要通过传递控制消息来控制演练进程。总策划按照演练方案发出控制消息，控制人员向参演人员和模拟人员传递控制消息，提醒演练人员终止具有负面影响或超出演示范围的行动，提醒演练人员采取必要的行动来正确展示所有的演练目标，终止演练人员不安全的行为，延迟或终止情景事件的演练。参演人员和模拟人员接收到信息后，按照发生真实事件时的应急处置程序，或根据应急行动方案，采取相应的应急处置行动。

控制消息可由人工传递，也可以用对讲机、电话、手机、传真机、网络等方式传送，或者通过特定的声音、标志、视频等呈现。在演练过程中，控制人员应随时掌握演练的进展，并向总策划报告演练中出现的各种问题。

（三）演练解说

在演练实施过程中，演练组织单位可以安排专人对演练过程进行解说。解说内容一般包括演练的背景描述、进程讲解、案例介绍、环境渲染等。对于有演练脚本的大型综合性示范演练，解说人可按照脚本中的解说词进行讲解。

（四）演练记录

在演练实施过程中，一般要安排专门人员，采用文字、照片和音像等手段记录演练过程。文字记录一般由评估人员完成，主要包括演练实际开始与结束时间、演练过程控制情况、各项演练活动中参演人员的表现、意外情况及其处置等，尤其是要详细记录可能出现的人员"伤亡"（如进入"危险"场所而无安全防护，在规定的时间内不能完成疏散等）及财产"损失"等情况。照片和音像记录可安排专业人员和宣传人员在不同现场、不同角度进行拍摄，尽可能全方位地反映演练实施过程。

（五）演练宣传报道

演练宣传组按照演练宣传方案做好演练宣传报道工作。演练宣传组要认真做好信息采集、媒体组织、广播电视节目现场采编和播报等工作，扩大演练的宣传教育效果。而对涉密应急演练，演练宣传组要做好相关保密工作。

三、演练结束与终止

演练完毕，由总策划发出结束的信号，由演练总指挥宣布演练结束。演练结束后，所有人员停止演练活动，按预定方案集合，进行现场总结讲评或者组织疏散。保障部负责组织人员对演练现场进行清理和恢复。

演练实施过程中如出现下列情况，经演练领导小组决定，可由演练总指挥按照事先规定的程序和指令终止演练：一是出现真实突发事件，需要参演人员参与应急处置时，要终止演练，使参演人员迅速回归其工作岗位，履行应急处置职责；二是出现特殊或意外情况时，短时间内不能妥善处理或解决时，可提前终止演练。

第四节 旅游安全应急演练总结

　　演练结束后，进行评价与总结是全面评估演练是否达到演练目标要求、各应急组织指挥人员及应急响应人员是否能完成任务、应急准备水平是否需要改进的一个重要步骤，也是演练人员进行自我评价的机会。演练评价与总结可以通过访谈、汇报、协商、自我评价、公开会议和通报等形式完成。

一、演练评估

　　演练评估是由专业人员在全面分析演练记录及相关资料的基础上，对比参演人员表现与演练目标要求，对演练活动及其组织过程做出客观评价，并编写演练评估报告的过程。演练结束后，相关人员通过组织评估会议、填写演练评价表和对参演人员进行访谈等方式，或通过参演单位提供自我评估总结材料，收集有关演练的实施情况的材料。

（一）编写演练评估报告

　　演练结束后应对演练的效果做出评估，并提交演练评估报告。演练评估报告的主要内容一般包括演练执行情况、预案的合理性与可操作性、应急指挥人员的指挥协调能力、参演人员的处置能力、演练所用设备装备的适用性、演练目标的实现情况、演练的成本效益分析、对完善预案的建议等。

（二）分析演练中的问题

　　在演练效果评估的基础上，详细说明演练过程中发现的问题。按照对应急救援工作及时性、有效性的影响程度，演练过程中的问题可分为不足项、整改项和改进项。

1. 不足项

　　不足项是指演练过程中观察或识别出的应急准备缺陷，这些缺陷可能导致在紧急事件发生时，不能确保应急组织或应急救援体系有能力采取合理应对措施，保护公众的安全与健康。演练过程中发现的问题确定为不足项时，策划小组负责人应对该不足项进行详细说明，并给出应采取的纠正措施和完成的时限。最有可能导致不足项的应急预案编制要素包括：职责分配、应急资源、警报、通报方法与程序、通信、事态评估、公众教育与公众信息、保护措施、应急人员安全和紧急医疗服务等。

2. 整改项

整改项是指演练过程中观察或识别出的、不可能单独在应急救援中对公众的安全与健康造成不良影响的应急准备缺陷。整改项应在下次演练前予以纠正。在以下两种情况下，整改项可列为不足项：一是某个应急组织中存在两个以上整改项，共同作用可影响保护公众安全与健康能力的；二是某个应急组织在多次演练过程中，反复出现前次演练发现的整改项问题的。

3. 改进项

改进项是指应急准备过程中应予以改善的问题。改进项不同于不足项和整改项，它不会对人员安全与健康产生严重影响，不必一定要求予以纠正。

二、演练总结

演练总结是对演练情况的详细说明和评价。

（一）演练总结类型

演练总结可分为现场总结和事后总结。现场总结是在演练的一个阶段或所有阶段结束后，由演练总指挥、总策划、专家评估组长等在演练现场有针对性地进行的讲评和总结，内容主要包括本阶段的演练目标、参演队伍及人员的表现、演练中暴露的问题、解决问题的办法等。事后总结是在演练结束后，由文案组根据演练记录、演练评估报告、应急预案、现场总结等材料，对演练进行系统和全面地总结，并形成演练总结报告。

（二）演练总结报告

指挥机构负责人及参演人员应在演练结束规定期限内，根据在演练过程中收集和整理的资料编写演练总结报告，经讨论后交旅游区领导。演练总结报告的内容包括：演练目的、时间和地点、参演单位和人员、演练方案概要、发现的问题与原因、经验和教训，以及改进有关工作的建议等。

三、成果运用

应急组织应根据演练过程中暴露出来的问题，以及演练记录、日志等文件资料，调查分析预案中存在的问题，提出改进建议，如对应急预案和有关程序的改进建议，对应急设备、设施维护与更新的建议，对应急组织、应急响应人员能力和培训的建议等。

应急组织应根据改进建议及时采取措施予以改进，包括修改完善应急预案、有针对性地加强应急人员的教育和培训、对应急物资装备有计划地更新等，并建立改进任务表，按规定时间对改进情况进行监督检查。

四、文件归档与备案

演练组织单位在演练结束后应将演练计划、演练方案、演练评估报告、演练总结报告等资料归档保存。对于由上级有关部门布置或参与组织的演练，或者法律、法规、规章要求备案的演练，演练组织单位应当将相应资料报有关部门备案。

五、考核与奖惩

演练组织单位要对演练参与单位及人员进行考核：对在演练中表现突出的单位及个人，给予表彰和奖励；对不按要求参加演练，或影响演练正常开展的单位及个人，给予相应批评和处罚。

第七章 旅游安全事故调查处理

旅游安全事故调查处理是指发生旅游安全事故后，相关部门和组织对旅游安全事故发生的原因、影响和结果等进行调查、统计、分析、评估，以及依照法律及有关规定对旅游安全事故涉及的单位和人员进行责任处理，对在应急救援中表现突出的单位和个人给予奖励等一系列工作的总称。

第一节 旅游安全事故调查

旅游安全事故调查主要集中在事故过程、事故性质、事故原因、事故影响等方面。事故调查的目的是通过事故的调查、统计、分析工作，评估事故造成的损失和社会危害，掌握事故情况、查明事故原因、分清事故责任、拟定改进措施，防止事故再次发生。

一、旅游安全事故分级

根据《旅游安全管理办法》，旅游安全事故按事故性质、损失情况、可控性和影响范围，可分为四个等级：一般事故、较大事故、重大事故、特别重大事故。

二、旅游安全事故处理程序

（一）旅游安全事故一般处理程序

根据《旅游安全管理办法》的规定，事故发生单位在事故发生后，应按下列程序处理：组织抢救，组织或协同、配合相关部门及协调医疗、救援和保险等机构开展对旅游者的救助及善后处置，防止次生、衍生事故；逐级

上报，一般事故上报至设区的市级旅游主管部门，较大事故逐级上报至省级旅游主管部门，重大和特别重大事故逐级上报至中华人民共和国文化和旅游部；保护现场，会同事故发生地的有关单位严格保护现场；调查处理，协同相关部门参与事故调查，配合相关部门依法对应当承担事件责任的旅游经营者及其责任人进行处理。

（二）重大旅游安全事故处理程序

根据《重大旅游安全事故处理程序试行办法》的要求，重大旅游安全事故处理原则上由事故发生地区政府协调有关部门以及事故责任方及其主管部门负责，必要时可成立事故处理领导小组。

1. 积极抢救

事故发生后，报告单位应立即派人赶赴现场，组织抢救工作，保护事故现场，并及时报告当地公安部门。报告单位如不属于事故责任方或责任方的主管部门，应按照事故处理领导小组的部署做好有关工作。在公安部门人员未进入事故现场前，如因现场抢救工作需移动物证，则应做出标记，尽量保护事故现场的客观、完整。

2. 伤亡处理

有伤亡情况的，报告单位应立即组织医护人员进行抢救，并及时报告当地卫生部门。发生伤亡事故后，报告单位应在及时组织救护的同时，核查伤亡人员的团队名称、国籍、姓名、性别、年龄、护照号码以及在国内外的保险情况，并进行登记。有死亡事故的，报告单位应注意保护好遇难者的遗骸、遗体。对事故现场的行李和物品，要认真清理和保护，并逐项登记造册。

伤亡人员中有海外旅游者的，责任方和报告单位在对伤亡人员核查清楚后，要及时报告当地外办和中国旅游紧急救援协调机构，由后者负责通知有关方面。中国旅游紧急救援协调机构在接到报告后，应及时通知有关国际急救组织，后者做出介入决策后，有关地方要协助配合其开展救援工作。伤亡人员中有海外旅游者的，在伤亡人员确定无误后，有关组团旅行社应及时通知有关海外旅行社，并向伤亡者家属发慰问函电。

在伤亡事故的处理过程中，责任方及其主管部门要认真做好伤亡家属的接待、遇难者的遗体和遗物的处理以及其他善后工作，并负责联系有关部门为伤残者或伤亡者家属提供相关证明文件。为伤残人员提供：由医疗部门出具的"伤残证明书";为骨灰遣返者提供:由法医出具的"死亡鉴定书"、由丧葬部门出具的"火化证明书";为遗体遣返者提供:由法医出具的"死亡鉴定书"、由医院出具的"尸体防腐证明书"、由防疫部门检疫后出具的"棺柩出境许可证"。

3. 事故赔偿

责任方及其主管部门要妥善处理好对伤亡人员的赔偿问题。报告单位要协助责任方按照国家有关规定办理对伤亡人员及其家属进行人身伤亡及财物损失的合理赔偿;协助保险公司办理对购买过入境旅游保险者的保险赔偿。

4. 事故总结

事故处理结束后,报告单位要和责任方及其他有关方面一起,认真总结经验教训,进一步改进和加强安全管理措施,防止类似事故再次发生。

(三)特别重大安全事故处理程序

根据《生产安全事故报告和调查处理条例》,特别重大事故发生后,事故发生地的有关单位应当立即启动事故相应应急预案,或者采取有效措施,组织抢救,防止事态扩大,减少人员伤亡和财产损失。有关单位和人员应当妥善保护事故现场以及相关证据,任何单位和个人不得破坏事故现场、毁灭相关证据。因抢救人员、防止事故扩大以及疏通交通等原因,需要移动现场物件的,应当做出标志、绘制现场简图并写出书面记录,妥善保存现场重要痕迹、物证。特别重大事故发生后,事故现场有关人员应当立即向本单位负责人报告;单位负责人接到报告后,应当于1小时内向事发地县级以上人民政府安全生产监督管理部门和负有安全生产监督管理职责的有关部门报告;安全生产监督管理部门和负有安全生产监督管理职责的有关部门接到事故报告后,应当逐级上报(每级上报时间不得超过2小时)至国务院安全生产监督管理部门和负有安全生产监督管理职责的有关部门,并通知公安机关、劳动保障行政部门、工会和人民检察院。特别重大事故报告的内容包括:事故发生的时间、地点、单位、现场情况;事故的简要经过、伤亡人数,直接经济损失的初步估计;事故发生原因的初步判断;事故发生后采取的措施及事故控制情况;事故报告单位。

事故发生地公安机关得知发生特别重大事故后,应当立即派人赶赴事故现场,负责事故现场的保护和收集证据的工作,对涉嫌犯罪的单位和个人,

应当依法立案侦查，采取强制措施和侦查措施；犯罪嫌疑人逃匿的，公安机关应当迅速追捕归案。特别重大事故由国务院或者国务院授权有关部门组织事故调查组进行调查。事故调查组的组成应当遵循精简、效能的原则，事故调查组可以聘请有关专家参与调查。根据事故调查报告，有关机关应当按照人民政府的批复，依照法律、行政法规规定的权限和程序，对事故发生单位和有关人员进行行政处罚，对负有事故责任的国家工作人员进行处分。

三、旅游安全事故报告制度

旅游安全事故报告应当及时、准确、完整，任何单位和个人对事故不得迟报、漏报、谎报或者瞒报。

（一）事故报告程序

旅游安全事故发生后，旅游经营者的现场人员应当立即向本单位负责人报告；单位负责人接到报告后，应当于1小时内向发生地县级旅游主管部门、安全生产监督管理部门和负有安全生产监督管理职责的其他相关部门报告；旅行社负责人应当同时向单位所在地县级以上地方旅游主管部门报告。情况紧急或者发生重大、特别重大旅游安全事故时，现场有关人员可直接向发生地、旅行社所在地县级以上旅游主管部门、安全生产监督管理部门和负有安全生产监督管理职责的其他相关部门报告。旅游安全事故发生在境外的，旅游团队的领队应当立即向当地警方、中国驻当地使领馆或者政府派出机构，以及旅行社负责人报告；旅行社负责人应当在接到领队报告后1小时内，向单位所在地县级以上地方旅游主管部门报告；旅游主管部门在接到旅游经营者的报告后，应当向同级人民政府和上级旅游主管部门报告。一般旅游安全事故上报至设区的市级旅游主管部门，较大旅游安全事故逐级上报至省级旅游主管部门，重大和特别重大旅游安全事故逐级上报至中华人民共和国文化和旅游部。

各省、自治区、直辖市、计划单列市旅游行政管理部门和参加"中国旅游紧急救援协调机构"联络网的单位，在接到旅游景区、饭店、交通途中或其他场合发生的重大旅游安全事故的报告后，除向当地有关部门报告外，应同时以电传、电话或其他有效方式直接向"中国旅游紧急救援协调机构"

报告事故发生及处理进展情况。"中国旅游紧急救援协调机构"在接到报告单位的报告后，应及时向有关方面通报情况，并对所请示问题做出答复。

（二）事故报告内容

事故发生后的首次报告内容为：事故发生的时间、地点、初步情况等，事故接待单位及与事故有关的其他单位，报告人的姓名、单位和联系电话。事故处理过程中的报告内容为：伤亡情况及伤亡人员的姓名、性别、年龄、国籍、团名、护照号码等，事故处理的进展情况，事故原因分析及有关方面的反映和要求。事故处理结束后的报告内容为：事故经过及处理，事故原因及责任，事故教训及今后的防范措施，善后处理过程及赔偿情况，有关方面及事主家属的反映，事故遗留问题及其他。报告单位需认真总结事故发生和处理的全部情况，并做出书面报告。

四、旅游安全事故调查

旅游安全事故调查是撰写调查报告的先决条件，只有进行深入、细致的调查研究，收集丰富的材料，才能写好调查报告。旅游事故调查应当坚持实事求是、尊重科学、逐级上报、分级调查处理的原则，及时、准确地查清事故经过、事故原因和事故损失，查明事故性质，认定事故责任，总结事故教训，提出整改措施，并对事故责任者依法追究责任。事故处理结束后，要立即编写事故调查报告，并呈报有关部门。

（一）事故调查组的组成

按事故严重程度等级，组成相应的事故调查组，对事故进行调查和分析。事故调查组的组成应当遵循精简、效能的原则。旅游安全事故发生后，旅游企业应在政府部门的安排下，配合旅游主管部门、安全生产监督管理部门、公安部门、监察部门、卫生部门、工会等有关部门的人员及相关专家组成事故调查组，对事故进行调查。

（二）事故调查组的职责

事故调查组应查明事故发生的经过、原因、人员伤亡情况及直接经济损失，在调查过程中，事故调查组有权向发生事故的旅游区和有关单位、有关人员了解与事故有关的情况，并要求其提供相关文件、资料，有关单

位和个人不得拒绝，也不得擅离职守；调查组在查明事故情况以后，认定事故的性质和事故责任；提出对事故责任者的处理建议，如果对事故的分析和事故责任者的处理不能取得一致意见，事故调查牵头单位有权提出结论性意见，或者报上级有关部门或同级人民政府裁决；总结事故教训，提出防范和整改措施。

事故调查组应当自事故发生之日起 60 日内提交事故调查报告；在特殊情况下，经负责事故调查的人民政府批准，提交事故调查报告的期限可以适当延长，但延长的期限最长不超过 60 日。事故调查报告应当附具有关证据材料，调查组成员应在事故调查报告上签名。事故调查报告需报送负责事故调查的人民政府归档保存。

（三）事故调查的物质准备

在事故调查准备工作中，除了成立调查组和制订计划外，另一个主要的工作就是物质准备。没有好的装备和工具，事故调查人员的素质再高，也难以保证调查工作的质量。调查工具会根据调查对象的性质不同而有所差异，通常来说，调查人员必备的调查工具有相机、纸、笔、手套、标签、防护设备，噪声、辐射、气体等的采样或测量设备及与被调查对象直接相关的测量仪器等。

（四）事故调查取证

旅游安全事故发生后，在进行事故调查的过程中，事故调查取证是完成事故调查的重要环节。事故调查取证应从现场勘察、调查询问入手，收集人证、物证材料，进行必要的技术鉴定和模拟试验，寻求事故原因及责任者，并提出防范措施。

1. 事故现场处理

为保证事故调查、取证客观公正，在发生伤亡事故后，调查人员要划定伤亡事故现场的保护范围，在现场布置警戒，维持秩序，对事故现场进行良好的保护。在事故调查人员到达之前，任何人不得进入伤亡事故现场。对于特别重大的伤亡事故，要立即通知当地公安部门，由公安部门派人赶赴伤亡事故现场，负责伤亡事故现场的保护。

伤亡事故一旦发生，旅游企业领导应立即指挥有关人员停止经营工作；在抢救伤员、采取措施制止事故蔓延扩大和向有关领导报告的同时，要指派专人保护事故现场，凡是与事故有关的物体、痕迹、状态都要尽量保持原状；在抢救受伤者、扑灭火险、排除险情、疏通交通时，应尽量保护重点部位，使现场不受破坏；对于必须移动的现场某些物体，必须做好现场标记或注明变动前的状态；有条件的旅游区可现场录像；如果遇到气候变化等情况，可能使痕迹、物证遭到破坏或移位时，应采取妥善措施，尽力保护事故现场原貌。

2. 事故现场勘查

事故现场勘查是事故现场调查的中心环节，其主要目的是查明当事各方在事故之前和事发之时的情节、过程以及造成的后果。勘查人员通过对现场痕迹、物证的收集和检验分析，可以判明发生事故的主、客观原因，为正确处理事故提供客观依据。因而，全面、细致地勘查现场是获取现场证据的关键。无论什么类型的事故现场，勘查人员都要力争把现场的一切痕迹、物证甚至微量物证收集、记录下来，对变动的现场，更要认真、细致地勘查，弄清痕迹形成的原因及与其他物证和痕迹的关系，去伪存真，还原现场的本来面目。

现场勘查的顺序和范围，应根据不同类型的事故现场来确定。勘查人员到达现场后，首先要向事故当事人和目击者了解事故发生的情况和现场是否有变动。如有变动，勘查人员应先弄清变动的原因和过程，必要时可根据当事人和证人提供的事故发生时的情景恢复现场原状，以利于实地勘查。在勘查前，应巡视现场周围的情况，在对现场全貌有了大致的了解后，再确定现场勘查的范围和勘查的顺序。事故现场勘查的内容应包括与事故有关的人、与事故有关的物、管理状况和事故经过等。

3. 收集事故有关物证

现场物证包括破损部件、碎片、残留物、致害物及其位置等。勘查人员应给在现场搜集到的所有物件均贴上标签，注明地点、时间、管理者。所有物件应保持原样，不可冲洗擦拭。对危害健康的物品，应采取不损坏原始证据的安全防护措施。

4. 收集事故事实材料

收集与事故鉴别、记录有关的材料，主要有事故发生的时间、地点、单

位，受害者和责任者的姓名、性别、年龄、文化程度、职业、过去的事故记录等。收集事故发生的有关事实，主要有事故发生前设备、设施等的性能和质量状况；使用的材料，必要时可对其进行物理、化学、生物性能实验与分析；关于旅游区环境方面的状况，包括旅游区特点、湿度、温度、旅游区设施、道路状况以及环境中的危险物质取样分析记录；事故发生前受害人和责任者的健康与精神状况；其他可能与事故致因有关的细节或因素。

5. 收集事故人证材料

在事故调查中，证人的询问工作相当重要，大约50%的事故信息是由证人提供的。因此，在事故调查取证时，应尽可能与每一位受害人及证人进行交谈，尽量与事故发生前的现场人员以及在事故发生之后立即赶到事故现场的人员进行交谈。要保证每一次交谈记录的准确性。事故信息中大约有50%能够起作用，为了使证人信息更翔实、更准确，信息收集应迅速、果断，这样能够最大限度地保证信息的完整性。询访见证人、目击者和当班人员时，应采用交流的方式，不应采用审问的方式。见证人可能提供有关事故调查方面的信息，包括事故现场状态、周围环境情况及人为因素等。

6. 采集事故现场影像

采集事故现场影像是现场勘查的重要组成部分，是收集物证的重要手段，其主要目的是获取和固定证据，为事故分析和处理提供可视性证据。影像采集应按照现场勘查的规定及调查和审理工作的要求，拍摄事故发生现场上与事故有关的人与物、遗留的痕迹、物证以及其他一些现象，真实准确、客观实际、完整全面、鲜明突出、系统连贯地表达现场的全部状况。现场影像应包括记录事故发生的时间、空间及各自的特点，事故活动现场的客观情况以及造成事故事实的客观条件和产生的结果，形成事故现场主体的各种迹象。

勘查人员对事故发生地点经过全面的研究和影像采集之后，通常要绘制事故现场图，这是调查工作的一项重要任务。现场绘图是运用制图学的原理和方法，通过几何图形来表示现场活动的空间形态，是记录事故现场的重要形式，能够比较精确地反映现场上重要物品的位置和比例关系。现场绘图与现场笔录、现场影像均有各自的特点，相辅相成，不能互相取代。事故现场图的形式，可以是事故现场示意图、流程图、受害者位置图等。

五、旅游安全事故分析

"不为事故找借口，只为安全找理由"，通过旅游安全事故分析，找出事故原因，进行对症改进，从而消除安全隐患，保障安全经营。

（一）旅游安全事故原因分析

在分析旅游安全事故时，应从直接原因入手，逐步深入到间接原因，从而掌握事故的全部原因。事故调查人员应注重导致事故发生的每一个事件，同样要注重各个事件在事故发生过程中的先后顺序。事故原因分析应明确以下内容：事故发生前的征兆，不正常状态的发生时间、位置及发展过程，事件发生的可能顺序以及可能的原因（直接原因、间接原因）。

（二）旅游安全事故影响分析

旅游安全事故影响是指由事故所引起的一切损失，包括直接经济损失和间接经济损失。直接经济损失指因事故造成人身伤亡及善后处理支出的费用和毁坏财产的价值。间接经济损失指因事故导致产值减少、资源破坏（生态破坏）和受事故影响而造成其他损失的价值。

六、旅游安全事故调查报告编写

旅游安全事故调查报告要通过全面、深入、细致的调查，查明真相，澄清是非，用确凿的事实说明事故发生的原因、情况和结果，分析其产生的背景及性质，为旅游安全事故的处理及善后工作提供有价值的第一手材料，起到解决问题、教育批评、告诫人们吸取教训的作用，也为领导机关掌握情况、研究问题、进行科学决策提供依据。

（一）调查报告的编写要求

1. 真实性

客观事实是调查报告赖以存在的基础，真实性是调查报告的生命线。从调查对象的确定到开展调查活动，从对问题的分析研究到提出问题的解决途径，都需要深入调查，以充分、确凿的事实为依据，获取最真实的原始材料。

2. 科学性

旅游安全事故调查报告不同于一般的公文，它是通过对大量材料的认真

分析与综合研究，揭示事故发生的真实原因。分析与综合的过程、揭示事故本质原因的过程，就是科学利用各种调查和分析方法的过程。

3. 时效性

调查报告需要回答上级机关和社会公众的疑问，时效性很强。因此，从调查研究到定稿的各个环节都要抓紧时间，否则，"时过境迁"就削弱了应有的指导意义。

（二）调查报告的基本内容

旅游安全事故调查报告必须将旅游事故的原因表达清楚，把相关单位和人员的责任分析到位。事故调查报告主要包括旅游区概况、安全事故概况、应急救援情况、事故经验教训、事故责任处理等内容。

1. 旅游区概况

旅游区概况包括该旅游区的地址、性质、特征、职员人数、隶属关系、旅游区设施、危险点和旅游情况，以及重要基础设施的情况等。

2. 安全事故概况

旅游安全事故概况包括事故发生的时间、地点、事故性质、事故经过及报告（从事故报警开始直至事故现场得到控制，事故条件得到消除及应急响应终止时发生的相关情况）、事故原因（直接原因和间接原因）、人员伤亡情况、经济损失情况（直接经济损失和间接经济损失）、生态破坏情况、事故等级等。

3. 应急救援情况

应急救援情况包括指挥部指挥情况、救援队伍救援情况、有关领导做出的批示情况、有关部门及政府负责人赶赴事故现场指导抢险救灾情况等。

4. 事故经验教训

相关单位在对事故原因进行分析研究的基础上，应讨论事故教训、安全管理建议和今后的防范措施等内容。对于需要改进的内容，应狠抓落实，并进行督促检查，督办到位。

5. 事故责任处理

对事故相关责任人员进行责任处理的主要内容有：事故责任人的姓名、政治面貌、职务、主管的工作，责任人的违法、违规和错误事实，对事故发生所负的责任（直接责任、主要责任、主要领导责任、重要领导责任）认定，以及移送司法机关处理、党纪行政处分、行政处罚等建议。对有关责任单位实施行政处罚的建议内容：责任单位名称、处罚理由、处罚依据、处罚建议、罚款金额以及执法主体。

6. 附件

附件的主要内容包括：调查组成员名单（签名）、事故平面图、直接经济损失计算及统计表、现场调查证据及记录以及其他需要说明的事项等。

第二节 旅游安全事故评估

旅游安全事故评估是在安全事故发生后依据实际调查结果，对事故造成的损失和影响进行的回顾性评价。旅游安全事故评估可评价旅游事故应对及管理措施的效果，检验防范、应对事故的各项措施或方案是否得当，分析造成损失的原因及各类影响因素。旅游安全事故评估是事故恢复政策制定、事故恢复措施选取、应急资源分配、安全管理效率确认和安全管理战略修正的依据，为旅游业的恢复和安全管理的有效运行提供支撑，是事故恢复阶段的基础性工作，是旅游事故恢复工作的起点。

一、旅游安全事故评估原则

（一）客观性

旅游安全事故评估可帮助旅游企业找到事故的原因，发现事故处理中存在的不足，总结事故的经验教训，提高旅游安全的管理水平。因此，旅游安全事故评估应本着总结和提高的态度，客观地对事故各方面情况进行评价。

要保证旅游事故评估的客观性，一是有客观的信息，要收集广泛而客观的信息，可以采用"背靠背"的方式；二是信息收集者不知道谁是信息的提供者；三是有客观评估的专家，可以聘请与事故无关的非本组织的专家对旅游事故进行评估，以保证事故评价的客观性。

（二）全面性

在评估中要全面收集资料，并随时更新相关资料数据，对事故造成的破

坏性后果进行全面评估，掌握尽可能详尽的损失情况，为制订可行的解决方案提供借鉴和帮助，为安全恢复和目的地重建工作提供必要的信息支持。

（三）及时性

旅游目的地不同要素的恢复时间是不一样的，有些方面可以很快得到恢复，有些方面的恢复则需要很长时间。因此，在旅游安全事故的恢复基本结束之后，就可以及时开展事故评估管理工作了。

（四）分离性

旅游安全事故评估管理不完全是责任调查，应与责任调查区别开来。责任调查是为寻找事故中的责任人，并对他们的责任进行追究，以避免类似的事故再次发生。事故评估管理与此不同，因此，不可用责任调查代替事故评估管理。

二、旅游安全事故经济损失评估

旅游安全事故造成的经济损失可以从直接经济损失和间接经济损失两方面进行评价，总损失为直接经济损失和间接经济损失之和。海因里希通过统计分析，得出伤亡事故的总经济损失为直接经济损失的 5 倍，这一结论至今仍被国际劳工组织（ILO）采用。

（一）直接经济损失

旅游安全事故的发生，不仅会造成人员的伤亡，还会带来物质财产的损失。伴随着对这两方面损失的处理，还会导致一定的甚至大量的资金投入，从而使旅游企业的经济收入下降、利润减少，降低旅游目的地的经济活力。

1. 医疗护理费用

医疗护理费用是指用于治疗事故中受伤害人员所支出的费用，如药费、治疗费、住院费等在卫生部门支出的费用，以及为照顾受伤人员请（派）专人护理所支出的费用。后者由事故发生单位支付，统计时只需填入实际费用即可。

2. 丧葬抚恤费用

丧葬费是死者家属为安葬死者而支出的必要费用，一般包括运尸费、火化费、购买普通骨灰盒费、一期骨灰存放费，以及雇请抬丧人员所支付的劳务费和必要的交通费等合理费用。抚恤费是职工因公负伤或死亡后，国家或所在单位依照有关规定发放给伤残职工或死者家属的费用。

3. 补助救济费用

补助费是指相关人员因安全事故全部或部分丧失劳动能力时应获得的生活费用。救济费是用金钱或物资对受害方进行补偿的费用。

4. 歇工工资费用

歇工工资费用是指工伤员工在自事故之日起的实际歇工期内，企业支付其本人的工资总额。歇工工资无论是在工资基金中开支，还是在保险福利费中开支，都应作为经济损失如实统计上报。

5. 资产损失价值

资产损失包括报废的资产损失和损坏（有待修复）的资产损失两部分。前者用资产净值减去资产残值计算；后者按修复费用统计。

6. 资源损失价值

资源损失主要指事故对旅游目的地的旅游资源或旅游接待设施产生的破坏而造成的物质资源损失。由于资源损失情况比较复杂，因而常常采用商榷或估算的办法来计算其损失价值。一般情况下资源损失价值的计算，是先确定受损的项目，然后逐项计算或估算损失价值，最后将结果进行求和。

7. 事故处理的事务性费用

处理事故的事务性费用包括交通费、差旅费、接待其亲属的费用以及事故调查处理工作中所需的聘请费、器材费等。此项费用按实际支出如实统计。

8. 现场抢救费用

现场抢救费用指事故发生时，外部人员为了控制和终止灾害，援救受灾人员脱离危险现场的费用。救护员的费用要列在医疗费中统计。

9. 环境恢复费用

环境恢复费用包括清理事故现场的费用和处理环境污染的费用。前者主要是为恢复生产而对事故现场进行整理和清除残留物所支出的费用，如修复道路、线路等所需的费用；后者主要包括排污费、赔损费、保护费和治理费等。

10. 事故罚款和赔偿

事故罚款指上级单位依据有关法规对事故单位的罚款，不包括对事故责任者的罚款。赔偿是指旅游企业因发生事故不能按期完成旅游合同而导致的对外单位的经济赔偿，以及因造成公共设施的损坏而发生的赔偿费用，不包括对个人的赔偿和因造成环境污染而产生的赔偿。

（二）间接经济损失

旅游安全事故间接经济损失包括旅游形象和旅游可持续发展能力的损失，其衡量测算指标主要有客流量、旅游收入和利润率等，一般通过对相关指标的测算来评估旅游安全事故所造成的旅游间接经济损失。

1. 旅游形象的损失

当旅游目的地发生安全事故时，现实或潜在的旅游者对旅游目的地的风险认知感增强，从而对旅游目的地旅游产品的消费需求、消费行为和消费结构等产生不利影响，从而造成旅游客流量的下降。旅游形象损失可表现为游客满意度降低、目的地的消极认知、相关利益者的警告等方面，可以通过信息反馈（包括市场调查、旅游者投诉情况等）对现实和潜在旅游者的满意度、目的地的认知以及利益相关者的反应来分析旅游安全事故所造成的形象损失，可以运用定性和定量相结合的方法来评估形象损失。

2. 旅游可持续发展能力的损失

旅游目的地发生的安全事故对当地旅游业的冲击，最终都会反映到对目的地旅游可持续发展能力的影响上。旅游可持续发展能力损失评估包括旅游竞争优势（旅游产品竞争力、旅游企业竞争力和旅游生产要素竞争力等）、旅游产业规模和旅游人才状况等。

三、旅游安全事故影响时长评估

对旅游安全事故影响时长的评估是制订旅游恢复规划和分配旅游恢复预算的基础。不同旅游事故、不同旅游目的地、不同旅游市场、事故的破坏力大小等都会影响旅游事故影响时长。一般而言，社会类旅游事故的影响时长要长于自然类旅游事故；近程市场恢复快，远程市场恢复慢。

四、旅游安全应急效果评估

（一）应急预案评估

应急预案评估包括单项措施效果评估、组合措施效果及实际处理效果的整体评估。单项措施效果主要是根据所要达到的目标、资源的保障程度、资源调度所需的时间、协调机制来评估该项措施所能取得的效果；组合措施效果是在逻辑上、时效上来评估该措施所能取得的整体效果；实际处理效果是从资源消耗量、事件控制或消除的程度来评估该措施所能取得的成果。通过预案评估，可以检验预案的有效性，并结合突发事件处置的实践经验，更新和完善应急预案。

（二）应急能力评估

应急能力评估是对旅游区各应急部门协同作战能力的评价，通过评估在应对突发事故的过程中存在的问题和不足，检验旅游区应急体系的可行性、科学性和效率。首先，应选取评价指标。评价指标可以是定量指标，也可以是定性指标。选取要遵循科学性、代表性、全面性及实用性的原则。其次，转化评价指标。定性指标是用来反映旅游区应急能力的质的属性，它往往是根据经验判断或直观判断得到的描述性数据，一般用"有"或"无"，"是"或"否"来表示。为便于转化为定量指标，易于计算处理或评估，经常采用分等级的形式，将其分为1级、2级、3级、4级、5级等。最后，计算评估结果。评估计算时可选用层次分析法、模糊综合评价法等评价模型，通过一定的演算方法，得出定量结果。

（三）应急效果评估

应急效果评估是对事故处理小组的工作效率进行评估，评价其事故处理策略选择的合理性，事故信息沟通的及时、充分、准确性等。旅游企业通过效果评估，及时总结经验，针对事故中暴露出来的管理问题，进行调整和改进，修正错误，弥补不足，减少各种安全漏洞，为未来的旅游日常与安全管理提供更好的建议和指导。评估后要填写《旅游安全事故评估备案表》。

第三节 旅游安全事故处理

当旅游区发生旅游安全事故时，应根据旅游事故的表现形态，遵循相应的原则和方法，对事故进行妥善的处理。

一、旅游安全事故处理原则

（一）"谁主管，谁负责"原则

旅游区实行安全工作领导负责制，主管领导全面负责旅游区的安全工作，要求必须正确看待和处理安全工作与经营服务的关系。

（二）"四不放过"原则

事故原因未查清的不放过；当事人和群众没有受到教育的不放过；没有制订切实可行的防范措施的不放过；事故责任人未受到处理的不放过。

（三）教育和处罚相结合原则

安全事故的处理要视情况区别对待。对事故情节轻微、损失较小、影响不大，或难以预料的突发事故和一般事故，可采取批评教育、限期整改，辅之以经济或行政处罚。

（四）依法办事原则

旅游安全事故调查应实事求是，以客观事实为依据。事故处理要以法律法规为准绳，有法必依，执法必严。

二、旅游安全事故分析

（一）材料分析

整理和阅读调查材料，对受害者的受伤部位、受伤性质、起因物、致害物、伤害方式、不安全状态、不安全行为等进行分析、讨论和确认。

（二）原因分析

事故直接原因分析是对人的不安全行为和物的不安全状态的分析；事故间接原因分析是对间接造成事故发生的管理因素进行的分析。

（三）性质认定

事故性质认定是安全事故处理过程中很重要的内容，事故性质分为责任事故、非责任事故和破坏性事故。责任事故指本来可以预见和避免的，但由于人的原因没有采取措施预防而造成的事故；非责任事故是指由于自然因素等不可抗拒的力量所造成的事故，或由于当前科学技术条件限制而发生的难以预料的事故；破坏性事故是行为人为达到一定的目的而故意制造的事故。

（四）责任分析

事故责任分析是在原因分析的基础上确定事故的责任。责任分析的目的在于使责任人、相关单位和人员吸取教训，改进工作，防止事故再度发生。

根据事故调查所确定的事实，通过对事故原因（包括直接原因和间接原因）的分析，找出对应于这些原因的人及其与事件的关系，确定其是否属于事故责任者。按责任者与事故的关系，可将责任者分为直接责任者、主要责任者和领导责任者。直接责任者是指与事故的发生有直接关系的人员；主要责任者是指对事故的发生起主要作用的人员；领导责任者是指对事故的发生负有领导责任的人员。根据事故后果和责任的大小，对事故责任者提出处理意见，进行不同程度的处罚。处罚的形式有行政处罚、经济处罚和刑事处罚。

事故责任分析的步骤：按照确认的事故调查的事实分析事故责任；按照有关组织管理（如建设项目审批、规程标准、规章制度、教育培训、操作方法）及技术因素（如规划设计、施工、安装、维护检修），追究最初造成不安全状态的责任；按照有关技术规定的性质、明确程度、技术难度，追究属于明显违反技术规定的责任；根据事故后果（如性质轻重、损失大小）和责任者应负的责任以及认识态度（如抢救和防止事故扩大的态度、对调查事故的态度和表现）提出处理意见。

三、旅游安全事故处理

旅游安全事故处理情况由负责事故调查的政府部门或者其授权的有关部门、机构向社会公布，依法应当保密的除外。

（一）事故调查报告批复

重大事故、较大事故及一般事故，负责事故调查的政府部门应当自收到事故调查报告之日起 15 日内做出批复；特别重大事故，应在 30 日内做出批复，在特殊情况下，批复时间可以适当延长，但延长的时间最多不超过 30 日。

（二）事故相关责任处理

按照负责事故调查的政府部门的批复，对由于违法违规行为或自身不慎导致事故发生，及在事故处理中办事不力的责任人和责任单位，依照法律、行政法规规定的权限和程序，由旅游行政管理部门会同有关部门给予行政处罚（警告、罚款、限期整改、停业整顿、吊销营业执照等），对负有事故责任的国家工作人员进行处分。负有事故责任的人员涉嫌犯罪的，应依法追究其刑事责任。

（三）防范措施监督检查

发生事故的单位应当认真吸取事故教训，落实防范和整改措施，防止事故再次发生。防范和整改措施的落实情况应当接受工会和职工的监督。安全生产监督管理部门和负有安全生产监督管理职责的其他有关部门应当对事故发生单位落实防范和整改措施的情况进行监督检查。

四、伤亡事故结案归档

政府部门应对事故调查分析的结果进行归纳、整理、建档，有利于指导安全教育、事故预防等工作，为制定安全生产法规、制度及隐患整改提供重要依据。

事故处理结案后，应归档的事故资料有：人员伤亡事故登记表；人员死亡、重伤事故调查报告书及批复；现场调查记录、图纸、照片等；技术鉴定和试验报告；物证和人证材料；直接和间接经济损失材料；事故责任者的自述材料；医疗部门对伤亡人员的诊断书；发生事故时的环境条件、操作情况和资料；处分决定和受处分人员的检查材料；有关事故的通报、简报及文件；调查组的人员名单、职务及单位。

第四节 旅游者伤亡的处理

一、旅游者伤亡处理

（一）旅游者病危处理

当发现旅游者突然发病，应立即报告旅游区负责人或值班经理，在领导安排下组织抢救。在抢救病危旅游者的过程中，必须有患者家属或亲朋好友及旅游相关单位工作人员在场。

（二）旅游者死亡处理

死亡确定。一旦发现旅游者在旅游区内死亡，应立即报告当地公安机关，并通知死者所属的团、组负责人。如属正常死亡，善后处理工作应由接待单位负责。没有接待单位的，由公安机关会同有关部门共同处理。如系非正常死亡，应保护好现场，由公安机关取证处理。尸体在处理前应妥善保存。

通知家属。凡是正常死亡的，在通报公安部门后，由接待或工作单位负责通知死者单位或家属。如死者无接待单位，应由旅游区或公安部门负责通知。

出具证明。系正常死亡的，由县级或县级以上医院出具死亡证明书；系非正常死亡的，由公安机关或司法机关法医出具死亡鉴定书。

遗物处理。清点死者遗物时应有死者的随行人员或家属及旅游区工作人员在场。如死者有遗嘱，应将遗嘱拍照或复制，原件交死者家属或死者所属单位。遗物需清点造册，列出清单，清点人要一一签字，签字后办理公证手续。

遗体处理。死者遗体一般以当地火化为宜。遗体火化前，应由领队、死者家属或代表填写《火化申请书》，交旅游区保存。如死者家属要求将遗

体运回原籍，尸体要由医院做防腐处理，由殡仪馆装殓，并发给《装殓证明书》。遗体运回原籍应有相关证明。

（三）其他注意事项

在做好死者家属和其他旅游者工作的基础上，向全团宣布对死者的抢救过程。在处理过程中，要随时注意死者亲属及其他有关人员的思想情绪和反应，并及时汇报。善后处理结束后，接待单位应撰写《死亡善后处理情况报告》，送主管领导单位、公安局等相关部门。报告内容包括死亡原因、抢救措施、诊断结果、善后处理情况等。对在华死亡的外国人，要严格按照中华人民共和国外交部《关于外国人在华死亡后的处理程序》处理。

二、旅游者伤亡的赔付

对旅游者进行经济赔偿是事故处理的重要一环。

（一）旅游经营者的安全责任

酒店、餐饮、景区经营者作为提供旅游服务的一方，负有确保旅游者人身、财产安全的责任，有义务为旅游者提供安全的环境和场所。面对风险，应事先向旅游者做出说明或者明确警示，并提供相应的安全防护措施。如果发生事故，则应承担相应的民事赔偿责任。

（二）旅游组织者的安全责任

旅行社作为经营旅游业务的单位，有保证旅游者旅游过程中的人身和财产安全、提示安全注意事项、防止危害发生的法定义务。发生事故时，应承担相应的民事赔偿责任。

（三）损害赔偿的项目

应遵从依法办事、尊重当事人意愿的原则，在对旅游者情绪进行安抚的前提下，按照国家有关规定对旅游者进行适当的物质补偿。

人身损害的赔偿项目：受害人遭受人身损害，因就医治疗支出的各项费用以及因误工减少的收入，包括医疗费、误工费、护理费、交通费、住宿费、住院伙食补助费、必要的营养费等，赔偿义务人应当予以赔偿。

因伤致残的赔偿项目：受害人因伤致残的，其因增加生活上需要所支出的必要费用以及因丧失劳动能力导致的收入损失，包括残疾赔偿金、残疾辅助器具费、被扶养人生活费，以及因康复护理、继续治疗实际发生的必要的康复费、护理费、后续治疗费等，赔偿义务人应当予以赔偿。

人员死亡的赔偿项目：受害人死亡的，赔偿义务人除应当根据抢救治疗情况赔偿规定的相关费用外，还应当赔偿丧葬费、被扶养人生活费、死亡补偿费以及受害人亲属办理丧葬事宜支出的交通费、住宿费和误工损失等其他合理费用。

第八章 旅游目的地安全管理与发展影响

第一节 旅游目的地安全概念

随着社会的进步和人民生活水平的提高,旅游逐渐成为一种生活时尚。然而,近年来不时曝出旅游安全事故,不仅使旅游者感到担忧,也使政府部门和相关旅游管理者开始思考有关旅游安全的问题。旅游业是一个易受多种因素影响的行业,安全事件随时都可能对旅游目的地的发展带来致命影响。因此,了解旅游安全的定义及旅游目的地安全管理的现状显得尤为重要。

一、旅游目的地安全的概念及特点

(一)旅游安全的概念

安全,即平安、不受威胁。美国著名心理学家亚伯拉罕·马斯洛提出的"需要层次理论"指出人类动机是由多种不同性质的需要组成的,这些需要又有先后与高低之分,即有一个需要层次,由低到高依次为:生理需求、安全需求、社交需求、尊重需求和自我实现需求。安全需求属于低级别的需求,其中包括对人身安全、生活稳定以及免遭痛苦、威胁或疾病的需求等。

在旅游活动中,旅游者离开居住地到达一个陌生的环境,其人身安全、财产安全等问题需要得到保障。什么是旅游安全?传统意义上,旅游安全的概念有广义和狭义之分。

广义的旅游安全是指旅游活动中各相关主体的一切安全现象的总称。它既包括旅游活动各环节的相关现象,也包括旅游活动中涉及的人、设备、环境等相关主体的安全现象;既包括旅游活动中的安全观念、意识培育、思想建设与安全理论等"上层建筑"，也包括旅游活动中安全的防控、保障与管理等"物质基础"。

狭义的旅游安全是指旅游者的安全，包括旅游者在旅游过程中的人身、财产和心理安全。这也是本书讨论的重点。

与之相对应，旅游目的地安全即指旅游者离开常住地、到达一个吸引其进行游览、观光等旅游活动的地方的人身、财产和心理安全，其研究的区域主要包括景区各景点、游客的食宿场所等。

没有安全，便没有旅游。旅游安全是旅游业的生命线，是旅游业发展的基础和保障。旅游业发展的事实证明，旅游安全事故的出现，不仅影响旅游活动的顺利进行，而且可能带来巨额经济损失。旅游安全事故不仅会危及旅游者的生命和财产，影响社会的安定团结，还会损害国家的旅游声誉。旅游者在旅游目的地是否安全，更是旅游安全的一个重要方面，直接决定了旅游者的旅游感受。因此，加强旅游安全管理具有重要意义。

（二）旅游安全的特点

旅游安全的显著特点表现在以下 7 个方面：

1. 集中性

集中性表现在两个方面：从旅游活动环节看，旅游安全问题集中在旅途与住宿活动环节；从旅游安全的表现形态看，旅游安全事故大多表现为犯罪、疾病或食物中毒、交通事故。

2. 广泛性

广泛性表现在：首先，旅游安全问题广泛地存在于旅游活动的各个环节中，几乎所有的环节都有安全隐患存在，都曾出现过旅游安全问题；其次，旅游安全与旅游社会人口学特征息息相关，几乎任何类型的旅游者都可能面临旅游安全问题；最后，除旅游者外，旅游安全还与旅游目的地居民、旅游从业者、旅游管理部门以及包括公安部门、医院等在内的旅游目的地各种社会机构相联系。

3. 巨大性

巨大性表现在：第一，旅游安全问题造成的危害和破坏巨大，涉及个人、集体甚至国家的利益；第二，旅游安全问题对旅游者造成较大的影响，进而影响到旅游者对旅游目的地的安全认知及其旅游决策。

4. 隐蔽性

旅游活动中的安全问题为数不少，但由于其本身的敏感性和所带来的负面影响，往往易被旅游经营管理者掩盖。各旅游企业面对媒体或广大公众对其安全事件的询问常常避而不谈或草草带过。因此，旅游活动中实际发生的不安全问题较之资料统计的要多得多。

5. 复杂性

旅游活动是一种开放性的活动，而旅游企业正是为开放性活动提供各种服务的企业。例如，旅游饭店作为一个公共场所，每天有大量的人流，鱼龙混杂，其安全管理涉及的环节和人员复杂而众多。因此，旅游安全工作表现出极大的复杂性，除防火、防食物中毒外，更要防各种自然及人为灾害等。

6. 特殊性

旅游活动中，旅游者为了追求精神的愉悦与放松，常常对安全防范有所放松，因此，旅游过程中发生的各类案件或事故不同于一般的民事、刑事案件，也不同于其他行业的安全问题，有其自身的规律性和特殊性。

7. 突发性

发生在旅游活动中的各种安全问题，往往带有突发性。例如，旅游活动中的许多安全问题都是在极短的时间内、在毫无防备的状况下发生的，这就要求各旅游管理部门、旅游企业、旅游从业人员在平时要有处理各种突发事件的准备。只有这样，才能在突发旅游安全问题时临危不惧。

二、旅游安全事故的表现

通过对相关研究文献、旅游安全的相关报道以及调查结果的分析，本书把旅游安全归纳为 6 种表现形态，即犯罪、疾病（中毒）、交通事故、火灾与爆炸、自然灾害和其他意外事故。各种表现形态在旅游活动的各环节交替或同时出现，很难划出明确的界线。

（一）犯罪

关于犯罪与旅游安全的关系，学术界至今仍有争论。犯罪给旅游者带来严重的创伤，因此成为旅游安全中最为引人注目的表现形态之一，犯罪在很大程度上威胁到旅游者的生命、财产安全。

（二）疾病（中毒）

旅途劳累、旅游异地性等导致"水土不服"和客观存在的食品卫生问题等可能诱发旅游者的疾病或导致食物中毒。食物中毒造成的影响面较大，对旅游者的危害相对疾病而言也更为严重。

（三）交通事故

在旅游业运行的各个环节中，旅游交通是安全问题影响最大的环节之一。旅游交通事故往往具有毁灭性。按照交通形式，旅游交通事故可分为：道路交通事故、高速公路交通事故、航空事故、水难事故、缆车等景区内部交通事故等。

（四）火灾与爆炸

旅游业中因火灾与爆炸死亡的人数虽然低于旅游交通事故，但是火灾与爆炸往往造成严重的后续反应，如基础设施破坏、财产损失等，甚至造成整个旅游经济系统的紊乱。

（五）自然灾害

自然灾害是由天气、洪水等不可控的自然原因引起的安全问题，是旅游安全的常见表现形态之一。通常把旅游中的自然灾害划分为以下4大类型：

第一，威胁人类生命及破坏旅游设施的自然灾害，包括台风、气旋、龙卷风、山洪、暴风雪、沙暴等气象灾害；地震、火山喷发、海啸、雪崩、泥石流等地质及地貌灾害；其他自然灾害，如森林火灾等。

第二，危及旅游者健康和生命的其他自然因素和现象，这些因素包括缺氧、极端气温、生物钟节律失调等。缺氧和高山反应多发生在海拔较高的旅游目的地，并可能引发肺气肿、脑水肿等致命的症状。极端气温主要是指极端高温（如沙漠）和极端低温（如两极和高山）。生物钟节律则表现在航空旅行中，并可能伴随着疲乏、睡眠障碍、食欲不振现象的出现。

第三，旅游者与野生动植物、昆虫等的接触产生的危险，主要在于大型凶猛动物对旅游者带来的伤害与威胁。例如，热带、亚热带海滨时常出现的鲨鱼咬伤旅游者。有毒昆虫、植物也容易导致皮肤疾病或身体伤害。

第四，环境因素导致的疾病，主要指传染性疾病在旅游者中间发作的可能性及其对旅游者的危害。其他环境因素引发的问题还有水土不服等。

（六）其他意外事故

除了上述 5 种表现形态外，旅游安全表现形态还包括其他一些特殊、意外的突发性事件等。

第二节 旅游目的地安全预防

旅游安全问题对旅游者、当地旅游业的发展及我国的旅游形象都有深刻影响，引起了相关旅游管理部门的重视。如何防患于未然，做好旅游目的地安全预防工作，给旅游者提供安全的旅游环境、促进当地旅游业的发展，是我们要思考的问题。

一、旅游安全事故的等级划分

旅游安全事故，是指在旅游活动的过程中，由自然或人为原因所引起，造成旅游者人身或财产损失，并由此导致有关当事人相应法律责任的事件。旅游安全事故分为不同的等级，根据《旅游安全管理暂行办法实施细则》中的规定，可分为：

（一）轻微事故

轻微事故是指一次事故造成旅游者轻伤，或经济损失在 1 万元以下者。

（二）一般事故

一般事故是指一次事故造成旅游者重伤，或经济损失在 1 万（含 1 万）至 10 万元者。

（三）重大事故

重大事故是指一次事故造成旅游者死亡或旅游者重伤致残，或经济损失在 10 万至 100 万元（含 10 万元）者。

（四）特大事故

特大事故是指一次事故造成旅游者死亡多名，或经济损失在 100 万元以上，或性质特别严重，产生重大影响者。

二、做好旅游目的地安全预防工作

为了做好旅游目的地安全预防工作，可以从以下几个方面做起：

1. 加强各部门合作

安全管理应当注重整体作用，充分发挥各相关部门的作用。由旅游管理部门牵头，相关政府部门出面，联合公安、交通、通信、消防、卫生等各个部门，建立旅游安全整体联动系统。加强对旅游目的地的旅行社、旅游饭店、旅游车船公司及旅游景区景点、旅游购物商店、旅游娱乐场所和其他旅游企业的安全管理。旅游行业部门对旅游危机易发地区应编制旅游危机预防与控制专项规划，对旅游危机潜在源头进行系统规划和长期监控。政府旅游主管部门有必要组织制定旅游危机规划方面的政策和法规。

2. 提高预警，警告旅游危险行为

任何一项旅游活动，管理部门必须合理限定游客的活动范围和空间。工作人员（含导游员）应明确告知游客不准超越规定的景点、游览路线及范围，在景点及道路危险处设置标示牌、警告牌等明显标志，提醒游客加以重视。在旅游高峰期内对各主要景区加强巡逻密度和力度，将安全事故消灭在萌芽状态。同时，管理部门可利用社会公共宣传来加强游客的安全意识教育，强化安全心理训练，培养良好的心理素质。景区通过导游讲解系统使游客具备必要的安全知识和自我保护意识，建立预警机制，并加强工作人员的救援训练。

3. 加强风景区的管理

针对风景区内旅游者流动性大的特点，当地旅游管理部门可配合治安管理机构在车站、码头、旅馆等旅游者集散地设置安全宣传栏和发放安全宣传手册，或在事故频繁的偏僻景区地段设置安全宣传橱窗，提醒旅游者在旅游过程中应注意的事项和突发情况下的应急措施。也可在导游图等旅游宣传册上介绍风景区的安全保障情况和旅行注意事项，以提高旅游者的安全防范意识和自我保护能力，保证旅游者在风景区能享受安全愉快的旅行。

第三节 旅游目的地安全应对

旅游安全管理预防是对旅游安全管理提出的宏观的对策，起到减少或避免安全事故发生的作用。但是，当旅游安全事故不幸发生时，要采取适当的方案去积极应对。

一、旅游目的地安全事故处理原则和一般程序

（一）旅游目的地安全事故处理原则

在旅游安全事故的善后处理工作中，应恪守保护旅游者的基本权利和利益为第一位的原则，在具体工作中，要遵循下述基本原则：

1. 迅速处理原则

旅游安全事故发生后，报告单位应立即派人赶赴现场，组织抢救工作，保护事故现场，并及时报告当地公安部门。

2. 属地处理原则

旅游安全事故发生后，原则上由事故发生地政府协调有关部门及事故责任方及其主管部门负责，必要时可成立事故处理领导小组。

3. 妥善处理善后原则

旅游安全事故发生后，要积极处理善后事宜，尽量避免事故造成的损失进一步扩大。

（二）旅游目的地安全处理一般程序

1. 立即报告

旅游安全事故发生后，带团的导游人员应立即向所属旅行社和当地旅游行政管理部门报告。当地旅游行政管理部门接到一般、重大、特大事故报告后，要及时上报国家旅游行政管理部门。

2. 保护现场

一旦发生旅游安全事故，现场有关人员一定要配合公安机关或其他有关方面，严格保护事故发生现场。

3. 协同有关部门进行抢救、侦查

当旅游安全事故发生后，地方行政管理部门和有关经营单位和人员要积极配合公安部门，查清事故原因，组织对旅游者进行紧急救援并采取有效措施，妥善处理善后事宜。

4. 有关单位负责人应及时赶赴现场处理

旅游安全事故发生后，有关旅游经营单位和当地旅游行政管理部门的负责人，应及时赶赴现场，组织指挥，并及时采取适当的处理措施。

发生重大旅游安全事故和特大旅游安全事故，导游人员必须立即报告，尽力保护事故现场并在领导指导下做力所能及的事。

二、影响旅游安全的因素

（一）旅游环境

旅游活动的开展需要一定的自然环境和社会环境基础，而这个基础却存在许多不稳定因素，表现出旅游环境的不安全状态，主要包括：

1. 自然环境因素

自然灾害可分为骤发自然灾害和长期自然灾害两大类。常见的骤发自然灾害包括地震、火山爆发、塌陷、地裂、崩塌、滑坡、泥石流、暴风雨、洪水、海啸、沙尘暴等；长期自然灾害包括干旱、沙漠化、水土流失、大气污染等。一旦旅游活动面临自然灾害，尤其是骤发性自然灾害时，安全事故将不可避免地发生。

2. 社会环境因素

社会环境的不安全状态主要来源于社会与管理灾害，包括社会动乱、犯罪活动、火灾、旅游设施管理差错等引起的灾难或损害。战争对旅游业的打击是致命的，战争致使当地及邻近地区的旅游业一落千丈，众多游客望而却步。

（二）旅游者行为

部分游客刻意追求高风险旅游行为，增大了事故发生的可能性。在旅游活动中，个别游客常常不顾生命安全去寻求一种危险刺激，包括极限运动、峡谷漂流、探险旅游、野外生存等在内的一批惊险奇特的旅游项目成为流行时尚。追求过分强烈刺激的代价往往是旅游者人身安全难以保障，这类高风险活动对旅游者和旅游经营者均有极高的要求，游客自身失误或任何一丝管理疏忽即可导致人身伤亡事故的发生。此外，旅游者无意识进行的一些不安全行为也会引发安全事故，如烟头的随意扔弃、干旱季节里的野炊、野外烧烤等行为会引发山林大火；误入泥泞沼泽地、有瘴气的山谷或大型食肉类动物、毒蛇及部分猛禽经常出没的地方会导致意外丧生。

（三）管理不完善

管理失误对环境和行为造成的影响加重了旅游环境的不安全。大规模的旅游开发在一定程度上破坏了旅游目的地的山体、水体、大气、动植物群落以及其他生态环境，引发了一些自然灾害。如建筑工程开挖引发山体滑坡、岩石崩塌；旅游设施建设中大量砍伐树木导致水土流失加剧，遇上暴雨最终形成泥石流等。另外，管理疏忽和失误也会使社会环境恶化，引发针对旅游者的各种犯罪活动增加，尤其在旅游旺季时表现更加明显，包括敲诈勒索、行窃、诈骗等在内的各种犯罪活动极大地威胁到游客的生命和财产安全。在部分特殊景点或地段处，如悬崖、桥梁、湍急河流边等一切可能威胁到人身安全的地方，任何防护设施的不完善或疏于管理均会诱发部分游客越过安全限定范围，使自己处于危险境地。

三、旅游目的地安全事故的应对

考虑到旅游安全事故的特点，旅游目的地需要制定一个完善的应急处理流程，有利于当局在面对突发旅游安全事故时可以做到临危不惧，有条理、有章法地处理问题。当旅游安全问题发生时，比较恰当的处理流程如下：

旅游安全事故发生后，首先要将相关信息传递出去，保证在第一时间让相关部门知情；其次是进行先期处理，尽快争取时间应对，防止事态进一步扩大化；再次是现场处理，了解清楚状况，进行救援工作；最后是做好善后工作及修复重建工作等。

第四节 旅游目的地发展的正面影响

旅游是在闲暇时间所从事的游憩活动的一部分，是在一定的社会经济条件下产生的一种社会经济现象，是人们物质文化生活的一部分。旅游的一个显著特点是要离开居住地或工作的地方，短暂前往一个目的地从事各种娱乐活动，同时，旅游目的地要提供各种设施以满足其需要。旅游的发展是经济、社会、文化等现象的综合反映，这一特性决定了旅游活动的发展必然给当地的经济、环境、社会、文化等方面带来复杂的影响。

随着旅游活动和旅游业的发展，人们开始深入了解旅游活动在环境、文化等方面产生的复杂的影响，旅游影响研究逐渐成为旅游研究的重要分支。从广义上讲，旅游影响即为旅游活动和旅游业带来的各种变化；从狭义上讲，旅游影响即为旅游活动和旅游业对旅游目的地的经济、环境和社会文化方面带来的各种正面的和负面的影响。

表现在，旅游目的地发展对经济的正面与负面影响；旅游目的地发展对环境的正面与负面影响；旅游目的地发展对社会的正面与负面影响；旅游目的地发展对文化的正面与负面影响；旅游目的地的可持续发展。

一、旅游目的地发展对经济的正面影响

在当今社会，旅游业已成为重要的第三产业，在一些国家或地区甚至成为当地的支柱产业。旅游对经济环境的有利影响是最为显著的。旅游业和其他产业相比，是一个投资少、见效快、轻污染的产业。同时，旅游业还能带动其他相关产业的发展，这就使旅游业对于该地区国民经济收入具有重大的意义。旅游消费直接影响餐饮、住宿、交通、游玩、购物、娱乐等产业，间接影响金融、保险、通信、医疗、农业、房地产、环保、印刷等产业。具体来说，旅游目的地发展对经济的正面影响主要包括以下几个方面：

（一）增加旅游目的地经济收入

一个地区旅游业的高速发展必然会为当地人民带来更高的收入，因为游客的增加可以扩大市场需求，刺激当地经济发展。对于一个国家来说，本国居民国内旅游活动的开展则可以将国内部分财富从旅游客源地区转移到旅游接待地区，从而客观上起到了将国内财富在有关地区间进行再分配的作用。旅游的发展不仅能使旅游目的地经济收入增加，而且能调节旅游地区购买能力。

（二）提供大量就业机会，吸收农村剩余劳动力

在解决我国的就业压力中，旅游业被认为具有广泛的适应性。一方面，旅游业是劳动密集型行业，同时又是综合性、关联性极强的产业，能直接或间接地创造大量的就业岗位；另一方面，旅游业具备投资少见效快、就业岗位门槛低、就业方式灵活等特点。

（三）带动关联产业的发展，调整当地经济结构

旅游业的发展不仅提供了许多直接的就业机会，还刺激着相关产业的发展，提供着许多间接的就业机会。旅游活动本身包括"食、住、行、游、购、娱"六大要素，所以，它一方面给交通运输、饭店宾馆、餐饮服务、商业网点等带来客源，另一方面也带动旅游目的地轻纺工业、建筑业、加工制造、邮电通信、房地产、金融保险业、文体事业等的发展，起到了"一业带百业"的作用。与此同时，各行业的发展又为生产各种旅游消费品提供资料。

（四）改善收支平衡

旅游业不仅吸引了国内游客，还吸引了大量境外旅游者，成为重要的创汇方式，对于提高外汇储备、弥补贸易逆差、平衡国际收支起到了很大的作用。

第一，旅游业提供的是旅游观光和相关服务，是以游客的异国消费来赚取外汇的，因而在贸易条件上具有巨大的优势，一般不受贸易壁垒和出口配额的限制。

第二，旅游产品和服务的价格建立在一定的国家垄断的基础上，国际竞

争在一定程度上被弱化，价格的自主权较大，而且旅游创汇是现汇收入，资金可马上投入周转使用。

第三，换汇成本较低，并且换回的外汇数量多。

（五）增加税收

旅游产业通过本身的经营活动，在增加外汇收入的同时，还能够带来盈利。从目前来看，旅游业向国家缴纳的税种涉及营业税、增值税、车船税、房产税、土地使用税、消费税、所得税、个人所得税及其他一些附加税等。

（六）带动改革开放，扩大国际交流

旅游吸引了许多外国旅游者，他们通过旅游活动了解各地的历史文化、风俗民情、建设成就、政策法规。因此，旅游在客观上促进了对外开放，为吸引外部资金和对外贸易创造了机会。

（七）回笼货币，加速建设资金的周转

旅游目的地的发展在回笼货币、加速建设资金周转、防止通货膨胀、繁荣市场、安定民心等方面起着重大作用。

货币回笼的途径之一是向市场投放相应数量的商品，再则是供应商业性的服务消费品。在商业投放能力有限，难以及时扩大市场所需商品投放量或市场需求不足、消费欲望下降的情况下，转移人们的购买倾向，鼓励人们多消费服务产品，成为必要的货币回笼手段。

（八）旅游扶贫功能

旅游目的地的发展会带来国内财产的移动和再分配，实现财富从发达地区向不发达地区的转移，即经济水平较高的地区流入经济水平较低的地区。旅游地区的很多人可以从旅游的直接收入中得到益处。在我国，贫困地区大多在山区、荒漠地区，这些地区交通不便，产业基础薄弱，但却保存了比较完整的原始地形、地貌、人文景观和风土人情。这些地区通过发展旅游业，并依托旅游市场发展旅游农业、旅游工业，取得了大面积脱贫致富的成果。

总之，旅游业在增加利税和货币收入、增加外汇收入、大量回笼货币、提供就业机会、带动相关产业、优化产业结构、合理配置资源、改善投资环境、促进贫困地区脱贫、保障社会稳定及推动经济发展等方面的作用和

影响比较显著。因此，旅游目的地政府在可能的情况下应该结合当地的旅游资源现状，大力投资开发旅游市场，用旅游这一朝阳产业来带动当地经济的发展。

二、旅游目的地发展对环境的正面影响

从根本上分析，旅游目的地的发展与旅游环境的关系主要表现在以下几点：

第一，良好的环境是旅游目的地建立和发展的基础。旅游环境既包括自然环境，也包括人文环境。旅游目的地的开发取决于当地是否拥有旅游者所需要的优美的自然环境和适宜的人文环境。

第二，旅游环境促进旅游目的地的发展。如果当地的环境不具有吸引力，那么就会抑制旅游目的地的发展；相反，如果当地的环境能够成功地吸引消费者，那么就会直接促进旅游目的地的进步及发展。

第三，旅游目的地的发展推动旅游环境的完善。旅游活动是一个具有复杂性、综合性的系统工程，每一个环节都影响着旅游活动的开展。若当地的旅游环境与游客期望不符，就会直接阻碍旅游活动的顺利开展，从而影响到当地经济的进步。

由此可以看出，旅游目的地的发展对于推动旅游环境的完善有着直接的作用。而旅游目的地发展对环境的正面影响主要体现在以下几个方面：

（一）旅游业是一种资源节约型、环境友好型产业

旅游业的发展消耗资源少、环境成本低，一般不会对资源和环境产生直接的硬消耗，有利于自然文化资源和生态环境的永续利用。

（二）保护生态脆弱的旅游目的地

旅游业的发展对生态脆弱的贫困山区的环境可产生积极的保护作用。这些地区在全国主体功能区划中属于禁止开发或限制开发区，没有发展工业的有利条件，产业基础比较薄弱，城镇化的道路非常艰难。但这些地方独特新奇的旅游资源吸引了大批的旅游者，因此可以通过发展旅游业，带动相关产业的发展，吸引周围地区的人口、物力、资金，形成发展的增长极，产生向周围地区的辐射力，从而不仅带动当地经济发展，缩小与发达地区的差距，也有利于当地生态环境保护与可持续发展。

（三）生态环境保护意识得到提高

伴随着旅游目的地旅游活动的开展，旅游者可以了解更多的自然知识、生态知识乃至环境知识，可以引发旅游者对人与环境的关系的进一步思考，提高其环境保护意识。

（四）为资源和环境保护工作提供必要的资金支持

旅游目的地经济收入的一部分可用来维护风景区的环境质量和保护历史遗迹。例如，安徽省最著名的国家级风景区黄山风景区，近年来在能源结构改造、垃圾处理、污水处理、净菜上山等一系列环保工程上的投入达几千万元，使环境污染程度降到最低。黄山风景区近年来还建设了若干个"生态环境"项目，既为附近村民提供了就业机会，增加了农民收入，又较好地调整了风景区与群众的关系，有效地保护了生态环境；同时，还为生态旅游开辟了新的游览区。

三、旅游目的地发展对社会的正面影响

旅游目的地发展对社会的影响指的是，旅游业对旅游目的地带来的表现在价值观、个人行为、家庭关系、生活方式、道德观念、宗教、语言、健康等方面的变化，简单地说，是对人的影响，是旅游目的地居民通过与旅客的直接或间接接触所受到的影响。其有利影响主要表现在以下几个方面：

（一）改变着当地社会的结构

旅游目的地的发展改变了当地妇女对自我原有角色的认识。旅游业为妇女走出家庭和就业创造了机会，改变了她们原有的经济地位和社会地位，这种角色的转化又引起了家庭婚姻状况及人际关系的变化。另外，旅游目的地的发展使其社会组织基础发生改变，社会分层扩大。旅游目的地的发展对接待地社会生活影响的另一个较为明显的方面是移民问题。旅游目的地的发展不但帮助社区留住了将要迁移的人员，而且将那些寻求工作与发展机会的外来人员也吸引进来，这在某种程度上加速了那些处于边远地区的旅游接待地的城市化进程。

（二）示范效应

旅游者以其自身的意识和生活方式介入旅游目的地社会中，引起当地居

民的思想变化，产生各种影响，这种作用称为"示范效应"。示范效应对提高老少边穷地区人口素质有积极作用。偏远落后地区的居民通过模仿和学习，其行为举止、卫生习惯、经商意识都得到改善和提高，从而使生活方式的变革成为可能。而旅游者的示范效应在引起当地居民心理发生变化之后，通过社会化过程可以转化为社会心理。如果能正确处理好传统和现代化的关系，则能实现社会心理的现代化，社会心理的现代化则有利于实现社会文化的现代化。

（三）推动乡村城市化

在城市化表现上，旅游引导的乡村城市化主要有如下特征：

第一，劳动力的结构、生产方式发生转变，农业户口的村民大量从事非农业劳动，旅游服务业成为主导产业，传统农业经营结构也在逐渐改变。

第二，受到城市文化的影响，村民思想观念现代化，生活方式向城镇化转变。

第三，发生乡村城市化的村落为其他经济落后的村落提供就业机会，吸引人口聚集，从而具备了一定的城镇功能。

四、旅游目的地发展对文化的正面影响

（一）增强民族自信，实现民族文化的良性变迁

旅游目的地的发展能够改变传统落后的观念，树立现代商品经济意识，在加速民族文化的世界化进程、促进地方文化的再构建、加大当地对外开放的力度、强化接待地的民族认同意识等方面起到了显著的积极影响。此外，旅游目的地的发展使旅游目的地的居民能够更加大方、平静地向旅游者展示本地文化的内涵、增强旅游目的地居民原有的认同感和文化自尊感。

（二）为文化的传播提供平台，促进文化交流

旅游目的地的发展为旅游接待地带来巨大物质利益的同时，也为其提供了文化传播的平台，促进了旅游接待地对外文化交流，使当地文化能够在更高的层次上以更快的速度发展。第一，不同的文化会伴随着旅游者的游览旅程，传播到接待地的每个角落，旅游接待地居民可以通过来自不同地域、不同民族的旅游者的言行、举止、装束，感受到他们带来的"别样文化"，然

后结合本民族、本地区的特色进行借鉴和吸收，从而促进当地文化的发展和创新；第二，旅游者和旅游接待地的居民不断接触，能更有效地宣传旅游接待地的地区形象，能提升旅游接待地的社会文化的可信度，让更多的人接受旅游接待地的文化。

（三）为文化的保护提供动力，促进民族文化的复兴

旅游是一项文化内涵丰富的产业，它能满足旅游者体验和了解异域文化的心理期望，所以旅游接待地在旅游开发中就会重视本民族和本地区的历史文化遗产保护、开发和利用，传统的民间艺术也因此重新受到重视和传承。

（四）为城市未来发展提供机遇，促进城市社会文化现代化

旅游已经成为世界上许多大城市的重要活动，为城市的未来发展提供机遇。主要体现在两方面：第一，为了适应旅游发展的需要，吸引游客参观游览，当地会不断地改进自己的城市建设，增加文化设施，优化文化环境，形成具有独特风貌以及具有创造性的人文景观，为当地增添新的文化风采；第二，旅游业发展过程中不断提出新的科学技术要求，尤其是在与旅游活动有关的交通运输业、餐饮住宿业、通信业以及旅游服务的基础设施等方面，要求更加快速、便捷、舒适和安全。

第五节 旅游目的地发展的负面影响

一、旅游目的地发展对经济的负面影响

（一）引起物价上涨

一般来说，旅游者的收入水平是比较高的。他们有很强的消费能力，能以较高的价格来购买食、住、行中所需要的物品，所以难免会引起旅游目的地的物价上涨，这势必会影响当地居民的经济利益。

（二）影响产业结构发生不利变化

以农业为主的地区为例，发展旅游业后，个人从事旅游服务收入高于

务农收入，因此常使得大量的劳动力弃农从事旅游业。这种产业结构不正常变化的结果是，一方面旅游业的发展扩大了对农副产品的需求，另一方面却是农副产品产出能力的下降。旅游目的地居民失去了赖以生存的基本生产方式，一旦危机袭来，就会产生社会问题，还可能会影响到社会和经济的安定。

（三）过重依赖旅游业会影响旅游目的地经济的稳定

旅游业是敏感产业，有季节性，其活动受制于市场。一旦影响旅游业的因素发生不利变化，会使旅游需求大幅度下降，旅游目的地的旅游业乃至整个经济都会严重受挫，造成严重的经济问题和社会问题。

二、旅游目的地发展对环境的负面影响

（一）旅游目的地对地表和土壤的冲击

在旅游目的开发建设过程中，公路、游客步行通道、特种旅游交通工具专用路以及停车场等交通设施的建设，游客食宿场所及娱乐设施的建设，都会占用大量的土地，破坏植被，造成景观破碎、生态系统受损等问题。土壤和植被承受着旅游目的地发展带来的主要压力，而旅游者的旅游活动难免会对旅游区内尤其是活动集中区的土壤与植被带来极大的影响，最终影响到整个旅游区生态环境的变化。此外，旅游活动还会引起土壤理化性质的改变，特别是一些有机污染导致土壤有机质积累和分解能力下降，使该地的植被生长、发育和演替受到影响。

（二）旅游目的地发展对动、植物的影响

旅游目的地的发展对植物的破坏也十分严重，具体主要体现在以下几点：

第一，游客对植物的践踏。这是最为常见的一种对植物的破坏方式，尽管管理部门已经写明请勿践踏植物，但是仍有一些游客会穿越植物区或者直接坐在草坪上休息等，从而影响到植物的正常生长。

第二，游客对植物的采摘。有些游客在进行旅游活动的过程中，会随意采摘景区植物。例如，游客在看到奇花异草的时候，会去采摘，意图带回家做个纪念，却不知这种行为对植物造成了破坏，特别是一些珍稀植物。

第三，大面积移除植物。这是人类对植物最直接的伤害。例如，景区在

兴建宾馆、停车场或其他旅游设施时,大面积地表植被被剔除,甚至还从外地搬来其他土壤进行填土,以符合工程上的要求。

旅游目的地发展对野生动物有直接影响,也有间接影响。在个体、种群和群落三个水平上,最直接的影响是动物个体行为的改变,如取食时间减少、放弃现有生存环境;也有生理指标的变化,如压力反应、过多的能量损耗,这些影响进而导致动物的丰富度、分布以及物种多样性的改变。旅游活动的间接影响包括野生动物的生存环境,如对植被的破坏、外来物种的引入和散布以及环境污染等。

(三)旅游目的地发展对水体环境的影响

旅游目的地发展对水体环境的影响主要体现在以下几点:

第一,随着度假旅游活动的日益兴盛,各式各样的水上运动给水体环境带来了极大的冲击,这种冲击往往是综合性的。

第二,旅游船只所排放的垃圾、油污对水体造成了污染。此外,因船舶事故造成的石油、农药、化肥及其他有毒化学药品也对水体造成了污染。

第三,旅游者留下大量的生活污水未经处理进入水环境,会对当地的水体环境造成极大的污染。

(四)旅游目的地发展对大气环境的影响

旅游目的地所使用的交通工具会对大气环境造成污染。

1. 汽车尾气污染

旅游目的地发展对空气品质的影响中当数汽车尾气污染最为严重。从全球气候变化的角度来看,废气排放可导致酸雨,使地球温度上升,某些物质还可诱发臭氧层空洞,这些问题已不再是区域性问题,而是全球性问题。

2. 飞机尾气污染

飞机所带来的空气污染是不争的事实。

(五)旅游目的地发展对文物古迹的影响

旅游目的地发展会对文物古迹造成破坏:一是主观的破坏,如在文物古迹上刻字留念、自行带走文物古迹物品等;二是无意识的破坏,游客在没有意识的过程中造成了对文物古迹的破坏,如游客的汗水、触摸以及呼吸等,在无意识中已经对文物古迹造成影响;三是超容量接待,近年来游客数量倍

增，流向又高度集中，已使旅游目的地负载过重，这样就会严重破坏景区资源，使相关设施受损，尤其会使文物古迹遭受破坏。

三、旅游目的地发展对社会的负面影响

（一）旅游目的地的发展对语言产生影响

旅游是游客与游客、游客与当地居民之间交流的过程，而国际旅游者与当地居民的交流必然会引起语言和文字的渐趋改观。旅游虽然对促进语言的统一大有贡献，但却不利于语言文化多样性的保护，而且舶来品过多，会冲淡本土语言的纯洁性和严密性。比如旅游者的大量移民，导致当地方言被冲淡了。

（二）旅游目的地居民态度的变化

旅游目的地居民对旅游业的态度与旅游发展的程度及其所处的阶段有关。对此有些学者曾把这种态度划分为不同的程度：

1. 欣赏、愉快的程度

旅游发展之始，当地居民十分积极，他们满怀善意地接待旅游者，双方都感到很满意。

2. 冷漠的程度

旅游发展起来以后，人们变得以营利为目的，人与人之间的接触也形式化起来。

3. 愤怒的程度

当发生瓶颈效应或饱和现象，或者当本地发生已不能单独解决的旅游问题时，愤怒情绪也就出现了。

4. 对立的程度

愤怒越来越公开，旅游成了当地发展带来的所有弊端的替罪羊，旅游遭到坚决否定。

5. 最终的程度

当某些人谈论他们所失去的生活时，另一些人则试图学会在与过去全然不同的一种生态系统中生活，如果这一旅游目的地大到可以接待大众旅游，那么它就将继续发展下去。

四、旅游目的地发展对文化的负面影响

（一）对旅游目的地民俗风情的影响

随着旅游业的发展，民俗风情已经成为一种独特的旅游资源。目前学术界就旅游对民俗风情所造成的影响进行了很多研讨，一些人倾向于将其定位在消极影响方面，即认为在旅游发展过程中，经过商业包装的民俗风情丧失了原有的文化内涵，真实性的流失将不利于其发展。旅游目的地为了迎合旅游者的情趣而生产的所谓民族工艺品，有的已失去了民族风格，改变了这些工艺美术品原来的意义，特别是那些粗制滥造、已不能表现民族风格和制作技巧但仍以民族工艺为表现形式的旅游纪念品充斥旅游市场，严重损害和贬低了当地工艺品的形象、声誉和价值。

（二）旅游目的地工艺美术风格和形式上的变化

旅游业的发展引起了旅游目的地工艺美术风格和形式上的变化，也改变了这些工艺美术品原来的意义，人类学家认为，工艺品与外界交流的过程中经历了3个主要阶段的变化：

第一，失去其传统的艺术设计形式。

第二，代之而起的是能成批生产的简单的工艺品。

第三，随后而来的是技术水准很高和富有地方特色的工艺品的复兴。

需要注意的是，在受到当今迅速发展的旅游业的冲击以前，旅游目的地的工艺美术形式就已经开始发生变化。

（三）传统的节日以及风俗习惯失去意义

在许多旅游目的地，传统的节日以及风俗习惯经过预先安排以娱乐的形式被介绍给旅游者，从而失去了其原有的意义。

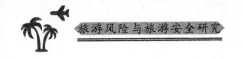

第六节 旅游目的地的可持续发展

一、可持续发展理论

可持续发展理论的形成经历了相当长的历史过程。二十世纪五六十年代，人们在经济增长、城市化、人口、资源等所形成的环境压力下，对经济增长发展的模式产生怀疑并展开讲座。

可持续发展是指"既满足当代人需要，又不对后代人满足其需要的能力构成危害的发展"。可持续发展是涉及经济、社会、文化、技术及自然环境的综合概念，它不仅涉及当代的或一国的人口、资源、环境与发展的协调与公平，还涉及同后代的和其他国家或地区之间的人口资源、环境与发展之间利益的协调与公平。可持续发展的概念包含了三个要素：人类的需要、资源使用的限制、公平。其实质是追求达到两大动态目标：人与自然之间的平衡，寻求人与自然关系的和谐化；人与人之间逐步达到公平与公正。

可持续发展是把发展与环境作为一个有机的整体，包括5个方面的内涵：

第一，可持续发展不可否定经济增长，尤其是贫穷国家或贫困地区的经济增长，但单纯的经济增长不等于发展，发展不等于可持续，可持续发展不等于供求平衡。

第二，可持续发展要求以自然资产为基础，同环境承载力相协调。

第三，可持续发展要求以提高生活质量为目标，同社会进步相适应。

第四，可持续发展承认并要求产品和服务在价格中体现出自然资源的价值。

第五，可持续发展的实施以适宜的政策和法律体系为条件，强调"综合决策"和"公众参与"。

它的核心思想是健康的经济发展应建立在生态可持续能力、社会公正和人民积极参与自身发展的决策的基础上。它强调的是环境与经济的协调，追求的是人与自然的和谐。可持续发展用公式可表示为：

保持生态稳定＋有控制的经济增长＝可持续发展＋社会平等。

二、可持续旅游理念

（一）可持续旅游理念的发展

可持续旅游是 20 世纪 90 年代初才形成的全新的思想理念，不同组织机构和研究者以及各种相关国际会议都对可持续旅游给出过定义，这些定义虽然在字面上存在一定差异，但基本思想与可持续发展思想一致。为了倡导和推进可持续旅游发展，世界上曾召开了几次具有重大影响的全球性会议。

1989 年，由众多国家参与的各国议会大会在荷兰海牙召开。会上，第一次明确而正式地提出了可持续旅游发展的口号。1990 年，在加拿大温哥华召开的全球可持续发展大会提出了可持续旅游发展的主要框架和目标，较全面地反映了可持续旅游发展的行动领域和基本内容。会议提出了《旅游持续发展行动战略》草案，构筑了可持续旅游的基本理论框架，并阐述了可持续旅游发展的主要目标。1995 年，联合国教科文组织、环境规划署及世界旅游组织等，在西班牙召开了可持续旅游发展世界会议，制定并通过了《可持续旅游发展宪章》及其行动计划，为可持续旅游的发展规划提供了一整套行为规范和具体操作程序。1996 年，世界旅游组织、世界旅游理事会和地球理事会联合制定了《关于旅行与旅游业的 21 世纪议程：迈向环境可持续发展》，将联合国制定的《21 世纪议程》具体转化为全球在发展旅游业方面的行动纲领。这些会议的召开及其议事成果为可持续旅游发展在全球的推广奠定了理论基础，制定了实施纲要。由于我国旅游业发展较晚，旅游研究以开发为主，对可持续旅游的研究较少。

我国国家自然科学基金委员会于 1996 年 9 月将"中国旅游业可持续发展论基础宏观配置体系研究"列入"九五"重点，这是我国国家级自然科学领域第一个重点旅游项目。1997 年 12 月原国家旅游局、国家科委和中国科学院联合在北京召开了首届"全国旅游业可持续发展研讨会"，并通过了《中国旅游业可持续发展的若干问题与对策》的报告，标志着我国政府对

可持续旅游的介入和关注。该报告在结合我国旅游业发展实际情况的基础上提出了近期要实现的 4 个战略目标：

第一，扭转旅游资源的破坏性开发、旅游目的地的重复建设和旅游生态环境的恶化趋势。

第二，初步形成旅游行业可持续发展的政策体系、法规体系，建立旅游可持续发展的综合决策机制和快速协调管理机制。

第三，建立若干个国家级的旅游可持续发展示范区，并争取在国家重大项目策划和开发上接近国际先进水平。

第四，争取建立旅游业可持续发展的运行机制和科学、文明、和谐的社会环境氛围，以及保持其相适应的可持续利用的资源和生态环境基础。

（二）可持续旅游的概念

可持续旅游概念可表述为：旅游业的发展与社会经济、资源环境和谐发展，不仅要满足旅游者和当地居民当前的生活、文化、精神、享受性利益和需要，而且要保证和增进人类社会未来发展的机会，从而使全球的生态体系、各国的民族文化、人们的生活质量保持完整性、多样性和有序性。

可持续旅游包括两个方面的含义，一是在为旅游者提供高质量旅游环境的同时，改善当地居民生活水平；二是在开发过程中保持旅游供给地区生态环境的协调性、文化的完整性和旅游业经济目标的可获得性。

可持续旅游发展的原则主要有以下几点：

第一，旅游发展必须建立在生态环境的承受能力之上，符合当地经济社会发展和社会道德规范。

第二，考虑到旅游对自然资源、生物多样性的影响，以及消除这些影响的能力，旅游发展应当循序渐进。

第三，必须考虑旅游对当地文化遗产、传统习惯和社会活动的影响。

第四，为了使旅游对可持续发展做出积极贡献，所有从事这项事业的人们，必须团结一致，互相尊重和积极参与。

第五，保护自然和文化资源，并评定其价值为我们提供了一个特殊的合作领域。

旅游目的地可持续发展的目标为：增进人们对旅游所产生的环境、经济效应的理解，强化其生态意识；促进旅游的公平发展；改善旅游接待地的生活质量；向旅游者提供高质量的旅游经历；保护上述目标所依赖的环境质量。

（三）旅游目的地可持续发展的途径

实现可持续旅游的基本前提是实现对旅游资源的合理利用，对旅游业发展方式、发展规模的合理规划和管理。旅游目的地的可持续发展目标包括社会目标、经济目标和环境目标。

1. 社会目标

保护地方文化遗产，增强当地人的文化自豪感，为不同地区和文化的人提供理解和交流机会，向旅游者提供高质量的旅游产品。

2. 经济目标

增加就业、扩大产品市场、增加经济收入、改善地方基础设施条件，提高地区的生活质量。

3. 环境目标

改进土地利用方式，从消耗性利用转为建设性利用；改善生态环境，加强公众的环境和文化意识，促进对环境和文化的保护。

旅游目的地的开发与发展，需要遵循一定的原则：保护为主，适度开发；科学论证，统筹兼备；因地制宜，分类指导；注重衔接，突出重点。

首先，旅游目的地的可持续发展需要策略与规划的创新，即在战略、产品、市场、监督、管理和专业水准方面都需要创新。

其次，重视旅游目的地硬件和软件的开发，提高专业水平，制订详细的发展计划指导该地的发展，鼓励创新，鼓励创造富有想象力的产品，加大对于推广活动的投入。

最后，需要加强对统一的整体旅游目的地可持续发展的认识。

旅游目的地可持续发展的具体途径主要包括以下几点：

（1）进行合理的旅游开发规划

做好旅游开发规划，还要坚持可持续发展原则，贯彻资源和环境保护的思想，这不仅是使开发取得成功的保障，也是预防资源和环境遭到破坏的重要措施。旅游开发规划首先要在旅游项目上进行系统的环境影响与评估，从生态角度严格估算利弊关系，提倡以自然景观为主，就地取材，依景就势，体现自然之美；选准项目开发的主题、形式和风格，定准客源市场，突出景

区所在地的民族性、地方性的特色，加强游客的满意度，创造持久的市场竞争力，实现"开发一项，成功一项"，使景区开发步入良性发展轨道。

（2）采用科学的旅游管理方法

旅游管理是否科学合理决定了一个旅游产业能否长久地存在于市场上。我国旅游开发的内容和表现形式的多样性，给管理带来了一定的难度，但是从总体上来看，随着社会经济的不断进步，我国旅游的发展无论是在硬件的管理上还是在软件的管理上都取得了很大的进步。国家还针对不同的内容制定了专门的指导方针，对旅游资源提出了"严格保护、统一管理、合理开发、永续利用"的方针，对自然区实行严格控制，来保护其完整性。另外，在人力资源上可以进行科学管理方面的培训，使管理人员具有全面的知识，减少管理难度，提高工作效率。科学技术的进步，大大促进了旅游业的可持续发展，我们在对旅游进行科学管理的同时，先进的科学技术为我们提供了坚强的后盾和支持，因此，我们应该更好地利用科学技术来进行旅游管理。

（3）提高人们对可持续发展的认识

开展全民旅游可持续发展的宣传与教育，强化公众保护旅游资源的意识，提高开发者、管理者和旅游者对旅游景区可持续发展的认识；对旅游业的开发商、管理人员和从业人员进行培训，提高爱护、保护资源的自觉性，使开发利用旅游资源的单位和个人必须履行保护旅游资源的义务和责任，促进旅游开发与环境建设同步规划、同步实施、同步发展，逐步形成文明旅游、科学旅游、健康旅游的绿色目标，确保旅游资源的保值、增值能力。

（4）完善相关的旅游法律法规

我国旅游业涉及交通、餐饮、娱乐、文化等方面内容，因此，必须加强相关行业相互衔接、融为一体，为国内旅游业服务，相关部门必须制定有效的法律法规，加强对各个环节的协调与管理，使法律法规来为我国旅游业的稳定发展提供必要的保障，坚决打击非法开发经营活动，维护旅游群体的正当权益，使旅游更健康地发展。完善相关法律法规，提升对国内旅游业的管理强度，改善国内旅游业的经营秩序，使国内旅游业健康绿色持续发展。

（5）开展生态旅游

生态旅游起源于人们对旅游资源可持续利用的思考。发展生态旅游不仅可以发挥目的地自然旅游资源丰富的优势，获取可观的经济效益，而且可以促进基础设施建设，增加就业机会，带动区域经济发展，更重要的是生态旅游可以对旅游者进行科普教育与可持续发展教育，提高旅游者的环境保护意识。

（6）弘扬中国传统文化，发掘旅游文化内涵，开展文化旅游

文化是旅游的灵魂，旅游本身就是一项广义的文化活动，是人们一种高雅的文化享受。作为旅游客体的自然景观和人文景观都凝聚着大自然的精华，渗透着人类历史的结晶。

第九章　旅游业突发事件应对与旅游安全保障机制

第一节　旅游安全是旅游业健康可持续发展的根基

经济社会的高速发展和人民生活水平的提高，成为旅游业快速发展的推动力。旅游法律法规的健全和旅游基础设施建设的政府投入资本构成了旅游业健康发展的公共产品。然而，国内外旅游业发展历史表明，旅游业是一项相当脆弱性的产业，容易受到各种内外部因素的影响。因此，旅游业发展过程中的风险管控能力至关重要。如何防范和化解各种旅游风险，不仅关系着旅游者的切身利益，而且关系着旅游企业乃至旅游目的地的可持续发展。

按照旅游心理学的观点，旅游者的旅游行为源于旅游动机，而旅游动机则源于旅游需要。旅游业的健康可持续发展，归根结底离不开旅游活动中最重要的构成要素，即作为旅游主体的旅游者的旅游行为。换句话说，旅游需要引起旅游动机，而旅游动机支配旅游行为。因此，研究推动旅游行为得以发生的背后因素就显得至关重要。从心理学来说，"需要"是人体内的一种匮乏状态，而动机是发动和维持人的活动，并使得活动指向一定目的的心理倾向。

由此可见，旅游动机是直接推动人的旅游行为的内在动因或动力。旅游动机来源于人的基本需要，基本需要的多样性决定了旅游动机的多样性。有学者将旅游动机分为四大类，即身体健康的动机、文化动机、交际动机、地位和声望的动机。这些旅游动机足够强烈并且具备一定条件之后，有效的旅游活动才得以进行，同时社会公众也就从潜在的旅游者转变为现实的旅游者。然而，由于旅游行为最终受到人的需要的支配，因此，无论是对潜在旅游者开展营销管理，还是对现实旅游者做好精准服务，都应当对旅游需要加以研究。

马斯洛的需要层次论是研究旅游需要的一个恰当视角。马斯洛认为，按照各种需要的重要性程度和由低到高的发展顺序，可以将它划分为五个层次：生理需要、安全需要、归属与爱的需要、尊重需要、自我实现需要。他认为这些需要实际上可归为人类价值体系中的两类需要，即低级需要和高级需要，前者包括生理需要和安全需要，后者包括归属与爱的需要、尊重需要、自我实现需要。五种需要是作为人的潜能并存的，但是主导性需要具有一定的层次性。通常，较高层次需要是在较低层次需要得到相对满足以后才会出现的。

旅游动机的多样性和复杂性，决定了旅游需要难以简单地归为马斯洛需要层次理论中的任一层次。尽管如此，需要层次论对于旅游需要有以下两点重要启发：

其一，旅游活动六要素的再分类及其与旅游经历评价的关联性。旅游需要的复合性在旅游实践活动中表现为旅游活动由"食、住、行、游、购、娱"等要素组成。通常来说，"食、住、行"是旅游活动中旅游者低级需要的表现，而"游、购、娱"则是旅游活动中高级需要的表现。倘若旅游者低级需要得不到很好满足，肯定会让旅游者对旅游经历十分不满意；倘若旅游者低级需要得到基本满足，也只是让旅游者对旅游经历没有不满意；高级的旅游需要倘若能够得到很好满足，那么会让旅游者对旅游经历感到十分满意，否则，这次旅游活动对于旅游者来说就是不满意的。

其二，作为基本需要的旅游安全对于潜在旅游者和现实旅游者有着重要影响。马斯洛的需要层次论表明，生理需要和安全需要作为低级需要得不到满足的情况下，人的需要很难上升到较高层次的需要。马斯洛的五种需要尽管在一次旅游活动中都能够得以体现，然而，生理需要和安全需要在旅游活动中充其量可归为保障性需要，而归属与爱的需要、尊重需要及自我实现需要，才是旅游活动中的目的需要，是旅游需要中的核心部分。也就是说，倘若社会公众对某一旅游目的地的安全认知十分糟糕，那么他们通常不会转化为前往这一目的地的现实游客；倘若现实旅游者在某一客源国或地区遭

遇了无法预知的事实风险,那么这不仅会严重阻碍他们未来成为该旅游目的地的回头客,而且会显著限制其周边人群今后将此地作为旅游备选项。事实上,对于很多旅游者来说,安全是他们评价旅游目的地吸引力最重要的决定因素之一。各种主客观的旅游风险,对现实或潜在旅游者的身心和信心构成严重伤害,对旅游企业的品牌形象甚至旅游目的地的整体形象造成巨大破坏,影响旅游业的可持续发展。

第二节 旅游风险分类是有效风险管控的前提

旅游安全和旅游风险是同一枚硬币的两面。旅游安全管理,实质上就是对各种潜在旅游风险进行预测和防范,同时采取措施,减少乃至消除现实旅游风险对旅游者、旅游企业、旅游目的地造成的不良影响。从世界旅游业及中国旅游业的发展史来看,政府旅游主管部门、旅游企业及旅游者,曾经遭受各种风险源的考验,付出了或惨痛或轻微的代价。因此,更好地识别旅游风险及在此基础上进行科学的风险归类,是政府旅游主管部门及旅游企业有效风险管控的前提条件。根据旅游突发和灾害事件的起因,可将旅游风险分为四种类型,即自然灾害、政治—社会风险、旅游系统内部风险及旅游者行为引致的风险。

旅游安全管理的目的是通过采取措施防范或者消除旅游风险给旅游者、旅游企业及旅游目的地造成的破坏性,因此,危机管理措施的有效性和旅游目的地形象的维护十分重要。

第一,旅游系统内部风险。所谓的旅游系统内部风险,指的是发生在旅游交通、旅游住宿、旅游餐饮或旅游景区游览等过程中,由于旅游主管部门不作为、旅游企业管理能力滞后或者旅游从业人员素质能力引致的旅游风险。按照本书提出的分析维度,这种旅游风险的可控程度比较高,其中很多案例本身完全是可以避免的。正是因为这种旅游风险的可控性程度高,所以一旦发生并且广泛传播之后,会对旅游企业乃至旅游目的地的形象造成很大的破坏。典型的旅游系统内部风险包括造成重大人员伤亡的旅游交通事故、旅游饭店发生的重大食物中毒、游览设施维护不足导致的游客伤亡事件、导游辱骂游客事件、经过广泛报道的旅游景区宰客事件等。

第二，政治—社会风险。所谓的政治—社会风险，指的是一个国家外在的政治或社会环境中的突发事件，给当地旅游业以及来此旅游的游客造成的潜在风险或现实危害。按照以上的分析维度，政治—社会风险的可控程度低，因为这超出了旅游系统本身的能力范围。然而，由于政治—社会风险管控能力事实上彰显了一个国家或地区治理体系和治理能力的现代化程度，因此倘若这类风险发生，同样会对旅游目的地的形象造成较大程度的破坏。

第三，自然灾害。这里指的是由于自然的不可抗力因素给一个国家的旅游业及旅游者造成的破坏性因素。显然，自然灾害事件造成的旅游风险，其可控性程度非常低。严重的自然灾害，会对包括旅游业在内的社会经济系统造成非常惨重的损失。也正是因为它的可控性程度非常低，所以，即使有时会造成严重的人员伤亡，对旅游目的地形象的破坏通常并不会很大。随着灾后重建和旅游设施的恢复，著名的旅游目的地会重新吸引大量游客的到来。典型的自然灾害给旅游系统造成的风险包括地震、海啸、暴风雪、泥石流、洪涝灾害等。

第四，旅游者行为引致的风险。所谓的旅游者行为引致的风险，指的是由于旅游者自身的知识缺乏、素质低下、冒险行为或者操作失误等因素给自身或其他旅游者造成的潜在或实际危害。这类旅游风险的可控性程度高，而且责任主要在旅游者自身，因此它们的发生对旅游目的地的形象破坏性比较低。旅游者行为引致的风险包括旅游者擅自进入深山野林、旅游者未遵照安全提示而参加冒险性旅游项目等。

第三节 协同治理是旅游安全机制的核心

对旅游者来说，安全的旅行经历是旅游满意度评价的基础。倘若旅游过程中由于人为或非人为因素而遭受了身体、心理或者财物伤害，那么旅游满意度评价就等于零。对于旅游目的地和旅游企业来说，它们要么正遭受灾害

或危机的折磨，要么在不久的将来就会面临类似的困扰。由于旅游业是一项综合性产业，跨越旅游交通、旅游住宿、旅游餐饮、旅游景区等若干个领域，彼此间紧密相连，再加上旅游风险的来源非常复杂，因此任何组织单靠自身的力量，都无法有效应对各式各样的旅游风险。在这样的背景下，协同治理是旅游安全管理的有效路径，是旅游安全机制的核心。

协同治理理论是在当代公共事务日趋复杂及传统行政主导模式应对无力背景下发展起来的。协同治理本质上是通过共同处理复杂社会公共事务过程中多元主体间的相互关系的协调，实现共同行动、联合结构和资源共享。当代社会，没有任何一个组织或者行为体具有能够单独实现目标的全部知识和资源。这主要是由于知识和资源被不同组织掌握，采取集体行动的组织必须要依靠其他组织，从而在各主体之间的自愿平等与协作基础上开展谈判协商和资源交换。在集体行动的协同治理过程中，信任和合作是良好治理的基础。目前协同治理理论尚处于起步阶段，学者们对相关概念的界定不尽统一，但都一致认为：协同治理是为了解决那些仅凭政府部门或仅靠单个组织而无法解决的公共难题；协同治理最大的特点是以共识为导向；协同治理的决策过程是集体的、平等的。

由此可以界定，所谓的旅游安全协同治理，指的是在旅游风险日趋复杂化和常态化的背景下，以旅游局、公安局、交通局、卫生局、应急办等为代表的政府部门，以旅游行业协会、消费者权益保护协会、红十字会等为代表的第三部门，以旅游饭店、旅行社、旅游交通企业、旅游景区为代表的私人部门及旅游者、新闻媒体等，共同结成公私合作伙伴关系，通过平等对话和协商，制定旅游安全的制度规则，以信任和协作为基础共同防范或处置旅游风险。旅游安全的实现，离不开政府部门、社会组织及旅游企业的同心协力。不同类型的旅游风险，在风险管理的不同阶段，政府部门、社会组织、旅游企业及旅游者在其中扮演着不同的角色。

事实上，近年来国内外各种旅游风险层出不穷，对旅游者安全出行的信心乃至旅游业的可持续发展构成严峻挑战。这些旅游突发事件的破坏力大，超过了任何单一组织的能力范围，因此只有通过公共部门、社会组织以及旅游企业的通力合作，才能够最大程度上削弱突发事件给旅游者以及旅游目的地造成的消极影响。

参考文献

[1] 李涛．旅游项目投融资与 PPF 模式 [M]．北京：中国商务出版社，2020.

[2] 陆嵬喆．中国特色小镇旅游开发研究 [M]．长春：吉林大学出版社，2020.

[3] 董范，游茂林．户外运动史 [M]．武汉：中国地质大学出版社，2020.

[4] 万剑敏．旅游景区服务与管理 [M]．北京：高等教育出版社，2020.

[5] 刘英，宋立本．旅游景区服务与管理 [M]．北京：北京理工大学出版社，2020.

[6] 刘志．安全教育 [M]．成都：电子科技大学出版社，2020.

[7] 黄鑫．旅游管理与旅游管理专业人才培养研究 [M]．北京：中国纺织出版社有限公司．2020.

[8] 冯烨．旅游管理理论与实践研究 [M]．长春：吉林出版集团股份有限公司．2020.

[9] 王霞，蒋艳，徐宝群．旅游政策与法规 [M]．镇江：江苏大学出版社，2020.

[10] 李志强，李玲．现代旅行社经营与管理 [M]．北京：中国旅游出版社，2019.

[11] 孔邦杰．旅游安全管理（第 3 版）[M]．上海：格致出版社，上海人民出版社，2019.

[12] 郑向敏，谢朝武．旅游安全蓝皮书：中国旅游安全报告（2019）[M]．北京：社会科学文献出版社，2019.

[13] 吴必虎，郑淮兵，王晓迪．旅游规划与设计野生动物旅游 [M]．北京：中国建筑工业出版社，2019.

[14] 何通讯．旅游安全常识 [M]．兰州：甘肃科学技术出版社，2019.

[15] 王昕，张海龙．旅游目的地管理 [M]．北京：中国旅游出版社，2019.

[16] 陈学春，叶娅丽．旅游法规与政策 [M]．北京：北京理工大学出版社，2019.

[17] 杨振之，周坤．旅游策划理论与实务 [M]．武汉：华中科技大学出版社，2019.

[18] 邹爱勇．旅游市场监管与法制风险防范 [M]．北京：中国旅游出版社，2018.

[19] 汪传才．旅游景区法律风险控制机制的实证研究 [M]．北京：中国旅游出版社，2018.

[20] 罗景峰．旅游安全风险综合评价技术及应用 [M]．北京：社会科学文献出版社，2018.

[21] 徐虹，刘宇青．旅游饭店财务管理 [M]．天津：南开大学出版社，2018.

[22] 邹永广．目的地旅游安全评价与预警 [M]．北京：社会科学文献出版社，2018.

[23] 张捷雷．基于智慧城市建设的城市旅游安全管理 [M]．北京：清华大学出版社，2018.

[24] 魏晓颖．草原旅游发展的生态安全研究 [M]．长春：吉林大学出版社，2018.

[25] 彭文静．山地旅游区公共安全体系构建 [M]．北京：中国商业出版社，2018.

[26] 黄崎，杜鑫可．旅游电子商务基础 [M]．北京：中国旅游出版社，2018.

[27] 李友亮．旅游管理实用教程 [M]．北京：中国商业出版社，2018.

[28] 张河清．旅游景区管理 [M]．重庆：重庆大学出版社，2018.

[29] 王昆欣，牟丹．旅游景区服务与管理（第 3 版）[M]．北京：旅游教育出版社，2018.

[30] 陈世才．旅游新论 [M]．北京：北京理工大学出版社，2018.

[31] 于世宏，关兵．旅游管理信息系统 [M]．北京：北京理工大学出版社，2018.

[32] 符维红．新时代旅游职业教育发展研究 [M]．昆明：云南大学出版社，2018.

[33] 汪传才．旅游景区法律风险控制机制的实证研究 [M]．北京：中国旅游出版社，2018.